시무時務의 역사학자 강덕상

자이니치로서 일본의 식민지사를 생각한다

강덕상 기록 간행위원회 엮음

이규수 옮김

어문학사

時務の研究者 姜徳相 – 在日として日本の植民地史を考える
著者：姜徳相聞き書き刊行委員会編
ISBN978-4-380-21000-6
2021年 三一書房刊

이 역서는 2016년 대한민국 교육부와 한국학중앙연구원(한국학진흥사업단)을 통해
해외한국학중핵대학육성사업의 지원을 받아 수행된 연구임.(AKS-2016-OLU-2250001)

목차

제1부

소년기
–
식민지 시대의 황국 소년

〈황금빛 물결치는 도메登米 평야의 정취〉

부모님을 떠나 사누마佐沼 마을에서
쓸쓸히 홀로 둑에 서다
생각에 잠겨 하늘을 보니
저물 듯 저물지 않는
노을 진 오늘 해에
수심을 품은 구름이 흩날린다
저편 언덕 부모님의 하늘

(앨범으로부터, 1945년 당시 강덕상 쓰고 찍다)

제가 일본에 온 것은 1934년 12월이라고 합니다. 1932년 2월 15일(호적상의 생일)에 태어났으니 2살 10개월 때군요. 당시의 기억은 전혀 없어요. 조선어로 어머니와 이야기는 했겠지만, 그 기억도 전혀 없습니다. 소학교에 들어갈 때쯤에는 모국어인 조선어를 완전히 잊어버렸어요. 집에서 어머니가 하는 말은 알아들었지만 말은 할 수 없었어요. 그런 상태였던 것 같아요.

2살 때 일본으로

부모님이 결혼한 것은 아버지(강영원姜永元)가 16살, 어머니(방귀달方貴達)는 17살 때였습니다. 그때는 모두 결혼을 빨리했어요. 저는 아버지가 18살 때 태어났습니다. 그러니까 18살밖에 차이가 나지 않아요. 그런 의미에서는 형제 정도의 차이죠. 어머니는 그때 19살이었습니다.

아버지는 제가 아직 어머니 품에 있을 때인 1931년에 고향을 떠났다고 합니다. 17살 때였어요. 소학교는 16살에 졸업한 것 같은데 향학열이 있었던 것 같습니다. 하지만 부근에는 진학할 학교가 없었어요. 유일하게 진주晋州에 농업학교, 실업학교가 있었는데 버스로 3시간이나 걸렸고, 하숙할 형편도 못 되었지요. 그래서 처자를 두고 일본으로 간 것입니다. 고학에 뜻을 두었다고 생각합니다.

도쿄東京로 갈 작정이었지만, 여비가 부족해서 우선 교토京都에서 내렸다고 합니다. 교토 무코우마치向日町에 있던 나카무라야中村屋라는 채소 가게에 점원으로 근무했습니다. 얼마나 무코우마치에 계셨는지 모르지만, 뭐 그렇게 길지는 않았을 거예요. 점원 임금이라 큰 금액이 아니었을 텐데 꾸준히 모아 간신히 도쿄로 갔다고 합니다. 아버지가 한번은 어떤 그룹에 들어갔다가 붙잡혀 형무소에 들어갔다고 합니다. 요컨대 독립운동에 참여한 일원으로 붙잡힌 것입니다. 조사받고 결국 입건 당하지는 않았지만, 두 달 정도 구치소에 붙잡혀 있었습니다. 제가 일본에 오기 전이니까 1932년쯤의 일로 생각됩니다. 일본에 혼자 계셨을 때 친구들과 뭔가를 하지 않았을까요? 조직 말단에 있다가 두 달 정도 붙잡혔다고 말씀하셨어요. 이미 도쿄에 오셨을 때의 일입니다.

현재 아자부쥬방麻布十番에 재일한인역사자료관在日韓人歷史資料館이 있습니다. 바로 근처에 시부야천渋谷川이 흐르고 있습니다. 천 양쪽이 정확히 하안 단구를 이루고 있습니다. 바다를 향한 오른쪽, 그곳은 예전에 후루카와초古川町라고 불렀습니다. 평평하기 때문에 비가 내리면 금세 홍수가 나던 곳입니다. 그곳이 바로 '고물상 마을'이었습니다. 고물상, 요즘 말로 하면 폐품 수거업입니다. 거기에 조선 사람이 많이 거주하고 있어 아버지도 살게 되셨지요. 고물상이라는 것은 도매상 같은 것입니다. 유리, 휴지, 신문지, 누더기 등 여러 물건을 '넝마주이'가 모아서 도매상에 넘깁니다. 도매상에서 유리는 유리, 쇠 부스러기는 쇠 부스러기로 구분하여 다시 파는 것입니다. 그래서 아버지는 1~2년 동안 열심히 돈을 모으고 거기서 장사하는 법을 배웠대요. 아버지는 제가 두 살 때 어머니와 저를 일본으로 불러들였습니다.

고물상을 차린 아버지

아버지는 "여기 살았었지…"라면서 후루카와초에 데려간 적이 있습니다. 제가 처음 일본에서 살았던 곳은 시부야구渋谷区의 도요와케초豊分町입니다. 현재 히로오広尾지요. 도요와케초에는 그 무렵 구니노미야久邇宮라는 황족이 살고 있었는데, 그 대저택의 돌담이 앞 도로 건너편에 서 있었습니다. 그러니까 구니노미야의 저택 남쪽이죠. 구니노미야 저택은 높은 곳에 있었는데, 거기서 한 계단 내려간 도로를 사이에 둔 곳에 가게가 있었습니다. 아버지는 거기서 넓이 두 칸인가 두 칸 반 정도의 작은 가게를 빌려 고물상을 시작한 거예요.

넝마주이가 집에 두세 명 있었고, 때로는 네다섯 명도 있었어요. 모두 아버지 고향 사람들이에요. 어머니는 넝마주이가 모아온 부스러기들을 종이, 유리, 철, 옷가지 등으로 구분했습니다. 그게 소학교에 들어가기 전 집안 상황이었습니다.

중일 전쟁(1937~45년)이 시작되기 전, 2·26사건* 때의 일이 희미하게 기억에 남아 있습니다. 경찰관이 많이 출동해서 거리가 아주 조용했습니다. 저희 집은 아자부麻布 연대 옆에 있었거든요. 무슨 일이

* 1936년 2월 26일, 육군 내부의 황도파로부터 영향을 받은 육군의 청년 장교가 약 1,500명의 병사를 이끌고 일으킨 쿠데타이다. 27일에 계엄 선포, 29일에는 2명이 자결하고, 22명이 헌병대에 생포되었다. 도쿄 육군 군법회의를 특설하고 민간인도 포함하여 진행된 재판은 변호사 없이 비공개 1심제였다. 장교 13명, 민간인 6명이 총살형을 당했다. 이를 계기로 '군부대신 현역 무관제'를 부활시켰고, '제국국방방침'을 개정하여 가상의 적국으로 중국을 추가하고, 나아가 대규모 육해군 예산을 성립시켰다.

있었는지는 알 수 없었지만, 매우 살벌한 느낌이었습니다. 다음으로 기억나는 것은 전쟁이 시작되었을 때의 일입니다. 쇼와昭和로 말하면 12년(1937년) 7월 7일, 신문팔이가 "호외요! 호외!"라면서 뛰어다니는 것을 본 기억이 납니다. 그리고 12월, 난징이 함락된 날,* 연말이었던 것 같습니다. 연등 행렬과 꽃 행렬을 보았습니다. 전철에 제등을 달고 꽃을 꽂아 축하하면서 "이겼다! 이겼다!", "만세!"를 외친 일이 있었습니다.**

* 1993년 7월 7일, 베이징北京 교외의 루거우차오盧溝橋에서의 충돌을 계기로 일본군과 중국군 사이에 전투가 발생한다. 이후 중일 전면 전쟁으로 확대되었다. 중국 공산당과 팔로군은 농촌에 해방구를 만들면서 싸웠지만, 일본군은 12월에 난징南京을 점령했다.

** 난징대학살은 일본 국내에는 알려지지 않고 '난징 함락'만 알려졌다. 전국의 소중학교는 휴교했으며 정부·관청·교육계의 주선으로 전국에서 깃발 행렬과 연등 행렬이 거행되었다. 12월 14일, 도쿄에서는 낮에는 소학생의 깃발 행렬, 밤에는 40만 시민의 대연등 행렬이 열려 타국에 대한 침략을 축하했다.

'지나병シナ兵'으로 강요당하다

그 시절 유치원의 추억이 있습니다. 저는 유치원에 다니고 있었습니다. 그 이야기를 하면 "그 당시로는 정말 드문 일인데…", "집안이 부유했나 보다…" 등의 말을 많이 들었죠. 아버지는 고물상이었는데, 어떻게 된 영문인지 저를 유치원에 보냈습니다. 쇼운지祥雲寺라는 유명한 절이 운영하는 쇼운지 유치원이었습니다. 구로다 나가마사黒田長政의 무덤이 있는 절입니다. 유치원에서 대구와 명태의 간에서 짠 기름인 간유肝油를 아침마다 꼭 먹여 준 기억이 납니다.

사내아이들의 놀이는 '병정놀이'와 '전쟁놀이'였습니다. 그때 나는 언제든 장제스蔣介石* 역할을 했습니다. 쇼운지는 넓었어요. 경내에서 전쟁놀이를 할 때, 저는 언제나 '지나병' 역할이었습니다. 중국 깃발을 들고 서 있으면 아이들이 점령해 오거든요. 대장 역할을 하던 아이의 이름은 지금도 잊지 않고 있어요. 그 아이가 "항복하겠느

* 장제스(蔣介石, 1887~1975)는 저장성浙江省 출신이다. 1907년에 일본으로 유학을 왔다. 청조가 육군사관학교 예비학교로 도쿄에 설립한 진무학동振武学童을 졸업하고, 니가타新潟의 일본 육군 야병 연대에 1년간 입대했다. 쑨원孫文이 결성한 중국동맹회에 가담하고 신해혁명이 일어나자 귀국하여 활약했다. 1926년 '북벌'을 개시, 상하이 쿠데타로 공산당 배제, 이후 국공 내전에 들어간다. 1931년 만주 사변이 일어나자 우선 공산당 소탕에 나섰지만, 1937년 중일 전쟁 이후 국공 합작으로 돌아서 항일전을 지도했다. 난징을 점령당해 충칭重慶으로 도망쳤으나 미국과 영국의 지원을 받아 연합국의 일원으로 싸웠다. 일본과의 전쟁이 끝나고 재개된 국공 내전에서 패배해, 1949년 중화민국 정부를 이끌고 타이완으로 철수하여 총통으로 통치했다.

냐?"고 외치고, 저는 그에게 대답하는 그런 역할을 강요당했어요. 당시에는 아무렇지도 않았는데 지금 생각하면 화가 납니다. '고물상 조선놈'이라는 건 주변의 아이들이 아는 게 아니라, 부모가 얘기한 것 같아요. 그 아이들은 저를 '짱꼴라'라고 부르며 바보로 취급했어요. '짱꼴라'의 의미는 '분명히 죽여라'는 의미로 들었습니다.

시부야구 린센臨川 소학교에 입학

저는 린센 소학교에 다녔습니다. 시부야천渋谷川 옆에 있었기 때문에 냇가와 마주한다는 의미에서 린센 소학교라 불렀습니다. 시부야구에서 두 번째로 오래된 학교라고 합니다.

2학년 때 좀 더 넓은 곳으로 가자며 도요와케초에서 린센 소학교 옆의 시부야·신바시新橋 14번지로 이사했습니다. 그 후 거기서 고물상 장사가 불황이었기에 아버지는 제가 5학년 때 장사를 접고, 지금의 요요기代々木로 왔다고 합니다. 아버지가 새로 시작한 일은 운송업이었습니다. 현재 일본 공산당 본부의 접수처가 있는 곳이 저희 집이었습니다. 주소는 센다가야千駄ヶ谷 4초메四丁目 676번지. 그러니까 동생들이 린센 소학교에 들어갈 무렵일 거예요. 아마 들어갔다고 해도 막 들어갔겠죠. 그 후, 현지의 메이와明和 소학교에 전학했습니다. 메이와 소학교는 현재 하토모리鳩森 소학교입니다.

찢어 버린 '학부모회' 통지서

당시 스모 경기는 인기가 많았습니다. 사내아이들에게 놀이라면 스모였습니다. 후타바야마双葉山와 다마니시키玉錦와 같은 요코즈나横綱가 있었죠. 후타바야마의 전성시대였습니다. 제는 스모를 매우 잘했어요. 반에서 제일 셌던 것 같아요. 허리의 힘이 강했습니다. 사범학교를 갓 졸업한 시미즈 노보루清水のぼる라는 선생이 담임이었어요. 여하튼 그 선생님은 스모만 시켰어요. 국기國伎라고 말하기 시작한 것은 쇼와 시대부터입니다.

소학교 2학년이 막 되었을 무렵, 고등과 1학년인 덩치 큰 놈에게 내던져진 적이 있었습니다. 나는 아직 몸이 작았는데 사정없이 내던져졌어요. 그때 다리가 부러져 학교를 한 달 반 정도 쉬었습니다. 어머니에게 업혀 이웃 마을에 있는 접골원에 갔던 기억이 납니다. 하지만 덩치로부터는 사과 한마디 없었고, 학교에서도 문제 삼지 않았어요. "네가 뭔가 잘못했겠지"라는 식으로 당하는 사람만 손해인 상황이었습니다. 지금이었다면 큰일이겠지만요. 나중에 저를 내동댕이친 놈은 '히로오의 난킨広尾の南京'이라 불린 악당 가운데 한 명이라는 말을 들었습니다. 자전거 체인을 휘두르는 소년폭력배 같은 놈이었습니다. '난킨'은 일본어로 '빈대'라는 의미인 난킨무시南京虫에서 온 말일 겁니다.

한 달 반이나 쉬는 사이 학교에서 날마다 통지서를 가져와 주는 여자아이가 있었습니다. 저희 학교는 1학년과 2학년까지 남녀 한 반이었고, 3학년부터 나눠졌어요. 2학년 때 같은 반이었던 오카미 스미코大上すみ子, 아직도 이름을 잘 기억하고 있습니다. 그 아이의 아

버지가 중일 전쟁 - 지나 사변에서 전사한 유가족이었죠.

여름이 되면 담력 시합을 자주 했어요. 해가 지고 어두워졌을 때, 쇼운지 묘지 안쪽에 놓인 물건을 가지러 가는 놀이였습니다. 정말 무서웠어요.

일본 내에서의 자이니치 차별은 제도적 차별이라기보다 조선인은 열등 민족이라는 것이었습니다. 지배하고 지배를 받는 것이 아이들의 놀이에도 그대로 남아 있었어요. 김달수金達寿 선생*이 자주 말씀하셨어요. 어릴 때 엄마랑 같이 걸어가는데 돌멩이에 맞아서 "이런! 씨~" 하면서 째려보았다고. 똑같은 것 같아요. 하지만 저는 직접 당해본 적은 없습니다. 반에서는 골목대장이었으니까요.

3학년 이후의 일이었다고 생각됩니다만, 남녀 따로 반이 편성된 다음의 일입니다. '도리마키 도리마키 에삿사'라는 개구쟁이 놀이가 있었습니다. 그때 일본 아이들이 조선 아이들을 놀리던 말이 뭐냐면 '조선의 깊은 산속에서 희미하게 들리는 돼지소리! 꿀! 꿀! 꿀!', 그리고 '같은 밥 먹는데 어디가 달라? 조선! 조선! 얕잡아 보지마!'였습니다. 어린아이들이 조선인을 상대로 놀리는 말이었습니다. 그때, 제 동급생 중 4반에 있던 여자아이는 이 말을 듣고 어찌할 줄 모르

* 김달수(金達寿, 1920~97). 경상남도 출생. 1930년, 10세 때 도일. 해방 이후 작가로 활동했다. 재일조선인으로서의 경험을 기반으로 작품을 통해 인간이란 무엇인가, 어떻게 존재해야 하는가를 물었다. 『후예의 거리後裔の街』, 『현계탄玄界灘』, 『박달의 재판朴達の裁判』, 『태백산맥太白山脈』, 『낙조落照』 등 스케일이 큰 소설을 발표. 후반기에는 고대로 거슬러 올라가 조선과 일본의 관계를 추적하면서 계간지 『일본 속의 조선 문화日本の中の朝鮮文化』(1969년 3월~80년 6월, 총 50호)를 간행.

며 몸서리쳤어요. 의협심을 발휘해 주먹질이라도 하면 좋았을 텐데 그럴 용기는 없었어요.

그 여자아이의 이름은 김옥현金玉現이었어요. 그런데 '김옥金玉'을 일본어로 읽으면 속어로 불알의 의미인 '긴타마'예요. 그래서 괴롭힘을 당한 거죠. 심술궂게 굴어서 불쌍했어요. 해방 이후 동창회 때 그 아이는 지금 어떻게 지내고 있는지 친구들과 이야기를 나눈 일도 있습니다. 제 나이 또래니까 살아있을지 모르겠네요.

그 시절의 기억에서 잊을 수 없는 것은 도시락을 싸 가지 않았다는 것입니다. 저희 집에서는 김치가 꼭 들어가거든요. 어머니가 늘 넣어 주셨지요. 그런데 김치를 가져가면 냄새가 나잖아요. 일본 아이들은 으아아악, 으아악 소리를 질렀어요. 그게 싫어서 도시락을 싸가지 않았어요. 점심 전에 집에 먹으러 갔었지요.

또 하나는 어머니를 절대로 학교에 부르지 않았어요. 그 무렵에는 부모님 모임을 '부형회'라고 했는데, 그 통지서를 담임이 주면서 "엄마한테 전하라"고 하잖아요. 저는 통지서를 어머니에게 전하지 않고 찢어 버렸어요. 매년 학교에서 소풍도 갔었지요. 그때는 대개 '학부모' 동반으로 같이 사진을 찍기도 했습니다. 소풍 때 사진이 몇 장 남아 있습니다만, 저는 부모님과의 사진은 없습니다. 어머니가 학교에 오신 적도 없어요. 제가 통지서를 찢어 버렸기 때문입니다. 어머니가 학교에 오는 것이 싫었습니다. 동네에서 어머니를 발견하면 다른 곳으로 도망쳤어요. 어머니한테 너무 죄송한 일이었지요. 그런 적이 아주 많았어요.

창씨개명

창씨개명* 얘기를 해 봅시다. 소학교 3학년 때의 일입니다. 창씨개명은 조선 안에서 이루어졌을 뿐만 아니라, 일본에도 지시가 내려와 구청에서 그 수속이 이루어졌습니다. 아마 2월 11일부터 8월 11일까지 6개월 동안이었을 겁니다.

1940년 9월, 2학기가 시작된 날이었습니다. 담임은 미쓰나리光成라는 분이었어요. 오키나와 출신으로 가라테의 달인, 그렇지만 학생은 절대로 때리지 않았습니다. "내가 가라테로 때리면 너네 죽는다." 말하는 그런 분이었죠. 그 선생이 2학기 초에 제게 "잠깐 나와서 교단에 서라"고 하는 거예요. "교우姜 군은" - 그때까지 저는 "교우"라는 성으로 불렸습니다. "교우 군은 오늘부터 신노神農로 바꾼다"고 했습니다. 그리고는 제 이름을 칠판에 "신노"라고 썼습니다. 담임은 아이들에게 "신노 도쿠소神農德相이니 모두 그렇게 불러라"고 말했어요.

그때는 무슨 말인지 몰랐는데, 나중에 창씨개명이라는 걸 알게

* 창씨개명. 1940년, 황민화 정책의 일환으로 실시되었다. '창씨개명'은 '창씨'와 '개명'으로 나뉜다. 창씨의 진정한 목적을 미즈노 나오키水野直樹는 다음과 같이 말하고 있다. 즉, "조선적인 가족 제도, 특히 부계 혈통에 근거하는 종족 집단의 힘을 약하게 하고, 일본적인 이에家 제도를 도입해 천황에 대한 충성심을 심으려는 것이다. …… 조선인을 '혈족 중심주의'에서 벗어나게 하고 '천황을 중심으로 하는 국체'의 관념, '황실 중심주의'를 심는 것 - 이것이 창씨의 진정한 목적이었다."(水野直樹, 『創氏改名—日本の朝鮮支配の中で』, 岩波書店, 2008)

되었습니다. 친구들은 "너 입양 간 거니?"라고 물었습니다. 1940년 9월에 일어났던 일입니다.

저희 강씨 일족은 모두 '신노'였습니다. 일본어의 다른 음인 '간노'라고 부르는 사람도 있고, '신노'라고 부르는 사람도 있었지요. 여기에는 이유가 있었어요. 원래 강씨는 중국에서 건너온 이민자입니다. 중국 고대에 3 제왕이 있었지요. 복희伏羲, 신농神農, 수인燧人입니다. 신농은 농업의 신입니다. 약藥의 신. 이 사람 성씨가 강이에요. 중국에서의 'jiyan'. 중국에도 이 성씨가 많이 있습니다. 가장 유명한 것은 낚시의 명인 태공망太公望. 태공망은 강입니다. 그리고 그 후예들이 한반도로 왔어요. 그러니까 조상을 따라가면 신농, 요컨대 옛날 중국의 황제였지요. 그런 연유로 저희 일족 강씨는 모두 같아요. 창씨개명하고 '신노'를 성씨로 한 사람이 많았어요. 저희들은 뿌리가 같기 때문에 서로 만나면 친족이라며 악수하기도 합니다.

또 하나 간다神田라는 것이 있습니다. 그건 강씨이니까 '간다'인 거죠. 창씨개명을 비꼬아 '간다'라고 붙인 사람들도 많습니다. 이건 본관*이 다릅니다. 또 하나는 오야마大山라는 성씨도 있습니다. 본관이 진주인데 한국에서 가장 높은 산인 지리산을 따서 오야마로 바꾸어 그런 이름을 붙인 거지요.

한韓씨의 경우는 니시하라西原, 기요하라清原가 많습니다. 기요하라는 청주 한씨의 청자에서 유래하지요. 창씨개명이라고 해서 모두

* 본관. 조선 친족 집단의 핵심은 남계 혈족 집단이고, 남계 혈연 계통을 표시하는 '성姓'과 일족의 시조의 발상지명을 표시하는 '본(本, 본관, 관적)'으로 표시된다. 성과 본을 조합해 넓은 의미에서의 '성'을 사용한다.

엉터리로 붙인 것은 아니에요. 각자 본관의 이름을 붙인 것들이 많아요.

김씨는 미쓰야마光山나 가네모토金本가 많지만 가네다金田도 있지요. 장씨는 하리모토張本입니다. 이는 간단하게 붙인 경우겠지만, 자신의 뿌리를 바탕으로 붙인 것들이 많아요. 제 어머니는 방方씨인데, 방에다 산山 자를 붙여 '마사야마'로 개명하셨습니다.

창씨개명 이후 저는 신노라는 이름으로 바뀌는데, 내친김에 말하자면 제게는 이름이 네 개 있습니다. 앞에서도 이야기했듯이 아버지는 처음에 나카무라야中村屋라는 채소 가게에 일하셨기 때문에, 고물상 호칭을 '나카무라'라고 했습니다. 그리고 아버지는 개명하여 '나카무라 겐이치中村元一'가 되었습니다. 저는 '나카무라야'의 아들로 '나카무라'라는 말을 들었습니다. 그래서 아직도 제게 '나카무라'라고 부르는 녀석도 있습니다. 소학교에 들어가서 '교우'가 되고, 3학년 때에 '신노'가 되어 대학생 마지막 무렵까지 '신노'로 지내던 거죠. 그 후 '강'이라고 본명을 선언했는데, 최창화崔昌華 목사님*에게서 자극을 받아 일본어 음독으로 '교우'라고 하지 않고 '강'이라고 부르게 된 것입니다.

제가 지금까지 여러 이름을 지니고 살아온 것은 어떤 면에서 파

* 최창화(崔昌華, 1939~95). 평안북도 선천읍 남산동에서 출생함. 일제강점과 한국전쟁하에서 격동의 소년, 청년 시절을 보낸다. 1954년 부산에서 도일. 참정권 운동, 지문 날인 거부운동, 인격권 소송(성명 민족어 음독을 요구하며 NHK에 소송) 등 재일한국인·조선인의 인권 획득을 위해 실천한 목사. 주요 저서로『김희로 사건과 소수 민족金嬉老事件と少数民族』,『국적과 인권国籍と人権』,『이름과 인권名前と人権』,『아빠를 돌려줘パパをかえして』등이 있다.

란만장 그 자체였어요. 창씨개명은 '황국신민'이라는 것을 처음으로 각인시켰지요. 그래서 되도록이면 '본명은 신노'라고 생각하고 싶었어요. 중학교에 들어가자 '도쿠소德相'는 일본에는 없는 이름이잖아요. 그래서 스스로 지혜의 지智 자를 사용하여 '사토시'라는 이름을 붙이고 '신노 사토시神農智'로 불렀습니다. 이것이 고교 시절부터 대학까지의 통명이었습니다. '신노 사토시'가 말하자면 일본에서 제 청춘의 시작까지의 이름이었습니다.

'일본이 얼마나 차별 사회인가'라는 것은 이 사실 하나만 보더라도 알 수 있습니다. 한 사람의 조선인이 네 번이나 이름을 바꾸게 된 사실. 자기가 하고 싶어서 한 건 아니에요. 자신을 숨기고 싶다는 생각에서죠. 그런 것이 제 인생 전반기의 역사에 녹아들어 있습니다. 그대로 일본인이 되어 버린 사람도 있었을 것입니다. 하지만 저는 도중에 '이건 아니야'라고 깨닫고 자신을 되찾을 수 있었어요. 그래서 더 일본에 대한 비판적인 감정이 강해진 것 같습니다.

저는 "당신은 일본에 대한 비판이 너무 강하다"는 말을 많이 들습니다. 때로는 자이니치 친구들로부터도 그런 소리를 들었습니다. 하지만 제 자신은 그런 것을 강요하는 일본 사회를 용서할 수 없습니다. 다른 사람이 깨닫지 못하는 것을 알아차리기 때문에 말투가 강해진 것이지요.

뭐, 이 정도가 소학교 때의 추억이에요. 아무튼 어린아이들의 '도리마키, 도리마키', '같은 밥 먹는데 어디가 달라?', 이 말은 잊을 수 없어요. 일본 야쿠자 영화를 보면 비슷한 말을 지껄이는 놈들이 있어요. 조선 억양의 언어를 써요. '조선 억양'으로 바로 알 수 있어요. 이런 것들이 어렸을 적의 추억이니, '조선'과 관련된 것에 대해 좋은 기억은 하나도 없습니다.

할아버지 장례로 아버지 고향에

소학교 5학년 때 할아버지가 돌아가셨습니다. 할아버지가 61세 환갑잔치를 하신 후의 일이었습니다. 1942년 연말입니다. 위독하다는 소식을 전해 듣고 저와 아버지는 한 달 반쯤 고향집에 갔어요. 그때 고향의 추억이 선명하게 남아 있습니다.

시모노세키下関까지 굉장히 긴 여행이었던 것 같아요. 급행으로 스물 몇 시간이 걸렸어요. 주고쿠中国 지방 쪽으로 가니까 산 모양이 달라지더라고요. 토질도 달라지는 느낌이 들었습니다. 나무를 심는 방법도 달랐어요. 산은 낮고 토질이 그대로 드러나 있어 흙 색깔도 달랐습니다. 긴키近畿 지방에서 히로시마広島, 야마구치山口에 다다르자 그런 느낌이 들어 '정말 많이 다르구나!'라고 생각했습니다.

시모노세키에서 부관연락선인 곤고마루金剛丸라는 배를 탔습니다. 나중에 이 배는 침몰했지만요. 8천 톤 정도였던 것 같아요. 이 배의 맨 밑바닥 4등석에 탔어요. 거기서 자는 듯 마는 듯 뒤척이면서 뒹굴었어요. 아침 일찍, 새벽 네 시인가 다섯 시쯤에 도착했어요. 세관 관리로 보이는 자가 일어날 때쯤까지 배 안에 있었죠. 8시인가 9시쯤 되어서 나란히 나오는데 일본인과 조선인은 출구가 달랐습니다. 조사하는 관리가 있고, 조선인은 여러 가지 조사를 받았기 때문에 하선이 늦어졌어요.

부산 항구에서 열차를 기다렸습니다. 그때 기차를 기다리는 데만 두 시간인가 세 시간 걸렸던 것 같아요. 당시 잊을 수 없는 광경은 대합실에는 거지, '문둥이'라 불리는 사람이 많았습니다. '문둥이'란 한센병 환자*를 말합니다. 한센병 시설에 수용되지 않은 사람들입니다. 열차를 기다리는 승객에게 다가오더군요. 온몸에 고름이 잔뜩 있었어요. 돈을 주지 않으면 그 고름을 문지르러 왔어요. 짐에다 말이죠. 그런 사람이 여기저기 있었던 것에 정말 놀랐어요. 일본에는 없었던 광경이었습니다.

아버지 고향은 부산에서 다시 서쪽으로 기차를 타고 대여섯 시간이 걸렸어요. 당시 기차가 느렸던 탓인지도 몰라요. 진주晋州라는 도요토미 히데요시豊臣秀吉의 침략 당시 큰 전투가 일어난 곳입니다. 조선 기생들이 자신의 몸을 희생해 일본 장수를 껴안고 강물에 뛰어들었다는 이야기가 있는 곳입니다. 거기가 종점이었습니다. 그곳에 갈 때까지의 경치는 일본과 상당히 달랐습니다. 일본은 산맥이 이루어져 있습니다. 제가 탄 열차는 경상남도 선이었는데, 이 열차가 지나는 곳은 산들이 여기저기 홀로 서 있었습니다. 독립봉이었어요. 그리고 민둥산이 많았어요. 게다가 낙동강이라는 강을 건너는데, 이

* 한센병. 1916년 한센병 요양소인 '소록도 자혜의원' 설립. 29년의 재원 환자 수는 740명. 33년 2월 한센병 환자의 일제조사를 실시, 환자 수 12269명 중 방랑환사가 2461명에 달했기 때문에 예방협회는 수용 예정을 3000명으로 늘렸다. 34년 '소록도 자혜의원'은 '조선총독부 소록도 갱생원'으로 명칭을 변경. 일본 '라예방법'과 호응하는 형태로 35년 '조선라예방령' 공포. 소록도에서는 식민지에서 실시된 황민화 정책과 강제노동 정책이 강행되었다.

고향 마을
(경상북도 함양군 수동면, 1970년대 후반)

강은 일본에는 없는 폭이 아주 넓은 강이었습니다.

진주역에 내렸을 때의 인상은 뭐랄까 말똥 냄새가 난다고 할까, 모래 먼지가 일어나는 듯한 마을이었습니다. 형무소 복장을 입은 사람들이 거리를 청소를 하고 있었어요. 그걸 보고 죄수복이라는 게 있구나 하는 것도 알았어요. 진주는 경상남도에서 부산 다음으로 큰 동네인데 외진 시골 마을이라는 인상이 들었습니다. 버스를 타고 세 시간쯤 지리산 자락을 따라 남강이라는 강을 따라 올라갔습니다. 버스를 내려 집까지 다시 30분쯤 걸었을까요? 논길이었어요. 작은 개울을 따라 논길을 걸어갔던 기억이 납니다.

도착하니 40~50호 정도의 조선식 초가집이 모여 있는 마을이 있었습니다. 일본 집에 비하면 작고 높지 않았어요. 온돌을 사용하기 때문에 집 높이가 낮은 거라는 사실을 나중에 알게 되었지요. 화장실은 밖에 따로 있었어요. 아래쪽은 돼지우리였고 위에서 배설하도록 되어 있었습니다. 아래에 있는 돼지가 인분을 먹는 식이어서 조금 놀랐습니다. 아직 전기는 들어오지 않았어요. 밤에는 항아리 속에 기름을 넣고 심지를 얹은 램프 같은 걸 썼어요. 유채 기름 같은 것, 그게 타오르는 거였어요. 아직 어린아이들은 마당에서 똥을 쌀 때가 있었는데, 개가 와서 그걸 먹고 있었어요. "어이, 어이" 이렇게 부르는 거예요. 그러면 개가 슬그머니 와서 먹었어요. 아직도 이런 풍습이 남아 있었지요. 친가에는 안채가 있고 외양간과 돼지우리도 있는 형태였습니다. 할아버지와 할머니 방이 안채였고 아궁이와 부엌도 딸려 있었습니다. 별도로 외양간이 하나 더 있고, 그 옆에 아들들이 자는 방도 있었어요. 제 외갓집은 그곳에서 얼마 떨어지지 않은 같은 동네에 있었습니다. 외갓집이 더 잘사는 것 같았습니다. 친가보다 외갓집이 형편이 조금 더 좋았던 것 같습니다.

아버지와 할머니를 따라 시장에 갔습니다. 거기에는 일본에 없는 풍경이 있었습니다. 생선가게, 정육점, 옷감… 여기저기에서 사람들이 와서 물건을 팔거나 사고 있었어요. 조선의 전통 장시이지요. 장시는 여러 마을에서 번갈아 섰다고 합니다. 오늘은 이 마을, 내일은 저 마을로 옮겨 다녔어요. 일주일에 한 번씩 장이 서는 그런 제도였죠.

할아버지가 돌아가신 것은 12월 20일인가 30일쯤이었던 것으로 기억합니다. 관을 여섯 명인가 여덟 명이 들고 무덤까지 가는데, 그

친가와 외갓집

관을 꾸민 꽃이 너무 예뻤어요. 일본에서는 그렇게 하지 않잖아요. 요컨대 조선에서는 관의 장식을 매우 화려하게 해서 저승에 보내드리는 거죠. 관은 가족이 메지 않았습니다. 아버지는 장남이기 때문에 가장 선두에 섰고, 그 다음에 장손인 저, 형제, 친척 등으로 이어졌어요. 할머니는 관이 집을 나서자 접시 같은 것을 꽝하고 깨뜨렸어요. 할머니는 무덤에 가지 않았습니다. 자식과 손자들이 따라가는 거예요. 아주 재미있는 것은 아버지와 저, 형제, 삼촌들처럼 남자들은 모두 대나무 지팡이를 들고 있습니다. 그리고 숙모들은 여자잖아요. 할아버지 쪽으로 말하면 딸이에요. 여자들은 버드나무 지팡이를 들었어요. 이거 의미가 있는 거예요. 대나무는 뿌리로 연결되어 있지요. 그러니까 집안의 일족, 남계를 상징합니다. 버드나무는 어디서나 뿌리를 내린다는 뜻이지요. 우리 뒤에는 여자 곡소리꾼이 따라오며 '아이고, 아이고' 하면서 눈물 흘리고 있었습니다. 슬픔을 그렇게 표현하는 것이지요. 이웃들도 모두 왔어요. 이렇게 아주 긴 행렬이 이어졌습니다.

무덤에 도착하자 그곳을 파서 관을 묻고 흙을 둥글게 만들었어요. 만두처럼 생겼다 하여 토만두土饅頭라고 부릅니다. 그리고 잔디를 심었지요. 이런 일은 모두 마을 사람들이 했어요. 가족은 하지 않았습니다. 마을 사람들이 쌓아올린 흙을 밟아 다졌습니다. 그 무렵에는 늑대와 승냥이가 많아서 이렇게 제대로 해 두지 않으면 나중에 파헤쳐져 먹혀 버린다고 합니다. 무슨 노래인지 모르겠습니다만, 뭔가 노래를 부르면서 무덤 주위를 빙글빙글 돌며 땅을 밟고 끝났습니다. 시간이 꽤 많이 걸렸습니다. 온 부락이 함께 치른 장례였어요. 그 다음이 굉장했어요. 모든 사람들이 사나흘 야단법석이었어요. 그래서 장례식 한번 치르면 재산이 없어진다고 했어요. 그때 어디서 들었는지 모르겠지만, 부산 항구에서 마주쳤던 '문둥이' 일행이 들이닥쳤어요. 그들에게도 모두 음식을 대접하는 그런 장례였습니다. 그땐 아직 그런 관습이 남아 있었어요. 저는 조선에 가서 조선의 풍습이 일본과 아주 다르다는 것을 느꼈습니다.

한 달 반 정도 친가에 있었는데 쌀 공출 광경을 보았습니다. 참혹했어요. 순사 서너 명과 면 직원이 들이닥쳤어요. 집에 들어와서 마당 안을 뾰족하게 만든 쇠막대기로 쿡쿡 찌르는 겁니다. 땅 밑에 숨기지 않았는지, 묻어두지 않았는지를 확인하는 것이었습니다. 이것이 강제공출이었어요. 1943년인가 44년의 일이었을 겁니다. 더 이상 식량이 남아 있지 않게 되자 공출이 대단했다고들 말했지요. 그 현장을 눈앞에서 본 것입니다. 순사가 들이닥쳐 온 집안을 뒤지는 걸 똑똑히 기억하고 있어요. 나중에 커서 그때의 일이 강제공출 현장이었다는 걸 알게 되었습니다.

헌병에게 붙잡히다

친가는 농가입니다. 원래는 경상남도 제일 남쪽 해안에 가까운 진해鎭海 부근이었는데, 할아버지 때에 함양咸陽이라는 산골로 이사했습니다. 진해에서 농사를 지었는지는 모르겠지만, 조상들의 무덤이 모여 있고 친척들도 많이 있습니다. 할아버지는 그곳에서 무슨 일에서인가 몰락하셨던 거라고 생각합니다. 땅을 잃어 갈 데가 없어서 함양에 오셨겠지요. 할아버지는 그때 서른 살에 결혼하셨어요. 그 무렵 서른 살은 굉장히 늦게 결혼한 것입니다. 요컨대 파산해서 결혼할 수 없었던 것이지요. 당시 진해 부근은 일본의 군항이었죠. 러일전쟁에 대비해서 일본은 부근 토지를 러시아와 경합해서 토지를 매점했습니다. 할아버지는 그 무렵 도박 같은 걸 해서 땅을 빼앗긴 건 아닐까 싶습니다. 어쩔 수 없이 집을 떠나 함양으로 옮기신 거겠죠. 그래서 서른까지 결혼을 못했던 것 같아요.

제가 장남이기 때문에 아버지께서는 "네 조상 무덤이 여기다. 기억해 두려무나"라고 말씀하셨습니다. 창원昌原 바로 앞의 역이 중리中里였어요. 그 역 근처였던 것 같아요. 거기서 "이것은 누구의 무덤이니 잘 기억해 두라"는 말을 들으며 성묘를 했습니다.

돌아오는 길에 들른 곳은 진해만에 있는 우도牛島라는 섬이었습니다. 그 섬에는 할아버지의 누나, 대고모가 계셨어요. 거기에도 갔어요. 섬으로 가는데 정기선이 없으니까 섬이 보이는 언덕 위에서 "어이" 하고 섬을 향해 깃발을 흔들고 외쳤어요. 그러면 섬에서 배가 와서 타고 건너가는 목가적인 느낌이었습니다. 거기서 하루인가 이틀 묵었던 걸로 기억해요. 중리는 김달수金達寿 선생의 고향이에요. 김달수 선생이 고향을 그렇게 쓰고 있어요. 그리고 강상중姜尚中도 그래요. 제 이름이 호적에는 강상규姜尚圭로 되어 있어요. 조선에서 이름을 작명하는 방법은 오행설이지요. 1획부터 6획까지를 획수 순서에 따라, 예를 들어 '상尙'자가 붙은 이름을 쓸 때 사촌끼리는 다 같은 글자를 쓰기 때문에 세대를 알 수 있거든요. 동일 세대는 같은 한자를 씁니다. 저와 강상중도 같은 항렬로 어디선가 연결되어 있을지도 모릅니다.

중리에서의 기억은 진해역 앞에서 일어난 사건입니다. 이곳은 군항 지역이었기 때문에 경계가 삼엄했습니다. 아버지께서 “친척 집에 다녀올 테니 넌 여기서 기다려라”고 해서 그냥 서 있다가 헌병에게 붙잡혔어요. “어디에 가느냐”고 묻기에 “일본으로 갑니다”고 대답했습니다. 헌병은 “증명서를 가지고 있느냐”고 되물었고, 저는 “아버지를 따라왔기 때문에 증명서는 아버지가 갖고 있고 난 없어요”라고 말하자 그대로 경찰서로 끌려갔어요. 나중에 역 앞에 돌아온 아버지는 “(아들이) 없어, 사라졌어”하면서 난리가 났죠. 나중에 경찰서로 끌려갔다는 말을 듣고 저를 찾으러 오셨어요. 그때 경찰이 저를 풀어준 것은 가방 안에 일본 교과서가 있었기 때문이에요. 그것은 조선에서는 사용하지 않는 교과서로 조선총독부에서 사용했던 교과서와는 달랐어요. 그러니까 교과서를 보고 일본에서 부모를 따라왔다는 걸 알았다는 거죠. 거의 10시간이나 아버지와 떨어져 있었기 때문에 무서웠어요. 이 체험이 제 뿌리에 있을지도 모릅니다. 이런 것들이 고향에 가서 느끼고 체험한 기억이에요. 도쿄에 있으면서 괴롭힘을 당하는 것과 조선 현지에 가서 본 것은 역시 여러 면에서 달랐습니다.

모범적인 황국 소년으로

이런 몇 가지 일화로 미루어 보더라도, 당시 일본의 조선 지배가 어떠했는지 잘 알 수 있습니다. 조선인을 한 사람의 인간으로 바라보지 않았다는 말입니다. 동시에 조선인도 황민화 정책으로 표면상으로는 황국신민이 되었습니다. 성전 완수와 천황에 대한 존경에 열성이었어요. 표면적으로는 어쩔 수 없이 그렇게 하지 않을 수 없었어요.

그러니 저는 어떤 면에서 두 가지 모습을 가지고 있다는 느낌이 들어요. 내면은 조선인의 마음을 갖고 있지만 일본에 충성을 다해야 한다는 것이지요. 어릴 때는 빨리 이 조선인의 마음에서 벗어나야 한다고 생각했습니다. 스스로 조선을 버리고, 요컨대 황국의 진짜 시민의 모습을 보여주는 일본인이 되려고 노력했습니다. 저는 반에서는 으스대고 있던 편이지만, 반 친구에 대해서도 황민화, 즉 천황에게 충성을 다하라고 했어요. 성전 완수라는 것에 대해서는 맹렬한 소년이었습니다.

이런 일이 있었습니다. 그때는 소학교에 집단 등교했어요. 제일 연장자인 6학년이 앞장서서 대열을 지어 학교에 갑니다. 학교에 도착하면 먼저 천황을 모신 사당인 봉안전奉安殿 앞에서 절을 합니다. 큰 절을 하고 나서 각자 교실로 들어갔지요. 저는 그 대장이었어요. 항상 선두의 오른쪽에 서 있었습니다. 한번은 '경례'라고 말했는데 당시 유명했던 히로사와 도라조廣澤虎造가 부른 전통 노래인 나미와부시浪花節를 부른 놈이 있었어요. 아쿠자와 이사오阿久沢勲라는 친구였지요. 저는 그 친구에게 "까불지 마, 이 자식아! 여기가 어딘 줄 알아!"라면서 따귀를 때렸죠.

그 친구는 당시를 계속 기억하고 있었어요. 동창회에서 "너, 그때 대단했었지"라고 말한 적이 있어요. 태평양전쟁이 시작되던 날, 아버지는 "일본은 엿이나 먹어라"고 제게 조선말로 했을 때, 저는 아버지는 왜 그런 말씀을 하시는지 몰라 정말 화가 났어요. 아버지는 장제스蔣介石를 무척 좋아했어요. 장제스를 욕하지 말라고 하셨죠. 저는 거기에 반발했던 것 같아요.

그때 우리 집은 고물상을 하고 있었잖아요. 아버지는 경찰관과 아주 사이가 좋았어요. 자주 경찰관이 찾아왔어요. 경찰 관련 사건이 많았으니까요. 하루는 넝마주이가 맨홀 뚜껑을 가져온 적도 있었습니다. 아버지는 뭐든지 사들여야 했기에 그걸 받으셨어요. 그래서 경찰관이 들이닥쳐 무단으로 가져간 물건이라고 맨홀 뚜껑을 압수해 갔습니다. 그런 식으로 경찰관과 우호 관계를 만들지 않으면 곤란한 일이 날 수도 있었지요.

경찰관은 자주 우리 집에 와서 아버지와 함께 술을 마셨어요. 그중에 모리 요시노리森喜德라는 가장 말단의 순경이 있었는데, 아버지와는 정말로 친한 친구가 되었습니다. 그 사람이 아버지와 함께 간토(관동)대지진 이야기를 나누던 것을 잘 기억하고 있습니다. 그는 "그때는 정말 심했었지"라고 말했어요. 그 사람의 장남은 모리 사토시森智라고 합니다. 지혜의 지이지요. 앞에서 말한 대로 제가 통명을 사용할 때, 바로 그 이름을 사용했어요. 저보다 한 살 위였어요. 아버지는 경찰과 참 친하게 지냈어요. 일본에서 살아남기 위해서 그렇게 할 수밖에 없었겠죠.

어쨌든 어릴 때 저는 모범적인 황국 소년이었습니다. 겉으로는 '우리 황국 소년이 되다'였지요. 확 바뀌게 된 것은 일본의 패전, 1945년 8월 15일 이후의 일입니다. 뭔가 이상하다는 생각을 갖게 되었던 것은 중학교 2학년 때였던 것 같습니다.

협화회協和會의 역할

협화회*에서는 일본 정부에 그다지 반항하지 않는, 일본 측에서 본다면 '양민良民'이 회장이 되었습니다. 경찰서장과 경찰 간부들이 쭉 늘어서 있고, 그 밑에서 일하는 사람들이 뒤에 서 있는 사진이 꽤 남아 있습니다. 그들은 신단을 모시고 천황 황후의 사진을 붙이고 있는지 여부를 감시했어요. 매월 8일인가, 그렇게 정해진 날에 신사참배를 했지요. 이게 제일 시끄러웠어요. 신사참배에 매번 왔는지 점검했습니다. 오지 않으면 의심스럽다고 특고(특별고등경찰)가 출동하는 그런 제도가 협화회입니다. 조선인 회장은 있습니다만, 제일 높은 사람은 그 지역의 경찰서장이었어요. 협화회 수첩이라는 것을 항상 휴대하도록 강요받아서 신사참배에 참가했는지 안 했는지 적는 거예요. 수첩에는 가족 전원의 사진을 붙여, 출석했는지를 전부 체크했어요. 출석이 나쁘면 사상이 의심스럽다는 것이지요. 게다가 협화회 수첩은 가지고 있지 않으면 일본에서 살 수 없었습니다.

소학교 때 일입니다. 목욕재계 모임인 '미소기 회禊の会'라는 것이 있었습니다. 황국신민화하려면 목욕재계를 통해 몸도 마음도 씻어야 한다는 거죠. 추울 때 들어갔어요. 아버지가 못 가실 때 대신 간 적도 있었어요. 한 세대에서 반드시 한 명 이상 나가지 않으면 안 되

* 일제강점기 일본에 있는 조선인 모두를 회원으로 한 조직이다. 조선인에게 창씨개명, 일본 의복 착용, 신사참배, 국방헌금, 근로봉사, 일본어 학습 등을 강제하는 기관이었다. 현県 단위로 지부가 조직되어 사무소는 치안을 담당하는 특별고등경찰과 내에 설치되었다. 회원은 의무적으로 '협화회원장'(수첩)을 소지해야 했다.

었기 때문에 어쩔 수 없이 가게 되었어요.

또 협화회 여성 부회라는 것이 있었지요. 이게 또 지독했습니다. 일본옷을 입혔어요. 로마에 가면 로마법을 따르라는 식으로 조선옷을 입지 말라는 거예요. 정좌도 해야 합니다. 이런 것이 일본의 예의라며 강요했습니다. 어머니는 기모노를 입으면 "추워 죽겠다"고 늘 투덜거리셨어요. 게다가 무릎을 꿇는 것은 조선에서는 혼났을 때, 야단맞을 때 하는 것이지요. 어머니는 그런 걸 시키는 것은 말도 안 되는 이야기라고 언제나 화를 냈습니다. 조선어를 사용하면 안 되었어요. 조선어를 빼앗았을 뿐만 아니라 풍습이나 음식까지 간섭을 했던 거죠. 일본 음식은 이런 식으로 만드는 거라며 요리하는 법을 가르치는 강습회도 열렸어요. 그것이 협화회 조직입니다. 요컨대 황민화는 그런 형태로 강요되었어요. 이것은 자이니치에게는 잊을 수 없는 일입니다. 지방행정의 말단기구로서 조직화된 조나이카이町内会에서도 신사참배가 있었습니다만, 그 이상이었던 것 같아요. 우리 가족이 살던 곳에서는 히카와 신사氷川神社가 있었는데, 그곳 청소를 했어요. 충성을 맹세하는 증거로 해야 했던 행동입니다.

다만 집안에서는 조상에 대한 제사는 올렸습니다. 거기까지는 금지를 못했던 것 같아요. 하지만 반드시 천황의 사진이 없으면 안 되었습니다. 없으면 의심을 받았어요. 지금은 기억하지 못하지만, 어머니는 이를 비꼬면서 조선말로 뭐라고 말씀하셨어요.

교육칙어

교육칙어*는 교장실에 있었어요. 매월 8일, 자줏빛 비단보에 싸인 것을 교장이 공손히 가져와 돌계단 위에서 "짐이 생각하기를…"이라고 읽었습니다. 우리는 고개를 숙이고 듣고 있었죠. 참 어처구니없는 일이었습니다.

1941년 12월 8일에 전쟁이 시작되었습니다. 그리고 대조봉대일大詔奉戴日이라는 것이 정해져서 매월 8일에는 반드시 관련 행사를 거행했습니다. 그리고 '청소년 학도에게 내린 칙어'라는 것이 있었어요. 이 칙어 역시 매우 길었어요. 1940년 무렵에 만들어진 것입니다. 교육칙어보다 더 길었어요. 중학교 때 이런 칙어들을 전부 암기해야만 했습니다.

* 1890년 발포되었다. 당시 총리대신 야마가타 아리토모山県有朋의 주도하에 법무관료 이노우에 고와시井上毅에 의해 기초를 마련했으며, 자유민권운동을 억제하기 위해 만들어졌다. 교육으로 일본의 정신을 주입하고, 정부에 대한 반항을 방지할 목적이었다. 축제일에 아이들은 학교에 등교해 의무적으로 의식에 참여했다. 교장이 교육칙어를 읽는 동안 천황의 말이기 때문에 아이들은 허리를 굽혀 절을 해야 했다.

둘리틀 공습

공습이 빈번해질 무렵, 패전까지는 의식하지 못했지만 사태가 점점 심각해지고 이상하다는 생각이 들었습니다. 요요기 신마치代々木新町(현재 JR 신주쿠역 부근에서 혼마치 1초메 교차로 부근)에도 폭탄이 떨어졌고, 하라주쿠原宿에도 떨어졌습니다. 둘리틀 공습*으로 1942년 4월인가 5월의 일이었습니다. 신마치에서는 폭탄이 의사의 집에 떨어져서 가족이 모두 희생되었죠. 병원 주변에 흩어져 있던 주사 바늘 같은 것들을 주워 와서 개구리 엉덩이에 공기를 넣어 배를 부풀리며 놀았던 기억이 납니다. 소학교 때였으니까요. 하라주쿠의 도고신사東郷神社에 큰 연못이 있습니다만, 그게 폭탄이 떨어진 자리입니다. 둘리틀 공습 때의 폭탄이지요. 일본 정부는 이제 여기까지 왔다며 위기상황을 느꼈던 것 같아요.

우리는 개구리에게 주사를 맞히며 놀았는데, 그 무렵 도쿄에 머물면서 이 공습을 본 여운형呂運亨** 선생은 일본의 패전을 확신하고 건

* 1941년 12월 8일의 진주만 공격 이후, 일본군은 태평양 전역에서 쾌진격을 계속했다. 이에 대해 미국 군부는 일본 본토에 대한 공습을 기도했다. 1942년 4월 18일, B25 폭격기 16대가 미 해군 소속의 항공모함 호넷(Hornet)에서 발진하여 일본 본토에 대한 공습을 실시했다. '제도帝都 도쿄'에 대한 최초의 폭격은 아라카와구荒川区 오쿠尾久였다. '둘리틀 공습'의 명칭은 폭격기 부대의 지휘관인 둘리틀(Doolittle) 중령에서 유래했다.

** 여운형呂運亨(1886~1947, 호는 몽양夢陽). 1914년에 중국으로 망명하여, 난징南京의 금릉대학金陵大学 영문과에서 공부한다. 1918년 상하이上海에서 신한청년당新韓青年党을 조직하고, 1919년 상하이에서 수립된 대한민국 임시 정

국동맹 결성에 착수하게 됩니다.

도립 다마 중학교都立多摩中学校 입학 경위

1944년 저는 중학생이 되었습니다. 그 무렵 도립중학교도 조선인에 대한 차별이 있었습니다. 그걸 알고 있었던 담임은 지원서에 마음대로 제 본적을 조선이 아닌 거주지인 시부야渋谷 센다가야千駄ヶ谷 4-746번지로 적었습니다. 지망 학교는 제1지망, 제2지망으로 정할 수 있었기 때문에, 저는 제1지망을 15중학교, 제2지망을 다마 중학교로 정했습니다. 다마 중학교*에 합격했습니다. 구두시험 때, "비행기는 어떻게 나는가?"라는 질문에 저는 "프로펠러로 바람을 일으키고 날개로 받아 납니다."라고 대답한 기억이 납니다.

부에 참가했다. 1922년에는 극동제민족대회極東諸民族大会에 출석, 1930년 상해에서 체포되어 조선에서 3년간 복역하고, 출옥 후에는 언론 활동을 중심으로 활동했다. 1933년 조선중앙일보사 사장으로 취임, 1944년 건국동맹을 비밀리에 결성했다. 1945년 8월 15일, 안재홍安在鴻 등과 함께 조선건국준비위원회를 발족하고 9월에는 조선인민공화국을 수립했다. 1947년 서울에서 이동 중, 백의사白衣社의 이필형李弼炯 등 5명에 의해 저격, 암살당했다.

* 1943년 7월 1일, 시립 다마 중학교(시부야 상업학교 안에 1942년 2월 6일 설립)는 도쿄 도립 다마 중학교로 개칭했다.

그런데 입학하자마자 문제가 생겼습니다. 이번엔 호적등본을 가져오라고 했어요. 제 본적은 조선이잖아요. 애당초 조선인은 일본으로 본적을 옮길 수 없었어요. 그래서 문제가 되었어요. 담임선생님과 소학교 교장선생님 그리고 아버지가 학교에 갔어요. "단순한 실수였다"고 해명했지요. 결국 "합격자를 떨어뜨리는 것은 교육상 좋지 않기 때문에 이대로 인정하겠다"는 것으로 더 이상 문제 삼지는 않았습니다. 그 대신 아버지와 담임선생님, 교장인 하야시林 선생님이 시말서를 썼습니다. 진짜 그랬습니다. 나중에 이 사실에 대해 아버지한테서도 들었어요. 담임선생님도 이후 계속 동창회에 나오셨는데, "그래. 그때 그랬지"라고 하셨습니다. 사립은 특히 차별이 심했던 모양인데 도립도 같았어요. 조선인 자녀는 고등교육을 시키지 않겠다는 것이었습니다. 사립은 조선인 입학생을 전혀 받지 않았어요.

담임선생님은 나카가와 세이무中川世務라는 분이었는데, 제게 아주 잘 대해 주셨습니다. 선생님은 아마미 오시마奄美大島 출신이라고 하셨어요. 가고시마鹿児島 사범학교* 출신이셨죠. 학생 시절 가고시마 사람들이 오키나와와 아마미를 차별하는 일이 많았던 모양이에요. 선생님은 "너는 차별에 지지 말고 머리로 이겨라"라고 그러셨지요. 백 살 정도까지 사셨는데 이젠 돌아가셨어요. 저희 아버지와도 사이가 좋았던 선생님입니다. 선생님은 제가 도쿄 대학 동양문화연구소의 연구원이 되었을 때 기뻐해주셨어요. "너 도쿄 대학 교수가 되었

* 가고시마현 사범학교로. 현재는 가고시마 대학 교육학부이다.

구나"라는 편지를 보내주셨어요. 그 편지는 아직도 갖고 있습니다.

다마 중학교는 전쟁 중에 급조해서 설립한 학교여서 교사는 없고 운동장만 있었습니다. 군인 양성을 위한 기숙학교로 학급은 두 반이었지요. 1942년 설립되었습니다. 저는 3기생이었습니다. 1학년 때, 4학년과 5학년이 없었으니까 3학년이 최상급이었어요.

전쟁 중에 학생들은 1년이나 2년간 있다가 유년학교(육군유년학교)나 해병(해군병학교)에 갔어요. 그들은 제복을 입고 중학교에 와서 거들먹거렸습니다. 마을에 있는 병사들은 유년학교 학생들을 보면 곧바로 멈춰 서서 경례를 했지요. 일등병보다는 유년학교 학생들의 계급이 높았기 때문입니다. 해병 제복은 멋있었어요.

미야기현宮城県으로 피난

1945년 3월, 공습이 점점 심해져 지방으로 피난하게 되었습니다. 아버지는 도호쿠본선東北本線 세미네역瀬峯駅에서 경편철도로 사누마역佐沼駅 - 모토요시군本吉郡 야나이즈초柳津町에 사는 친구, 류민수柳民秀에게 제 피난을 부탁하셨습니다. 류민수 아저씨는 유도의 고수였습니다.

중학교 2학년 초부터 3학년 6월까지 도메시登米市의 사누마佐沼 중학교*에 다녔습니다. 피난 온 아이들이 한 반이었어요. 나고야名古屋, 오사카大阪, 사할린樺太에서도 왔습니다. 친구로는 호시 쓰네오星恒雄, 가세야 오사무加瀨谷修, 야스하라安原 등이 있었어요. 호시와 가세야와는 해방 이후에도 교류가 있었습니다. 류민수 아저씨 집은 학교에서 멀었기 때문에 한 달 정도 후에 학교 근처의 아베阿部라는 분의 집으로 옮겨 2층에서 하숙했습니다. 같은 숙소에 교토京都의 시즈가와志津川에서 온 사사키 기요마츠佐々木清松, 사토 마사유키佐藤正行, 니시타니西谷가 있었어요. 하숙집에는 5학년인 아들 아베 리쿠로阿部陸郎와 졸업생인 형이 있었습니다. 당시 기타카미강北上川의 제방이 그립습니다.

자전거로 리쿠젠타카타陸前高田의 이모토게芋峠까지 간 다음, 가게야마역佳景山駅에서 야나이즈柳津까지 이시마키오나가와石巻女川로 가는 목탄버스를 탔어요. 언덕길은 하차하여 버스를 밀었어요. 가게야마역에서 소학교 동창생인 우지이에氏家를 만났어요. 고고다역小牛田駅에서는 다마 중학교의 가네모토金本 수학 선생님도 만났습니다.

사누마 중학교 담임은 이로카와色川 선생님, 국어 교사는 기쿠치菊池 선생님, 사투리가 강한 지바千葉 선생님, 유도의 아타미熱海 선생님이 기억에 남아 있습니다.

그 무렵 학교생활은 다가올 본토 결전에 대비해 연일 '돌격대' 검술, 곤봉 입문, 참호와 장벽을 뛰어넘는 훈련, 염전과 개간 작업에 동원되었습니다. 항상 배고픈 작업이었어요. 하숙집 식사는 죽 한

* 미야기현 도메시 사코마치로, 현재는 미야기현 사누마 고등학교이다.

그릇뿐이었어요. 네 명의 하숙생은 어느 그릇의 죽이 많은지 서로 눈치 보면서 자리를 잡았어요. 가을이 되면 벼가 익었어요. 그 이삭을 뜯어내 생쌀을 입에 넣어 먹거나 사과 과수원에서 같은 하숙생 야스하라와 같이 서리해서 먹는 일도 있었어요. 그만큼 배고팠던 시절이었습니다.

제2부

청년기

–

민족을 상실한 자이니치의 고뇌

고등학교 시절부터 써온 일기(일부)

1945년 피난 당시의 강덕상
(뒤쪽 왼편)

나의 8·15

무더운 여름철에 접어들자 미국 함대의 가마이시釜石 함포 사격이 있었고, 록히드(Lockheed)와 그러먼(Grumman) 같은 함재기(군함이나 항공모함에 실은 비행기)가 날아와 저공비행으로 기총 사격을 반복했습니다. 당시 저는 백조의 도래지로 유명한 이즈누마伊豆沼, 나가누마長沼 주변의 개간 사업에 동원되었습니다. 여름 방학을 반납하고 개간에 나섰던 거죠. 이즈누마 주변은 낮은 구릉 지대로 관목이 군생하고 있었습니다. 톱과 칼로 나무를 베고 곡괭이로 그루터기를 제거한 다음에 호미나 괭이로 땅을 파는 작업입니다. 그럴 때 기총 소사가 있으면 몸을 보호할 수 없기 때문에 스스로 몸을 지키는 방공호를 파기도 했습니다. 도구라곤 삽뿐이었어요. 소위 낙지 항아리라 불리는 방공호 파기는 개간 못지않게 단순하고 힘이 드는 작업이었죠. 배고픔과 싸우면서 1945년 8월을 맞이했습니다.

8월 15일 조회 때의 일입니다. 인솔 교사가 "정오에 중대 방송이 있으니 산기슭의 농가에 집결하라"고 명령했습니다. 정오에 농가 라디오 앞에 모두 모였습니다. 그리고 모두 라디오를 향해 경례를 했습니다. '천황 예배'는 이때가 마지막이었습니다.

방송이 시작되었습니다. 다들 고개를 숙이고 문자 그대로 열심히 귀 기울여 들었습니다. 그러나 들려오는 것은 잡음뿐이었어요. 방송에서 '그 사람'의 독특한 억양의 일본어를 몇 마디 알아들었을 뿐이었습니다. 당시 '옥음 방송'의 내용과 의미를 알아들은 학생은 아무도 없었을 거예요.

뭐가 뭔지 정신이 없었지만, 저는 동원 작업에서 해방된 기쁨으로 자전거로 20㎞나 되는 자갈길을 따라 하숙집으로 돌아갔어요. 8월의 더운 오후 햇살 속에 샛노란 모래 먼지 길을 기억하고 있어요.

하숙집에 도착하자 그곳은 완전히 비탄에 휩싸였습니다. 모두들 땅바닥을 치고 울고 하늘을 보고 소리쳤습니다. 저는 그저 멍하니 그 광경을 바라보기만 했습니다. 비탄에 동조할 기분이 아니었다는 건 확실했어요.

저는 어쨌든 하숙집에서 나와 집으로 가기로 했어요. 집은 모래사장과 소나무 숲이 아름다운 리쿠젠타카타陸前高田에 있었습니다. 그 동네에 있는 기야마 후미요시木山文吉라는 조선인 동포 집의 별채를 빌려 쓰고 있었지요. 다카다 역에 도착한 것은 8월 16일 저녁 8시경이었어요. 거리는 쥐 죽은 듯이 조용했습니다. 넓고 캄캄한 거

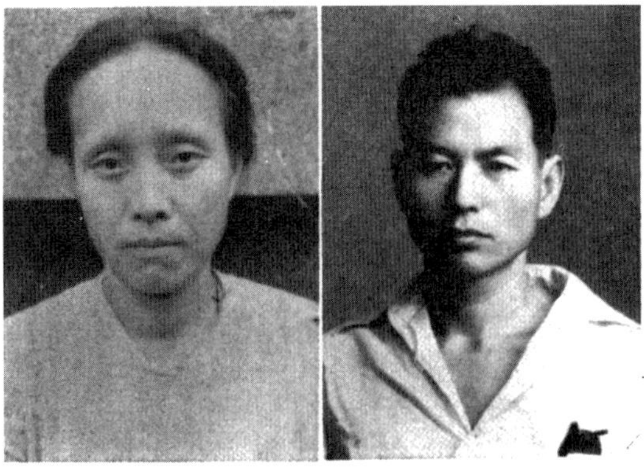

해방 후
30대 중반의 부모님

리를 지나 집에 도착하니 이곳 분위기는 완전히 달라져 있었습니다. 창문에는 휘황찬란하게 불이 켜져 있었어요. 그곳만 지도에서 잘라낸 것 같았습니다. 사람들의 웃음소리와 기쁨에 넘친 목소리가 밖으로 새어나왔습니다. 집에 들어가자 이 동네 동포들이 모여서 술판을 벌이고 있었어요. 그곳은 주변 일대와는 달리 매우 소란스러웠습니다. 억눌려있던 어떤 것이 한꺼번에 굉음을 내며 뿜어져 나온 것 같았습니다.

저는 그곳에서 처음으로 태극기를 보았습니다. 보았다기보다 만들고 있는 것을 본 것입니다. 지금까지 경례하던 일장기로 태극기를 만들고 있었습니다. 지금 생각하면 일장기를 부정하고 태극기로 새롭게 만든다는 것은 빼앗긴 것을 되찾는 자기 회복의 과정이었던 것 같습니다.

집에 돌아온 저에게 아버지께서는 "너는 좋은 시대에 태어났다"고 말씀하셨습니다. 새로운 조국 건설에 참여할 수 있다는 의미로 말씀하신 것이지요.

얼마 지나지 않아 많은 조선인 동포들이 귀국길에 나서서 정신없는 나날을 보냈습니다. 아버지의 친구 아무개가 귀국했다든가, 도중에 조난당했다는 등의 이야기가 계속 들려왔습니다. 귀국하려는 동포들을 실은 열차도 서쪽으로 달려갔습니다. 저는 그 무렵 동포와의 대화에서 처음으로 조선어로 이야기를 나눴습니다. 그때가 처음이었던 것으로 기억합니다.

아버지는 이런 상황에서도 장사를 생각하고 계셨어요. 도쿄에는 식량난으로 고생하는 사람들이 넘쳐났어요. 그런데 물고기는 많이 잡혔어요. 생선 가공품, 즉 생것은 안 되지만 건어물 등을 배로 운반해 도쿄에서 팔려고 50톤짜리 선박 '다이요마루太陽丸'를 빌려 운반하셨어요.

태극기의 발견! 조선어의 사용! 제 마음 한구석에는 민족으로의 회귀가 시작되었지만, 목표를 상실한 황국 소년의 허무감도 한동안 계속되더군요.

제가 사용했던 교과서 내용 가운데 군국주의 관련 부분을 검게 칠한 이른바 묵도墨塗 교과서는 국사 교과서만이 아니었어요. 신문지만한 큰 종이를 접어서 만든 임시 교과서를 사용했던 기억이 납니다. 그것을 보존했더라면 지금 대단한 가치가 있었겠지요. 전쟁이 끝나고 없어진 것은 유도와 검도였어요. 저는 유도부였는데 그게 없어졌어요. 하지만 담임선생님은 그대로였어요. GHQ의 정책으로 교련이 없어졌어요. 체조도 많이 바뀌어 체육이 되었어요. 수신 과목도 없어졌습니다.

'아카야마赤山' 고등학교로

전후에는 다마 중학교와 15중학교가 합해져서 아오야마青山 중학교*로 되었습니다. 다마 중학교는 어떤 의미에서 사관학교로 진학하기 위한 학교였기 때문에 패전으로 군대가 없어져 합병된 것이지요. 15중학교는 공습(1945년 5월)으로 완전히 불에 탔고, 다마 중학교에도 교사가 없었기 때문에 제4연대(근위보병 제4연대 아카사카구[赤坂区]·아오야마키타[青山北])의 막사였던 것을 교사로 개조했습니다. 정말 이상한 형태의 교사였어요. 2층과 3층에는 군인들이 묵고 있던 넓은 방이 있어 그곳을 교실로 사용했습니다. 그 옆에는 아마도 사관이 머물렀을 것으로 짐작되는 좁고 긴 방이 있었는데, 동아리 활동의 부실로 사용했지요. 1층은 숙소 없는 선생님이 많았기 때문에 그 선생님들의 임시 숙소로 배정되었습니다. 선생님들은 거기에 솥을 가져와서 살고 있었어요. 몇몇 독신인 선생님은 방을 개방해서 그곳은 말썽꾸러기 악동들의 아지트가 되었어요. 이게 그대로 아오야마 고등학교**가 되었지요.

저희 고등학교는 한 학년에 5반, 한 반에 45명 정도였어요. 그러니까 230~240명 정도입니다. 그 가운데 80% 정도가 대학에 진학했어요. 도쿄 대학에 30명 정도, 와세다와 게이오에 100명 정도가 합격했

* 1946년 3월 30일, 도립 다마 중학교와 도립 15중학교가 합병해 도립 아오야마 중학교가 되었다.

** 1948년 4월, 학제 개혁에 의해 도쿄 도립 아오야마 고등학교가 되었지만, 과도기 조치로서 구舊 아오야마 중학교와 병설되었다.

어요. 나머지는 지방의 교토 대학, 히토쓰바시 대학, 도쿄공업 대학, 도쿄외국어 대학 등에 진학했지요. 꽤 성적이 좋은 학교였어요.

학교가 생겨날 무렵부터 교육은 상당히 자유로웠습니다. 전후에 아오야마는 '빨갛다'는 의미로 '아카야마'라고 불리기도 했습니다. 전일본학생자치회총연합全学連의 투사들이 모두 거기 출신인데다 고등학생들이 동맹 휴교를 감행하는 등 경찰들이 출동해서 난리가 난 적도 있었지요.

동생들

형제는 여섯이에요. 여러 일들이 있었겠지만, 여동생들이 소학교에서 어떻게 지냈는지 별로 잘 기억이 나지 않습니다. 일본 패전 후 조선학교가 세워지자 동생들은 모두 조선학교를 다녔습니다. 막내는 갓 태어났고, 다음은 2살과 3살이었지요. 조선학교*에 다닌 것은

* 식민지에서 해방된 재일조선인들은 황민화 교육으로 빼앗겼던 '자신들의 말, 조선어'를 되찾기 위해 각지에 '국어교습소'를 세웠다. '지혜로운 자는 지혜를, 돈이 있는 자는 돈을, 힘이 있는 자는 힘을'이라는 슬로건으로 1946년 4월에는 '조선학원'이 전국에 창설되었다. 그러나 1947년 GHQ의 권고에 따라 민족 교육은 일본 정부의 지도하에 놓여져 일본어에 의한 교육이 강요되었다. 재일조선인이 이에 반대하자 문부성은 1948년에 조선학교 폐쇄 명령을 내렸다. 이에 전국에서 반대 운동이 벌어져 그중에서도 야마구치山口를 비롯해 효고兵庫, 오사카大阪 등에서 격렬하게 저항 운동을 조직해 '한신阪神 교육 투쟁'을 벌였다. 이후 조선학교는 '자주학교', '민

남동생과 여동생 2명이었어요. 나머지 여동생 1명은 조선학교에 가기에는 거리가 멀어 큰 여동생과 남동생이 다녔어요.

저희 어머니는 일본 음식을 만들지 않았습니다. 조선의 산나물을 그대로 가져온 것 같은 음식이었죠. 어머니가 반찬으로 내놓는 것은 김치와 조선 음식이었어요. 아마 고국에 있을 때와 식사는 크게 다르지 않았을 것입니다. 반찬이 점차 달라진 것은 전후 쌀이 부족해지거나 여러 가지 일이 있고 나서부터였습니다.

귀국을 서두르는 자이니치 사회

해방 이전에는 재일조선인이 많이 있었지만 점점 줄어들었습니다. 고향으로 돌아가는 사람들이 압도적으로 많았어요. 해방 당시에는 240만 명 정도 있었지만, 1년인가 1년 반 사이에 65만 명 정도로 줄어들었지요. 눈 깜짝할 사이에 없어졌어요. 일본 정부는 제대로 귀국 정책을 펼치지 않았어요. 모두 열차를 여러 차례 갈아타고

족학교'의 형태로 변경되었다. 일본 정부는 '외국인학교법안'을 여러 차례 국회에 상정하여 조선학교를 폐지하려 했으나, 폐안되었다. 조선학교는 현재도 정식 학교(1조교)가 아닌 '각종 학교'로 인정되고 있다. 창립 이래 일본은 조선학교의 민족 교육을 탄압해 왔고, 현재도 무상화 제외 문제와 보조금 정지 문제가 있다. 2010년 10월에 일본 정부는 UN 인권차별철폐위원회로부터 "국제적으로도 인정되고 있는 민족 교육의 권리를 침해하고 있다. 일체의 차별 없는 적용"을 권고 받고 있다.

여러 명이 작은 배를 구해 타고 앞다퉈 고향으로 돌아갔습니다. 공동으로 배를 빌리거나 구입해서 돌아간 것을 기억하고 있습니다.

아버지는 장남이기 때문에 머지않아 돌아갈 예정이었습니다. 하지만 아버지는 해결해야 할 문제가 여러 가지 있었습니다. 우리 집에는 할머니도 계시고 작은아버지와 작은어머니도 계셨어요. 외삼촌도 계셨지요. 많은 친척이 계셨어요. 그런데 1945년 5월 23일에도 대공습이 있었어요, 도쿄 대공습. 그래서 저희 가족은 뿔뿔이 흩어지게 되었습니다.

사이타마埼玉의 오케가와桶川라고 하는 곳에 미쓰비시三菱의 큰 공장이 있었습니다만, 그곳 조선인 부락으로 할머니와 작은아버지 일행이 피난을 가셨어요. 어머니와 여동생들은 미야기宮城의 호소쿠라細倉에 유황 광산이 있었는데 거기로 피난했어요.

일본의 패전 직전인 6월 경, 오케가와에 있던 친척은 모두 관부연락선을 타고 고향으로 돌아갔습니다. 아마 마지막 관부연락선이었을 거예요. 일본에는 아버지만 남았어요. 그래서 해방 당시 우리 집에는 친가와 외가 쪽 친척은 없었습니다. 일본에 조선인이 240만에서 65만으로 줄어든 현상은 우리 집 사정을 보더라도 알 수 있어요. 일본에는 우리 가족만 남았어요.

240만 명이라는 숫자는 강제 동원까지 포함한 거예요. 당시 제가 본 바로는 이 사람도 저 사람도 모두 고향으로 돌아간 것 같았어요. 일본이라는 나라가 얼마나 살기 힘든가를 잘 보여주는 것이지요. 그 무렵 다시 관동대지진의 전철을 밟는 것은 아닌지를 걱정하는 재일 조선인이 많았기 때문입니다.

아오야마 고등학교에서 히토미人見 선생님을 만나다

고등학교에서는 어느 대학에 들어갈 것인가가 모든 학생의 희망이었어요. 제가 다니던 고등학교에서는 도쿄 대학을 목표로 하는 친구들, 또는 이과계를 목표로 하는 친구들은 실무에 나가는 방향이었지요. 도쿄 대학에 진학한 친구들은 모두 관료가 되거나 회사원이 되었어요. 집안을 배경으로 그곳으로 가는 경우가 많았던 것 같아요.

중학교 때까지는 별로 느끼지 못했는데 고등학생이 되면서 역시 나는 다른 친구들과 다르다는 걸 느끼게 되었습니다. 주변 상황을 살펴봐도 취업이란 절망적이었어요. 특히 대기업과 관청으로 나갈 수 있는 길은 완전히 막혀 있는 느낌이 들었습니다. 제 자신이 공습을 피해 시골로 피난했고, 기초적인 공부를 해야 할 때 도호쿠東北 지방에서 방랑하고 있었기 때문이지요. 매일 공부해야만 쌓이는 수학이나 영어 같은 과목의 저의 중학교 기초 학력은 아주 낮았습니다. 도쿄의 학교에 돌아와서 영어 한 문장을 들어도 저는 좀처럼 알아듣지 못했어요. 수학은 인수 분해 단계밖에 하지 못했기 때문에, 미적분 같은 것은 전혀 몰랐어요. 그런 상태였지요. 그러니까 이과와 문과, 평균적인 교양이라는 측면에서 저는 한쪽으로 치우쳐 있는 학생이었어요. 책을 읽거나 소설을 읽거나 시를 읽는 것은 좋아했습니다. 관련 이야기를 나누거나 잡다한 글을 쓰기도 했지만, 장래의 진로에 대해 여러 가지로 고민했습니다.

저는 마지막 구제舊制 중학교 출신이었어요. 그때는 구제 4학년이 대학의 전문부專門部나 또는 구제 고등학교에 들어갈 기회였어요. 그러니까 구제 4학년은 예전의 고등학교 수험 자격이 있었죠. 구제

아오야마 중학교 4학년, 마지막 운동회와 문화제
(은사님들, 1947년 10월 27일)

4학년 때 어차피 붙기 어려우니 시험에 떨어져도 그만이라는 생각에 구제 고등학교에 도전한 적이 있습니다. 제가 시험을 본 건 우라와浦和 고등학교였지요. 저와 나카가와中川와 무라타村田, 세 명이 시험을 보았는데 모두 떨어졌어요.

그래서 저는 신제新制 아오야마 고등학교 2학년이 되었어요. 당연히 떨어질 것이라는 생각에 그런지 별로 실망하지도 않았네요. 2학년이 되었을 때, 학제가 변경되어 수업 내용이 완전히 바뀌었어요. 한 과목에 집중하는 수업이 된 거죠. 예를 들어 역사의 경우 아오야마 고등학교에서는 동양사, 서양사, 일본사로 나뉘어져 있었어요.

히토미 하루오人見春雄 **와**
후지와라 아키라藤原昭 **선생님**
(마지막 열 · 후지와라, 그 앞 · 히토미)

동양사를 선택하면 일주일에 다섯 번 수업이 있어요. 1년 동안 월요일부터 금요일까지 날마다 수업이 있거든요. 그래서 동양사 강의를 중간에 단절 없이 완결된 공부를 할 수 있었죠.

이때 담당했던 선생님이 히토미 하루오人見春雄 선생님이셨어요. 히토미 선생님은 도쿄 대학 '18사회一八史会' 출신으로, 1943년에 졸업하고 학도병 경험도 있었지요. 히토미 선생님은 당시에 아직 젊었습니다. 동양사를 담당하셨습니다. 선생님은 고대사는 가르치지 않았어요. 그 무렵 마침 중국 혁명이 진행되고 있을 때여서 그 흐름에 맞는 형태로 신민주주의 혁명이라는 것을 말했습니다. 중국의 아편 전쟁부터 침략에 대항한 5·4운동 등을 가르쳤어요. 중국의 내전과 마오쩌둥毛沢東의 혁명 등에 대해서도 일관되게 말씀하셨어요. 수업을 통해 당시 중국의 흐름이라는 걸 알게 되었어요.

제가 고등학교를 졸업한 뒤, 히토미 선생님은 마지막으로 오모리大森 고등학교 교장을 역임하셨지요. 저서도 간행하셨어요. 별명은 자이언츠였지요. 키가 크셨습니다.

대학에서 중국사를 선택한 것은 히토미 선생님의 영향 때문이었어요. 중국사, 특히 중국의 5·4운동을 학부 졸업 논문으로 쓴 것도 그런 배경이 있었지요.

고등학교 동창 중에 무토 이치요우武藤一羊라는 친구가 있습니다. 생존자가 몇 안 되는 '7월회七月会'의 멤버이지요. 무토는 고등학교 시절 은사인 히토미 선생님에 대해 다음과 같이 말합니다.

> 아오야마 고등학교 2학년 세계사의 마지막 수업이었다. 중국에서 진행 중인 혁명에 대해 동양사의 히토미 하루오 선생님이 한 시간 동안 정열적으로 말했다. "중국은 변하고 있다. 그것은 결코 강 건너 불이 아니다. 메이지 이래의 일본 역사의 근본이 바뀌게 되는 거야." 히토미 선생님의 수업 후, 국회 도서관을 방문해 마오쩌둥의 『지구전론持久戦論』을 읽었다. 그 '뭔가 다른 세계'가 무엇인지 단번에 알 수 있었다. 그것은 의사意思를 가진 '중국 인민'이라는 실체였다. 안개가 걷히고 지형이 눈에 들어온 느낌이었다.(「1기 1회一期一会」, 『아사히신문朝日新聞』, 2017년 12월 21일자)

고등학교에서 '사회주의연구회'를 만들다

저는 히토미 선생님과의 만남을 계기로 역사학을 공부하기 시작했습니다. 하지만 본격적으로 나아가기까지는 여러 복잡한 과정이 있었어요. 그 무렵 저희 집 상황을 고려하면, 역사학이라는 뭔가 정처 없는 학문으로 갈 처지가 아니었습니다. 대학을 나와서 직장을 구해, 가족과 어머니를 도와야 하는 형편이었습니다. 그래도 히토미 선생님의 영향인지 뭔지는 모르겠지만, 중국에 대한 동경과 소위 아시아의 사회주의 세력에 대한 관심이 컸습니다.

일본 공산당의 영향을 받은 민주주의 과학자 협회*라는 것이 있었습니다. 또 민주주의 과학자 협회의 하부 조직으로 고등학교에는 민학동이라는 것이 있었지요, 민주주의 학생 동맹입니다. 저는 일본 공산당에 입당한 적이 없지만, 민학동 아오야마 고등학교의 대표가 되었어요. 그래서 몇 명의 동급생과 후배들을 모아, 말하자면 학교의 민주화 운동에 몰두했습니다. 저는 학교 신문부가 발행한 『구만바치(くまんばち, 말벌의 의미)』라는 신문에 자주 글을 썼어요.** 학교를

* 민주주의 과학자 협회(民主主義科学者協会, 약칭 민과). 전쟁 중 많은 연구자들이 학문의 자유를 박탈당했다. 패전 후 이들 연구자 가운데 마르크스주의자가 중심이 되어 조직했다. 창립 시 침략 전쟁을 막지 못한 것을 반성하고 민주주의 과학 건설을 목적으로 자연과학, 사회과학, 예술부회가 설치되었다. 공산당이 6전협에서 노선을 전환하자 민과도 해체되었다.

** 민주주의 학생 동맹(民主主義学生同盟, 약칭 민학동). "민학동은 그리스도교인이든 공산주의자든 전쟁에 반대하고 파시즘에 반대하는 모든 학생이 참여할 수 있는 조직. 이 학교(아오야마 고등학교)에도 대략 수십 명이 있다. 교육

고등학교 사회주의연구회 시절, 공동 연구회 멤버들과 함께
(후열 중앙이 강덕상)

비판하고 학교랑 싸웠지요.

그때 역시 공부를 해야 한다고 느끼고 사회주의연구회 약칭 '사연'이라는 동아리를 만들었어요. 그리고 지금의 고마바駒場 고등학교, 그 무렵은 제3여자고등학교였습니다만, 그곳 여학생들과 공동으로 사연 연구회를 열었습니다. 주로 고마바에서 했지요. 당시 고

의 기회 균등, 학문의 자유 등 우리 헌법의 민주적 기본적 인권을 파시스트로부터 지키기 위해서는 모든 학생이 스스로 나서야 한다."(「くまんばち」 중에서)

마바의 사연 대표는 고쵸御長라는 여학생이었어요. 그녀는 여학교를 졸업하고 병설 고등학교에 진학했습니다. 그녀가 대표였지요. 저희 학년 대표는 히가시야마東山였고, 그 위에 고쵸가 있었지요. 동아리는 두 학교를 합쳐 대략 15~16명이었어요. 나중에는 20명 정도였을 거예요. 특히 그 무렵에는 무엇보다 여학교와 교류한다는 것이 즐거웠어요. 그래서 늘 함께했고 공부도 열심히 했어요.

당시 모임의 도우미 교사로 온 사람이 후와 데쓰조不破哲三*입니다. 제1고등학교 학생이었어요. 고쵸과 사귀는 사이였습니다. 나중에 고쵸는 후와와 결혼합니다. 후와가 튜터여서 재미있었습니다. 모임에서는 주로 마르크스 레닌주의를 공부했어요. 후와는 아마 저보다 서너 살 위였던 것 같습니다. 그때 기념사진이 있어요. 젊었을 때의 그는 꽤 스마트했습니다. 아버지가 히토쓰바시一橋 대학 교수였지요. 그렇게 기억하고 있어요. 자기 이름을 후와라고 부르지 않았어요. 뭐라 불렀는지 잊었어요. 그의 형인 우에다 고이치로上田耕一郎도 유명한 사회주의자였지요.

그런 일로 저는 학교에서는 뭐랄까 공부는 못했지만 시끄러운 녀석이었죠. 학교에서 꽤나 눈총을 받았어요. 『구만바치』에 학교 욕을 썼다가 혼난 적도 있어요. 별로 이론파는 아니지만, 왠지 눈에 띄고 싶어 했나 봅니다.

* 후와 데쓰조(不破哲三, 1930~). 구제 도쿄 부립 제6중학교, 제1고등학교를 거쳐, 도쿄 대학 이학부 물리학과를 졸업했다. 현직은 일본 공산당 중앙위원회 상임간부회 위원, 당 부속 사회과학연구소 소장, 전 중의원 의원이다. 부친은 우에다 쇼자부로上田庄三郎이다.

『구만바치』는 현재 제가 갖고 있어요. 제 수중에 남아 있게 된 것은 GHQ가 그 당시 신문을 전부 검열하고 있었고, 미군의 압수 자료 중에서 나왔기 때문입니다. 제가 이걸 찾은 거죠. 칠월회七月会 동료들에게 영인본을 만들어 아오야마 고등학교에 보존하자고 제안했어요.

아오야마 고등학교에는 '애교회愛校会'라는 동아리도 있었어요. 어느 쪽인가 하면 학교를 깨끗하게 하자는 거지요. 그 동아리는 무토武藤가 중심이었습니다. 저와는 대척점에서 맞서고 있었지만, 사이는 좋았습니다. 그 중심에 계셨던 분이 우리가 존경했던 후지와라 아키라藤原昭 선생님입니다. 별명은 폰스케ぽん助입니다. 아주 친근해서 붙인 별명이었지요. 지학 선생님이었어요. 그 무렵 우리도 고민이 많았는데 선생님은 여자 친구를 둘러싼 잡다한 이야기도 전부 들어주셨지요. 선생님은 학교에 주거하고 계셨어요. 전후 거주할 방이 없어서 학교 안에 빈방이 있었기 때문에 살게 되었지요. 혼자 계셨으니 우리는 시간이 나면 거기 가서 마음대로 편하게 요리를 만들어 먹기도 했지요. 뭐 그런 장소였어요.

그 당시 후지와라 선생님은 공산당원으로 활동을 하셨죠. 그래서 경찰의 감시를 받고 있었어요. 글쎄요, 한때 아오야마 고등학교는 빨갱이라는 의미의 '아카야마赤山'라고 불리던 바로 그런 곳이었어요. 무토는 나중에 도쿄 대학에 가서 학생 운동 중에 체포되어 퇴학당했어요. 저도 와세다에 들어갔다가 붙잡혀 퇴학당했지요. 아오야마에는 그런 친구들이 아주 많았어요.

민족을 잃은 자이니치의 전후

제 동급생 중에 마쓰무라松村라는 조선인이 있었습니다. 고등학교 2학년 때 제 옆자리에 앉았어요. 하지만 나도 그도 스스로를 조선인이라고 밝히지는 않았어요. 이건 바로 그 당시에 놓인 우리 세대의 한 현상이라고 생각해요. 나카노中野에 살고 있었지요. 그의 어머니가 집에 볼일이 있어서 오셨고, 그제야 마쓰무라가 조선인이라는 것을 알았습니다. 그도 어머니로부터 저에 대해서 듣고 알았겠지만, 옆자리에 앉아 있었지만 그 사실에 대해서는 서로 한마디도 하지 않았어요. 대학을 나온 뒤, 그가 나카노에서 장사를 시작했다는 말을 듣고 처음으로 그곳에 가서 얘기를 나눴습니다. 학교 동급생들은 지금도 마쓰무라가 조선인인지 모릅니다. 그는 저세상 사람이 되었지요. 그 시절 일본에서 교육을 받고 민족을 잃은 자이니치가 전후 어떠했는지, 마쓰무라는 어떤 면에서 전형적인 하나의 상징이라는 느낌이 듭니다. 나중에 이야기할 박재일朴載日도 같은 말을 했지요. 박재일도 혼고本鄕 중학교 출신이었지만 자신에 대해서는 일절 말하지 않았고, 집에 친구를 데려오는 일도 없었다고 말했지요.

저처럼 일본에서 성장한 조선인은 모국어가 일본어입니다. 당시 우리 주변에는 나이가 조금 많지만 조선에서 자라서 일본에 온 유학생이나 밀항으로 일본에 온 사람들이 있었습니다. 그들은 조선에서 자랐기 때문에 모국어가 조선어였고, 조선인으로서의 풍습도 몸에 익숙했습니다. 같은 조선인이라도 저는 그들과 전혀 다르게 자랐기 때문에, 서로 알 수 없는 고뇌를 지니고 있었습니다.

역사학 선택의 과정

역사에는 흥미가 있었습니다. 저는 이과 능력은 없어서 시험을 두 번이나 응시했지만 실패했지요. 도쿄 대학에도 원서를 내고 시험을 봤는데, 세 과목은 성적이 좋았지만 수학이 완전히 망해서 떨어졌어요.

그 시절 아오야마에서는 대체로 도쿄 대학, 도쿄공업 대학, 교토 대학 같은 국립이 절반 정도, 그리고 저처럼 중간 정도의 학생들은 와세다나 게이오 대학에 갔어요. 저는 와세다를 응시하기로 했는데, 지망을 정경학부로 할 것인지 아니면 법학부나 문학부를 선택할지 망설였어요. 법학부에서 법을 배워도 소용없고, 정경학부에 가더라도 그저 그렇다고 생각했어요. 역시 히토미 선생님이 자주 말했던 "한다면 역사다"라고 판단했어요. 그래서 문학부 사학과에 진학한 거예요. 그게 역사 공부의 시작이었습니다.

또 하나 제가 가장 하고 싶었던 일은 배를 타는 선원, 기관장, 항해장이 되는 것이었습니다. 수입도 좋고 자유로울 것 같아 막연하게 좋겠다고 생각했지요. 그래서 수산학교와 상선학교 두 군데를 지원하기로 했어요. 고등상선학교는 시미즈淸水에 있었고, 수산학교는 엣추지마(越中島, 현 도쿄해양 대학)에 있었지요. 그런데 수산학교에 원서를 받으러 갔더니, 담당자는 "입시 원서를 낼 자격이 없다"고 하더군요. 왜냐하면 "기관장이든, 선원이든, 모두 (나라) 밖으로 들락날락하는데 넌 자유롭게 오고갈 수 없다"는 것이었죠. 살펴보니 확실히 그런 설명이 있었어요. 재일조선인 중에 기관장이라든지 항해장이라든지 그런 면허를 가진 사람은 아무도 없었습니다. 그러니까 뭐, 재일조선인이라는 장벽 때문에 진학이 불가능하다는 것을 알았지요.

하고 싶은 일이 또 하나 있었어요. 저는 딱히 NHK에 응모해 볼 생각은 없었는데 방송부 친구들이 "너 목소리! 전파를 타면 목소리가 너무 좋아", "아나운서 좋으니까 한번 응모해봐"라는 거예요. 그래서 채용 창구에 갔더니 "채용할 수 없습니다!"라고 하더군요. 그때는 『아사히신문朝日新聞』도 마찬가지였어요. 당시 재일조선인 중에 아사히신문의 기자는 아무도 없었지요. 지금은 있지만요. 왜냐면 조선인에게는 가정집에 이른 아침 새벽 취재나 야밤중에 가서 취재를 시킬 수 없다는 것이지요. 소방관도 할 수 없었어요. 집안에 못 들어가도록 확실히 정해져 있었지요. 그런 여러 가지 제한이 있었습니다. 그때 처음으로 일본이라는 나라의 조선인 차별 실체를 느꼈습니다. 실제로 당시 일본에서 항공사나 조종사 자격을 가지고 있는 사람은 아무도 없었습니다. 비행 학교도 들어갈 수 없었어요.

이런 가운데 역사학을 전공해야겠다고 생각했을 때 히토미 선생님의 가르침이 되살아났습니다. 그러나 와세다 역사학에는 히토미 선생님 같은 분이 아무도 없었습니다. 주임 교수는 청나라와 한나라 황제의 도장, 즉 옥새를 연구하고 있었지요. 수업 시간에는 한문『사기史記』를 읽었어요. 그들에게는 그게 학문이겠지요. 제가 느끼기에는 "정말 엉뚱한 곳에 왔구나!" 하는 생각이 들었습니다. 그래서 강의에는 거의 들어가지 않았습니다. 다행히 와세다에는 학생 그룹이 많이 있었습니다. 민주주의 과학자 협회(民主主義科学者協会, 약칭 민과)에는 와세다반早稲田班이라는 것이 있었어요. 역사 부회라든가 철학 그룹이라든가, 역사학연구회 등이 있어서 그곳에서 역사 방법론을 배웠습니다. 정말로 와세다 교수로부터는 아무것도 배운 게 없고, 아무 영향도 받지 않았습니다.

제3부

대학 시대
–
중국사에서 조선사로

와세다 대학 시절, 문학부 친구들과(맨 뒷줄 오른쪽 두 번째가 강덕상)

연구한다면 근대사를

사학과에 입학한 것은 고등학교 선생님의 영향 때문이었지만 달리 갈 곳이 없어서 사학과에 들어갔다고도 말할 수 있습니다. 처음엔 조선사를 하겠다는 생각이 없었습니다. 제가 대학에 들어갔을 때는 중국 붐이었어요. 마오쩌둥과 중국 혁명. 마오쩌둥은 어떤 면에서 예전의 레닌 같은 존재였다고 생각합니다. 그래서 마오쩌둥 이론과 사상을 비롯해 기타 여러 가지가 대학 안에 넘쳐났습니다. 지금 상황과는 달랐어요. 그 무렵 일본의 진보적인 자연과학자, 사회과학자, 인문학자 단체로 민주주의 과학자 협회民主主義科学者協会라는 것이 있었어요. 좌익 단체입니다. 그 지부가 각 대학에 있었어요. 와세다에도 철학 부회, 즉 마르크스 레닌주의 동아리가 있었어요. 동아리 학생들은 외부에서 선생님을 불렀습니다. 와세다에는 그런 선생님이 없으니까요. 당시 유명한 유물사관의 역사철학자를 차례로 불러왔지요. 그 모임에 저도 자주 나갔었어요. 지금도 생생히 기억나는 것은 '달은 태양의 속성이다'는 명제입니다. 아, 과연 그렇구나 생각했지요. 그리고 노예제, 봉건제, 자본제, 사회주의, 공산제도 등을 공부했습니다. 유물사관이었지요. 이런 공부를 통해 역사학의 큰 발전의 철학을 여러 가지 형태로 담아낼 수 있었어요.

역사를 보는 눈이 조금씩 생긴 것 같아요. 쉽게 말해서 약자 편에서 바라보는 역사관이죠. 지금까지의 역사라는 것은 전부 지배자, 강자가 만든 역사입니다. 왜냐하면 피지배자에게는 문자가 없었습니다. 지배자가 문자를 점유하고 자기 멋대로 역사를 만들었어요. 그래서 역사를 피지배자의 시각에서 더 많이 바라보아야 한다는 것이

와세다 대학 졸업식
(왼쪽에서 두 번째 강덕상, 1955년 3월)

기본이었다고 생각합니다. 역사를 보는 법, 사물을 보는 법을 배웠다는 느낌이 들어요. 당시 학생들은 모두 그렇게 배워나갔습니다.

실제로 역사를 전공으로 선택하고 나면, 다음으로 고대사를 할 것인지, 근대사를 할 것인지 아니면 중세사를 할 것인지의 선택에 직면합니다. 그중에서 고대사라는 것은 오히려 이론이지요. 사료는 매우 한정되어 있습니다. 고고학은 그런 거예요. 고고학이란 유물이 나오면 바뀝니다. 고대사도 그렇지요. 사료가 한정되어 있기 때문에 새로운 사료가 나오면 이것 또한 바뀌기 마련입니다. 물론 고대사의 경우 새로 나오는 자료는 매우 한정되어 있습니다. 그런데 가끔 그런 일이 일어나기도 합니다.

중세사 또한 사료는 대부분 지배층이 쓴 것입니다. 중세사와 근세사는 최하층 피압박자가 쓴 것이 별로 없습니다. 그런 의미에서 사료를 통해 아래로부터 역사를 반전하여 바라보자는 생각이 들었습니다. 역사를 공부하자면 근대사라고 생각했어요.

중국사에 관심을 갖다

처음에 저는 중국사에 관심이 많았습니다. 당시는 마오쩌둥 전성시대였기 때문에 거기에 이끌려 중국 근대사, 그것도 중국 혁명사의 첫 페이지인 5·4운동사를 선택했습니다. 조선에서 말하는 3·1운동에 버금가는 5·4운동이었지요. 5·4운동을 담당한 것은 학생들입니다. 그들과 그 위 세대의 좌익은 그 무렵 형성된 마르크스주의에 물들었다고 할까요, 그런 지식을 습득한 사람들이 5·4운동을 일으킵니다. 현지에서의 사상의 태동이었지요.

5·4운동 당시의 잡지로 중국에 『신청년新青年』이 있습니다. 저는 『신청년』을 중심으로 잡지에 나오는 논문의 특징을 분석해서 5·4운동의 사상적 배경을 졸업논문 테마로 정했습니다. 이것이 저의 역사학이라고 할까요, 공부해야 할 방향성과 큰 틀을 제공했지요. 지금도 그렇게 느끼고 있습니다.

그때는 1954년에서 55년 정도였지요. 한국전쟁이 끝나고 중국 혁명이 마무리되었지요. 장제스는 대만으로 완전히 밀려났습니다. 동아시아의 전후 질서가 형성된 시기였습니다.

레드 퍼지(Red Purge) 반대 투쟁으로 체포, 퇴학 처분, 복학

와세다 대학 1학년 때, 레드 퍼지 반대 투쟁*이 있었습니다. 그 과정에서 고바야시 마사루小林勝**를 만났습니다. 고바야시는 저보다

* 1949년, GHQ 민간정보교육국(CIE) 고문 엘스(Walter Crosby Eells)가 니가타新潟 대학 개교식에서 '공산주의 교원의 추방'이라는 제목의 강연을 했다. 문부성도 동조해 '대학 관리 법안 기초 협의회'를 결성. 도호쿠東北와 홋카이도北海道의 대학에서는 즉시 반대 투쟁에 나서, 전국의 대학에 영향을 주었다. 1950년, 한국전쟁이 발발하자 GHQ의 지시로 레드 퍼지(공산주의자와 그 동조자를 공직이나 민간 기업에서 추방하는 행위)가 시작되었다. 이에 대해 노동조합과 학생들이 반대 투쟁을 조직해 나갔다. 와세다에서도 레드 퍼지 반대 투쟁이 일어나 많은 학생이 투쟁에 나섰다. 마침 10월 17일 학부장 회의가 열리고 있는 회장에 교섭을 요구하며 학생들이 입실하자 이를 저지하던 경찰대와 충돌, 학생 143명이 건조물 침입 혐의로 체포되는 사건(제1차 와세다 사건)이 일어났다. 당시 집회와 데모에 참가한 사와치히사에澤地久枝는 "수천 명의 학생들, 말하자면 정치운동에 관심이 없던 학생도 진지하게 참가했다"고 말하고 있다.

** 고바야시 마사루(小林勝, 1922~71). 경상남도 진주에 조선 식민자 2세로 태어났다. 안동, 대구에서 중학교 4학년까지 다니다가 16세에 사이타마현埼玉県 육군 예과 사관학교, 다음 해에 육군 항공 사관학교에 진학. 일본의 패전으로 제대, 1946년 도립 고등학교에 입학, 20세에 일본 공산당에 입당, 신일본문학회에 참여하기 시작했다. 1949년 와세다 대학 문학부 러시아 문학과에 전입학, 레드 퍼지 반대 운동으로 정학 처분을 받고 1951년 퇴학. 1952년 화염병 투쟁으로 현행범 체포, 옥중에서 많은 초고를 썼다. 이후 7년간의 재판 투쟁을 거쳐 1959년, 공무 집행 방해죄로 징역 1년의 실형 판결로 옥고를 치른다. 1955년, 신일본문학회에 입회하여 이듬해 발표한 『포드 1927년フォード・1927年』이 아쿠타가와상芥川賞 후보가 되었다. 대표작으로 『쪽발이蹄の割れたもの』, 『만세 · 메이지 52년万歳・明治52年』,

2년 선배입니다. 학년은 한 학번 위이고, 나이는 세 살 많을 겁니다. 고바야시는 패전 전인 1945년 4월에 육군 항공 사관학교에 입학했습니다. 특공대 훈련을 받고 있었던 것 같아요. 전후, 제 동급생 중에는 군복을 입은 제대 군인이 많았지요. 고바야시는 제가 입학했을 때 와세다의 전학련全学連 위원이었어요. 그 시절은 레드 퍼지 반대 투쟁으로 매우 혼란스러웠습니다. 그때 고바야시가 핵심 멤버였죠. 위원장은 요시다 요시키요吉田嘉清*로 일본의 원수폭原水爆 금지 운동을 주도한 인물입니다. '빛나는' 와세다 위원장이라는 이름을 얻을 정도로 지도력이 뛰어났습니다. 이시가키石垣는 문학부 위원장이

『일본인 중학교日本人中学校』 등이 있다. 식민지 조선에서 태어나 자란 일본인 자신이 원초적인 향수를 이겨내고 해방 후 분단 조선과 어떻게 새로운 관계를 다시 맺을 것인가를 테마로 삼았다.

* 요시다 요시키요(吉田嘉清, 1926~2018). 구마모토熊本 출신. 1948년, 전일본 학생 자치회 총연합全學連 결성에 진력했다. 1950년, 와세다 대학의 레드 파지 투쟁에서 리더로서 투쟁을 조직하여 과감하게 투쟁했으나 경찰에 체포되어 퇴학 처분을 받는다. 이후 비키니(Bikini Atoll) 섬에서 실시한 수소폭탄 실험을 계기로 원수폭 금지 운동에 투신한다. 원수폭 금지 일본 협의회(原水爆禁止日本協議会, 약칭 원수협) 사무국장을 맡아 전국적인 운동을 전개해 나갔다. 특히 1977년 원수폭 세계 대회에서 원수협과 원수폭 금지 일본 국민회의(原水爆禁止日本国民会議, 약칭 원수금) 운동의 통일을 실현하고 실행 위원회 대표 이사가 되었다. 요시다는 평소 "사고와 입장이 달라도 반핵 평화로 손을 잡자"고 주장했지만, 일본 공산당으로부터 제명 처분을 받는다. 그 후도 풀뿌리 평화 운동을 관철해 체르노빌 원전 사고에서의 피폭자 구원 활동을 계속했다. 2010년 에스토니아 공화국으로부터 적십자 훈장을 수여받았다. 와세다 대학의 레드 파지 투쟁 당시 본부 발코니에서의 연설은 많은 학생에게 감명을 준 명연설로 유명하다. 사람들은 그를 '요시다 가세이吉田カセイ'로 부르며 전설적인 인물로 기억했다.

었죠. 이시가키와 고바야시, 이와마루 다이치로岩丸太一郎 등이 문학부 투쟁 위원회를 이끌었지요.

저도 그들과 함께 학교에서 레드 퍼지 반대 시위에 참여했습니다. 우리는 기세를 몰아 총장실로 쳐들어갔지요. 그러자 학교 측은 총장실이 있던 건물 문을 잠그고 경찰을 불렀어요. 학생들은 이미 안에 들어가 있어 도망가지 못하고 통째로 체포된 셈이죠. 저도 그 중 한 사람이었습니다. 창문을 열어 배수관을 타고 내려가 도망간 학생들도 있었지요. 저도 도망가려고 했지요. 그런데 그때 같은 학년 여학생이 저에게 짐을 맡기고 "여기서 기다려! 나 좀 보고 올께!"라고 말했어요. 그래서 저는 바보처럼 계속 기다리다가 도망칠 수 없게 되어 버렸죠. 당시 143명이 붙잡혔어요. 그 가운데 와세다 학생이 85명 정도, 나머지는 도쿄 대학과 도리츠都立 대학 등에서 온 학생들이었습니다. 저는 불퇴거죄로 사흘 정도 유치되었습니다. 자기 학교 총장실에 있는데 무슨 불퇴거죄인가 싶었어요. 검사가 와서 사정을 물어보길래, 저는 "우리 학교에서 불퇴거죄 같은 건 들어본 적이 없다"고 말했습니다. 저는 송사리여서 결국 불기소되었어요. 고바야시도 함께 있었습니다. 그도 그때는 기소되지 않았을 겁니다. 기소되어 장기간 2~3달 정도 유치장에 감금된 학생들도 몇 명 있었습니다. 고바야시는 어느 경찰서에 있었는지 기억이 나지 않지만, 저는 나카노中野 경찰서였습니다.

그 다음 해 봄, 대학이 퇴학 처분을 내린 것은 부당하고 지나친 결정이었으니, 복학할 의사가 있다면 복학하라는 연락이 왔습니다. 요컨대 정학 처분으로 하겠다는 것이었지요. 저는 퇴학 처분을 받은 다음 도쿄 대학에 지원했지만, 다시 떨어져 갈 곳이 없었습니다. 그래서 1년 늦게 복학하게 되었습니다. 고바야시는 복학을 포기했습니다.

고바야시는 퇴학했지만 이후에도 자주 와세다에 와서 학습회 등을 하고 있었습니다. 1952년 6월 25일, 한국전쟁 2주년에 한국전쟁 휴전과 미군 철수를 요구하는 시위를 벌였습니다. 신주쿠新宿의 코마 극장コマ劇場 근처에는 분수가 있어서 사람이 모이기 좋은 장소였지요. 그곳에 모두 모여 시위를 했어요. 역 동쪽 출구 앞에 파출소가 있었는데 거기에 화염병을 던졌어요. 저도 곁에 있었습니다. 저는 도망을 쳤는데, 고바야시는 그만 붙잡혀 버렸습니다. 그래서 형무소에 가게 되었지요. 형무소에 1년간 복역했지요. 이런 와세다 학생 운동을 통해 저와 고바야시는 1~2년 동안 비교적 가까운 곳에 있었습니다.

조선 이야기를 나누지 않다

지금 되돌아보니 정말 부끄러운 체험이 있습니다. 아오야마 고등학교 1년 선배인 이와마루 다이치로岩丸太一郎는 와세다에서 고바야시와 같은 노문과에 다녔습니다. 이와마루는 요요기역 반대편에 살고 있었어요. 작은 공원이 있었는데 그 옆에 우리 집이 있었어요. 그는 저를 잘 알고 있어서 고바야시에게 저를 소개해 주었습니다. 그래서 고바야시와 저는 몇 번인가 이야기를 나눈 적이 있습니다. 이와마루는 제가 조선인이라는 것을 알고 고바야시에게 저를 소개했을 겁니다. 당시 고바야시는 제가 조선인이라는 사실이 숨겨져 있다는 걸 알고 있었을 거예요. 그래서인지 그는 조선에 대해서는 아무 말도 하지 않았지요.

고바야시는 육군의 사관학교, 예과 사관학교에 들어가 그곳에서 러시아어를 배워서 와세다의 노문과를 선택했다고 말했습니다. 그와 나눈 이야기 중에 기억나는 일화는 사이토 다카시斉藤孝 선생의 회고록에 "요코타 미즈호横田瑞穂 선생과 소바 가게에서 단둘이 세미나를 한 것, 소설가 나오키 산주고直木三十五의 산주고를 뭐라고 읽는지, 나오키 산주고라는 것을 들은 정도였다"고 썼습니다.

그와는 조선에 관한 이야기를 나눈 적이 없었습니다. 그는 제가 스스로 말하지 않는 것에 대해 아무 말도 하지 않았어요. 어떤 면에서는 저에 대한 배려였지요. 하지만 지금 생각해보면 말할 수 없었던 것이 매우 부끄럽습니다. 말하지 않은 것은 매우 비겁한 거죠. 그때 제가 이름을 말했다면 그는 자신의 조선에 대한 생각을 말해 주었을 겁니다. 제가 본명을 말하지 않는 바람에 그에게서 조선 이야기를 많이 들을 기회를 잃어버렸습니다.

이와마루는 제가 조선인이라는 것을 알고 있었어요. 고바야시를 소개하면서 "너 자신에 대해 이야기하라"고 말했어요. 지금 생각해보면 고바야시 또한 이와마루로부터 제 이야기를 들었겠지요.

본명을 숨겼다는 것, 어떤 면에서 이것은 슬픈 추억입니다. 숨기고 있어도 제가 조선인이라는 것을 고교 시절의 이와무라는 알고 있었습니다. 소학교의 개구쟁이 친구들도 모두 알고 있었죠. 그들이 알고 있었지만 직접 말하지 않는 것은, "너를 지켜 줄게, 잠자코 있을게"라는 마음이었을 겁니다.

하지만 왠지 알 수도 있을 것 같아요. 제가 모르는 곳에서 그런 것을 수군거리고 있다는 이야기를 들은 적이 있습니다. 저는 그 무렵 사이좋게 지내던 여자 친구가 있었습니다. 같은 학군 친구였지요. 그런데 저보다 1년 후배인 럭비부 H의 집이 그 여자 친구의 집 바로 옆이었습니다. 그래서 그 후배를 통해 편지를 교환하고 있었지요. 어느 날 그 여자아이가 "H가 너에 대해 이상한 소리를 하던데!"라고 말하는 거예요. "그게 뭔데?"라고 물었지만, 그녀는 "몰라" 하며 더 이상 아무 말도 하지 않았어요. 저는 H가 나에 대해 무슨 말을 했는지 알겠더라고요. 요컨대 "말하지 않음으로써 너를 지켜줄게! 하지만 뭔가 있다고만 말할게!"라는 것이지요. 제 약점을 알고 있다는 것 같았어요. 그런 일이 고등학교, 대학 시절까지 이어졌습니다.

아마도 저와 같은 세대의 자이니치는 같은 체험을 했을 겁니다. 다만 저보다 조금 위 세대이면서 일본에서 고등학교를 나온 자이니치는 그렇게 많지 않습니다. 한국에서 정치 변동을 피해 일본에 온 세대는 그런 심정을 잘 모를 거예요. 그런 의미에서의 차이라는 것은 꽤 확연합니다. 이에 대해 미야다 세츠코宮田節子*가 어딘가에서 이렇게 말했습니다. "한반도에서 자란 사람들은 학교에서 차별을 받고 괴로워해도 마을로 돌아가면 다수파가 된다! 그래서 일본에서 교

* 미야타 세츠코(宮田節子, 1935~). 1954년 와세다 대학 사학과 입학. 중국연구회에서 조선사를 만나 졸업논문으로 3·1운동을 선택한 것이 우방협회에서 '조선근대사료연구회'를 설립하는 계기가 되었다. 와세다 대학 등에서 조선 근대사 강사도 오랜 기간 근무했으며 『조선 민중과 황민화 정책朝鮮民衆と「皇民化」政策』(未来社, 1985) 등의 연구서가 있다. 또 재일조선인의 인권 운동에도 깊게 관련되는 활동을 실시한다.

육받은 자이니치와는 일본에 대한 시각이 다르다"는 것입니다. 저보다 연배가 높은 강재언姜在彦 선생*도 그렇고, 이진희李進熙 선생**도 그렇습니다.

* 강재언(姜在彦, 1926~2017). 제주도 출생. 여운형의 '근로인민당'에서 활약. 1946년 동국대학교에서 정경학을 공부하던 중, 미국 지배에 반발해 항의운동. 1950년 도일(밀항). 다행히도 "강화 조약이 성립하기 전까지는 일본인이다"고 말한 교수를 만나 대학에 입학할 수 있었다. 8년 정도 조총련 긴키近畿 학원의 교사를 하다가 1968년 조총련과 결별. 이후 역사 연구에 매진하여 각 대학 강사를 하다 하나조노花園 대학 교수가 되었다. 계간지 『삼천리三千里』와 『청구靑丘』 등의 발행에 관여. 저서로는 『재일조선인 일본도항사在日朝鮮人日本渡航史』(朝鮮研究所, 1957), 『조선근대사연구朝鮮近代史研究』(日本評論社, 1982), 『현계탄에 놓인 역사玄界灘に架けた歷史』(朝日文庫, 1988), 『만주의 조선인 빨치산滿州の朝鮮人パルチザン』(青木書店, 1993) 등이 있다.

** 이진희(李鎭熙, 1929~2012). 경상남도 출생. 1948년, 이바라키茨城 조선연맹의 소학교 교사가 되었다. 1957년 메이지明治 대학에서 고고학을 공부한다. 1957년 대학원 수료 후, 조선 고등학교 전임강사가 되었다. 1961년 조선대학교 강사, 1971년 퇴직. 1994년 와코和光 대학 인문학부 교수, 2003년 정년퇴직. 5세기 고구려 시대에 세워진 광개토왕비의 비문이 구舊 일본군에 의해 조작되었음을 밝히고, 고대 일본이 한반도 남부를 지배했다는 '임나일본부'설에 이의를 제기했다. 또한 400년 전의 외교사절단인 조선통신사가 수행한 역할을 밝힌 것도 업적 중의 하나이다. 1970년대 중반부터는 잡지 『삼천리』와 『청구』의 발행을 주도하며 재일 문화운동과 한일 교류에 힘썼다. 저서로는 『광개토왕릉비 연구広開土王陵碑の研究』(吉川弘文館, 1972), 『교과서에 쓰여진 조선教科書に書かれた朝鮮』(講談社, 1979), 『에도 시대의 조선통신사江戸時代の朝鮮通信使』(講談社学術文庫, 1992) 등이 있다.

"교양을 지니는 것이 중요하다"

대학 시절 동창 가운데 사상적으로나 사고방식 등 여러모로 저에게 제일 큰 영향을 준 사람은 가나자와 유키오金澤幸雄입니다. 이미 세상을 떠났지만 그 시절 도학련都学連 위원장이었습니다. 나이는 세 살 정도 위였지요. 그는 구제舊制 1고등학교 학생이었을 때에 결핵으로 휴학을 했지요. 1945년 이후 1고등학교가 도쿄 대학 교양학부가 되어도 도쿄 대학에 갈 수 없었어요. 그래서 와세다에 온 거예요. 그렇지 않았다면 만날 수 없었겠지요. 와세다에서 저와 동기가 되었습니다.

그에게서는 공산주의라든가 뭔가가 아니라, 인간의 교양에 대해 굉장히 배우는 게 많았어요. 여러 철학과 문학 서적을 많이 읽거나 음악을 듣거나 하는 것이 옛날 구제 고등학교의 특징이었다고 생각합니다만, 그런 것이 중요하다는 것을 가르쳐 주었습니다. 저를 여기저기 데려가 책을 사 주기도 하고 빌려주기도 했습니다. 그 시절 유행했던 서양철학 서적을 읽으라고 추천해 주었지요. 때로는 소설 『좁은 문狭き門』을 읽으라고도 권했지요. 당시 닛코日光의 게곤華厳 폭포에서 한 청년이 투신자살했는데, 그의 손에도 이 책이 있었지요. 무엇을 하든 간에 많은 교양을 갖추고 있는 것이 중요하다는 것을 배웠습니다.

그는 열성 공산당원으로 '국제파'였어요. 와세다를 졸업한 다음 독일 훔볼트 대학 객원 교수로 부임했습니다. 그런데 당시 일본 공산당은 '국제파'와 '소감파所感派'*로 분열되었는데 그가 베이징에 나타난 거예요. 거기서 국제파 입장에서 공산당을 비판했습니다. 그러다 일본으로 돌아오니 공산당으로부터 신랄한 비판을 받았지요. 결국 부인이 의사로 후쿠시마福島에서 병원을 개업하자 그 병원에서 사무직으로 일했지요. 돌아가신 지 10년 정도 되었네요. 그의 집에는 여러 출판물과 서적을 모은 서고가 있다며 "한번 보러 오라"고 말했지만 결국 만나지 못했어요. 조만간 성묘는 해야 할 것 같네요. 제가 연구자가 되고 나서 가장 기뻐해 준 사람이 그 사람입니다. 그를 만났을 때 "너, 훌륭해졌구나!"라고 말해 주었습니다.

* 1950년 1월 6일, 코민포름 기관지『항구 평화와 인민 민주주의를 위하여恒久平和と人民民主主義のために』에 일본 공산당 소속 정치국원인 노사카 산조野坂参三의「일본의 정세에 대하여日本の情勢について」가 게재되었다. 그 내용에 코민포름은 "재일 미점령군이 마치 진보적 역할을 맡아 일본을 사회주의로 발전시키는 '평화 혁명'을 촉진하는 것처럼 말하는 노사카의 견해는 일본 인민을 혼란시키고 외국 제국주의자들이 일본을 외국 제국주의자의 식민지적 부속물로, 동양에서의 신전쟁의 불씨로 바꾸는 것을 돕는 것"이라고 비판했다. 이에 대해 일본 공산당은 1월 12일,「『일본의 정세에 대하여』에 관한 소감『日本の情勢について』に関する所感」을 발표했다. "논자가 지적한 동지 노사카의 논문은 불충분하며 여러 결점을 가진 것이 분명하다. 그 점들은 이미 실천으로 극복되었다"고 말했다. 그런데 1월 19일, 이번에는 중국 공산당 기관지『인민일보』가「일본 인민 해방의 길」을 게재하며「소감」을 비판했다. 일본 공산당은 확대 중앙 위원회를 개최해 코민포름의 비판을 수용했다. 그러나 당내 갈등은 수습되지 못하고 당주류파인 도쿠다 규이치徳田球一・시다 시게오志田重男 등의 '소감파'와 보다 코민포름 비판에 충실한 미야모토 겐지宮本顕治・시가 요시오志賀義雄 등의 '국제파'로 사실상 분열했다.

문학 방랑, 일기를 계속 쓰다

중학생 때부터 시를 읽거나 외웠습니다. 미야타 세츠코가 말했지요. 항상 제가 뭔가 멋있는 문구를 외워서 사람을 매혹시켜 버린다고. 많이 읽고 쓰는 것을 잘 했어요. 일기 속에 그런 문장을 기록해 두었어요. 일기는 고등학생 때부터 매일 쓰고 있지요. 지금도 쓰고 있어요.

가루이자와軽井沢의 나카센도中山道와 기타쿠니가도北国街道가 나뉘는 곳에 오이와케슈쿠追分宿라는 역참 마을이 있었습니다. 그곳이 문학가나 시인들의 근거지가 되었습니다. 일찍이 많은 시인들이 여름에 가루이자와에 와서 창작 활동을 하고 여기저기에 흔적을 남기고 있어요. 그런 것을 보면서 그 무렵 문학 소년들이 모이는 합숙이 있었습니다. 우리는 근처의 센도지仙道寺라는 절의 방 한 칸을 빌려 피서 겸 합숙이라며 놀러 갔었지요. 세 번 갔을 거예요. 거기는 아사마야마浅間山에 제일 가까워요. 정면에 바로 보이니까요. 그래서 등산로 같은 건 아무래도 좋다며 무시하고 정면으로 올라갔다가 정말로 혼났습니다. 한 걸음 올라가면 두 걸음 미끄러지는 거예요. 정상에 도착하자 해는 저물고 힘들게 산에서 내려왔어요.

일본 전국에서 그런 친구들이 와세다 문학부에 들어왔어요. 그들로부터도 영향을 많이 받았지요. 귀동냥으로 그들이 읽은 것을 저도 읽었어요. 그 시절에는 『티보가의 사람들チボー家の人々』이 유행이어서, 그 책을 읽지 않으면 대화를 할 수가 없었습니다. 매우 긴 장편 소설이었지만 모두 읽고 잔디밭에 모여 논의했지요. 당시 와세다는 그런 분위기의 대학이었어요. 프랑스 시인 루이 아라공(Louis Aragon)의

시집도 읽었어요. 저는 자이니치 작가의 작품은 별로 읽지 않았습니다. 제가 학생 때는 아직 작품이 없었지요. 김달수 선생으로부터는 여러 가지로 영향을 받았지만요.

'조선사는 일본사의 왜곡을 바로잡는 거울이다'

졸업논문을 쓰면서 중요한 전환점을 맞이합니다. 하나는 '왜, 너는 중국사를 배우느냐!'에 대한 의문이었습니다. 요요기代々木 병원이라는 곳이 있습니다만, 그 병원은 공산당 계열 병원입니다. 그곳에 조선인 간호사가 세 명 있었습니다. 김 씨, 이 씨, 곽 씨입니다. 한 사람은 히메지姫路에서 왔고, 한 사람은 마에바시前橋, 또 한 사람은 어디 출신이었는지 잊었습니다. 세 명의 간호사는 저보다 조금 나이가 많았지요. 누나뻘입니다. 병원은 집과 가까웠어요. 그러니까 바로 옆에 조선인이 살고 있다는 말을 듣고 찾아왔어요. 이후 친해져서 이런저런 이야기를 나누던 중, "우리 병원 숙소에 이상한 아저씨가 있어!"라는 말을 듣게 되었어요. 그 분이 바로 야마베 겐타로山辺健太郎* 선생이었습니다.

* 야마베 겐타로(山辺健太郎, 1905~77). 도쿄 혼고本郷 출생. 벳부別府의 소학교를 졸업. 오사카大阪의 마루젠丸善 회사에서 일본식 버선 공장 등에서 일하면서 외국어와 사회주의 이론을 배우고 노동운동과 사회주의 운동에 참가. 1921년 오사카의 제1회 메이데이에 참가. 1941년, 일제 검거로 체포되었으나 굴복하지 않아 도쿄 나카노中野의 예방구금소에 보내졌다가 1945년

약속을 잡고 야마베 선생을 만나러 갔습니다. 선생은 당시 아직 50대였습니다. 정말 기인奇人이라면 기인이었습니다. 처음에 받은 인상은 '물건을 정리하지 않는 사람'이었습니다.

좁은 방이지만 사모님과 둘이서 계셨습니다. 야마베 선생은 사모님을 '바깥사람'이라 불렀습니다. "내가 집사람이고, 저쪽이 바깥사람이야" 하시더군요. 그런데 사모님은 항상 밖에 나가 계시지는 않았습니다. 알고 보니 지학地學 관련 학자로 산에 가서 암석을 연구하는 분이었습니다. 좁은 방 안은 쓰레기 더미로 둘러싸여 앉을 곳이 없었어요. 잠자리는 침낭이었고, 그것을 치우고는 앉을 수 있는 공간을 만들더군요. 방 한쪽 구석에 구덩이가 있었는데 거기에 쓰레기를 넣고 살충제 DDT*를 팍팍 뿌리고 앉으라고 말했어요. 그저 대단

에 후추府中 예방구금소로 이감되었다. 예방구금소에서 김천해金天海를 만나 몸을 돌봐주며 조선에 대해 배웠다. 1945년 출옥. 1947년 무렵부터 자료 수집과 연구에 몰두했다. 저서로는 『현대사자료·사회주의운동·전7책現代史資料·社会主義運動·全7冊』(みすず書房, 1964~68), 『일본의 한국병합日本の韓国併合』(太平出版社, 1966), 『일본 통치하의 조선日本統治下の朝鮮』(岩波新書, 1971) 등이 있다.

* 패전 후 GHQ는 발진티푸스 예방 차원에서 이를 박멸하는 데 살충제 DDT를 대량으로 사용했다. 한 명씩 머리끝부터 발끝까지 하얗게 될 때까지 뿌렸다. 인체 살포는 수차례에 이르렀다. 전쟁 중 공습으로 파괴된 마을은 위생 상태가 좋지 않아 티푸스로 많은 사망자가 나올 것으로 예상되었으나 DDT로 티푸스는 사멸되어 예방에 성공했다. 그 후 해충 근절을 위해 삼림, 호수 등에도 세계 각국에서 대량으로 살포해 사용되었다. 그러나 대량의 살충제 살포가 생물에게 미친 영향이 문제가 되어 일본에서는 1969년 벼농사에 사용을 금지, 1971년에는 전면적으로 판매 정지되었다.

한 분이라고 생각했죠. 고양이도 서른 마리 정도 있었어요. 차라리 이 집은 고양이 집이라는 생각이 들었어요.

야마베 선생은 제 이야기를 듣더니 이렇게 말했습니다. "중국에 대해 공부한다는데 왜 중국을 연구하느냐, 조선인이면 조선을 공부해야지!"

이 말은 제 일생의 교훈이 되었습니다. 야마베 선생은 "조선사는 일본사의 왜곡을 바로잡는 거울이다"고도 말했습니다. 처음에는 그저 그렇게 흘려들었습니다만, 공부해나가면서 야마베 선생의 지적은 정말 맞는 말씀이라고 느꼈습니다. 야마베 선생을 만난 것은 제가 중국사를 그만두고 조선사를 시작하게 된 전환점이었습니다. 중국사를 공부하면서 이렇게 해도 되는가 하는 의문은 이전부터 가지고 있었습니다. 마지막으로 선생은 "그러니 너는 조선사를 배워야 한다. 그리고 일본과의 다리를 놓는 그런 중개 역할이 중요하지 않겠는가"라고 말씀하셨습니다.

조선 연구로 등을 떠민 이데 다카시出隆

제가 조선 연구를 시작하도록 등을 떠밀어준 또 한 분과의 만남이 있었습니다. 학생 운동으로 알게 된 이데 가즈코出かず子입니다. 그녀는 도쿄 대학의 철학자인 이데 다카시의 따님입니다. 그 분과의 인연으로 어떤 동아리에서 이데 선생을 와세다로 초청해 이야기를 듣게 되었지요. 그때 선생은 조선 이야기를 하셨어요. 이토 히로부미伊藤博文와 안중근安重根의 이야기였습니다. 오카야마岡山의 6고등학교에 있을 무렵의 수기를 기초로 『어느 철학 청년의 수기ある哲学青年の手記』라는 책을 썼다고 합니다. 강연 후, 그 책을 "읽으세요"라며 저에게 주셨어요. 거기에는 이토 히로부미가 안중근에게 사살되었을 때 일어난 6고에서의 상황이 적혀 있었습니다. 배외주의와 반한反韓 내셔널리즘이 점점 확산되면서 조선인 유학생에 대한 박해가 있었다는 것이 자세히 서술되어 있었습니다. 이 책에서 이데 선생은 이토가 조선에 무엇을 했는가를 생각하면 죽음을 당해야 마땅하다고 말하고 있었습니다. 그 당시 아마 선생님은 17살 아니면 18살 정도였을 겁니다. 당시 일본의 내셔널리즘, 내셔널리스트와는 전혀 다른 관점을 가지고 있던 일본인이 있었다는 것을 알 수 있었습니다. 저는 더 많은 공부를 해야겠다고 생각했습니다.

와세다 중국연구회에서 조선사 연구 모임을

미야타 세츠코는 1954년 입학으로, 저와는 학년이 4년 차이가 납니다. 제가 와세다에 5년 있었기 때문에 미야타와 만날 수 있었지요. 미야타는 신생 중국에 대한 공부를 하려고 중국연구회에 들어왔어요. 연구회에서 선배인 제가 리더가 되어 중국어 원문을 읽고 중국사 연구를 시작했습니다. 이것을 역사부회라고 불렀습니다.

미야타는 어느 강연회에서 자신이 2학년 때 중국연구회에 제안하여 와세다 축제에서 만두를 팔았고, 그것이 와세다 축제에서 처음으

로 음식을 팔았다고 말했는데, 그 만두를 가르친 사람이 바로 저입니다. 신주쿠 남쪽 출구에 '이시노이에石の家'라는 만두 전문점이 있었습니다. 만주로부터의 귀국자가 만주에서 먹은 만두가 맛있었다며 그것을 복원해서 가게를 차렸죠. 매우 유명한 가게였습니다. 저는 우연히 그곳 요리사와 친하게 지냈기 때문에 중국연구회 스터디를 마치고 모두를 거기에 데리고 갔습니다. 미야타가 와세다 축제에서 만두를 팔 생각을 하자 제가 요리사를 불러오게 되었지요. 손으로 직접 만든 만두피라서 잘 팔렸습니다. 축제에서 번 돈으로 책장과 문방구 등을 구입했지요.

당시 중국은 중국연구소에 책과 잡지를 보내주었습니다. 와세다의 중국연구회는 제가 들어간 무렵에는 '시나어シナ語 연구회'라고 불렀지요. 어학 연구회였습니다. 역사나 사상보다는 실무적인 어학을 배우는 자리였습니다. 무역 등에서 중국어가 필요했기에 실무자를 양성하는 법학부와 상학부 학생이 많았습니다. 이후 연구회는 조금씩 바뀌어 마오쩌둥에 흥미를 지닌 문학계 학생이 늘어났지요. 미야타가 들어왔을 무렵부터 동양사 동급생도 많아져 활발한 활동을 펼쳤습니다.

도카이도센東海道線에서의 만남과 원거리 연애

대학에 들어간 해 1950년 8월, 동급생들과 야리가타케槍ヶ岳에 갔습니다. 돌아오는 기차 도카이도센에서 제 자리 대각선 앞에 앉은

여성이 눈에 띄었습니다. 기차 안에서 시선만 주고받을 뿐, 말도 없이 그냥 헤어졌으니 이름도 아무것도 몰랐지요. 예쁜 사람이구나 하는 느낌만 받았죠. 그녀들끼리 말하는 오사카 사투리가 귀에 잘 들어왔어요. 그런데 다음 날 학교에 갈 일이 있어 이다바시飯田橋의 노면 전차 정류장에서 '와세다행'을 기다리고 있다가 전철을 탔는데 거기에 그녀가 있었습니다. 그 여성과 인솔 교사! 다카다노바바高田馬場에서 대회가 있었거든요. 얼떨떨했지만 거기서는 아무 말도 하지 못했어요. 그녀가 내리는 곳에서 함께 내린 뒤, 어디로 가는 걸까 하며 따라갔어요. 알고 보니 아침부터 오후까지 시합을 하는 거더군요. 그때 곧바로 야리가다케에 함께 간 친구들을 소집해 소리를 내지 않고 응원했습니다. 경기장에는 이름이 적힌 깃발이 날렸습니다. 학교 이름도 나왔어요. 저는 잘 메모한 다음, 시합 후에 친구들 모두의 이름으로 "마지막까지 노력하신 건투를 축하합니다!"는 편지를 학교 앞으로 보냈습니다. 물론 발신인은 저였지요. 그랬더니 답장이 왔어요. 그때부터 교제가 시작되었어요. 그녀는 그때 18살이었지요. 아주 좋은 사람이었어요. 원거리 연애니까 제가 가서 하루 묵고 여러 군데 돌아다니는 그런 교제가 한 4년 반 동안 계속 되었습니다.

좋아하는 여자를 오래 사귀다 보니 함께하고 싶은 마음이 자연스러워졌습니다. 그렇지만 이 사실을 어머니에게 말할 수 없었습니다. 아버지도 그런 이야기를 들으면 크게 반대하셨겠지요. 저 역시 결혼하기 위해서는 제가 '조선인이다'라고 자신 있게 말해야 한다고 생각했어요. 아무 말도 못하고 우물쭈물하는 동안에 그녀도 자신의 사정을 말했어요. 그녀는 "외동딸에 양녀예요. 그래서 부모를 저버릴 수 없어요. 저희 집에 양자로 오면 좋겠어요. 적어도 아이는 둘이나 셋을 갖고 한 명은 생가를 이어받아야 해요"라는 조건을 말했지요. 그녀도 자신에 대해 말하지 않고 저와 사귀어 온 거죠. 그쪽 부모님과도 몇 번이나 만났습니다만, 그럴 때 제 이야기는 하지 않았습니다. 둘이서 "그럼 생각 좀 하자", "시간을 두고 생각하자"고 말했어요. 저는 아버지에게 말하면 그야말로 두들겨 맞았을 거예요. 어머니께 말하면 "좋다"고 할지 모르지만 제일 슬퍼하실 거라고 생각했어요. 시간을 두는 동안 조금씩 냉정하게 생각하게 되었지요. 둘이서 "지금은 헤어지고 1년 후에 여기서 다시 한번 만나자"고 결정했어요. 하지만 그 뒤로는 편지도 하지 않게 되었고, 그대로 헤어졌습니다. 재회는 없었습니다. 그런 추억이 있었네요.

원래의 인생 설계

저는 대학에서는 중국 연구를 계속해 중국연구소의 직원이 되고 싶었습니다. 그건 제 본심이었어요. 그러나 차츰 중국 연구를 하더라도 소용이 없다는 것을 깨달았어요. 본명 선언을 하고 나서 조국의 현실을 제대로 보고 내가 무엇을 해야 하는지 생각하게 되었습니다. 그녀와의 아픈 헤어짐과 슬픔을 딛고 일어날 때, "나는 나대로 가자"고 결심했습니다. 우여곡절 끝에 마침내 조선사에 도달한 것이지요.

예전부터 조선에 관심이 많았고 일기에는 조선사에 대해 썼지만 남에게는 말하지 못했습니다. 그런 아주 뒤틀린 청춘이었습니다. 지금 생각해 보면 자라고 있을 때에 묘목인 채로 철사로 곧게 뻗은 것을 구부린 '분재' 같았습니다. 그런 속에서 갈등이 있었던 것 같아요. 우리 집이 '일본'에 대해 조금만 더 관용적이었더라면 그대로 갔을지도 모르겠습니다. 그러나 아버지는 그렇지 않으셨습니다. 어머니도 자연 속에서 떼어낸 자연 그 자체였기 때문에 그럴 수 없었습니다.

취직 여담

그녀와의 결혼을 생각하고 있을 무렵, 취직 시험을 보았습니다. 하지만 일본의 기업에 원서를 접수할 수 없었어요. 출판사도 신문사도 모두 그랬어요. "신문사 기자는 남의 집에 들어가는 일이라, 외국인은 안 된다"는 이유였습니다. '소방관' 역시 타인의 집에 들어가니까 마찬가지였어요. 그래서 '산이치쇼보三一書房'에 응모했어요. 면접에서 "왜 응모했느냐?"고 물어서 "자이니치가 운영하지 않나요?"라고 대답하여 박장대소했습니다. 자이니치가 아니더군요. 그리고 '하가 무역芳賀貿易'이라는 중국 무역을 시작한 회사가 있었는데 거기서 채용 이야기가 있었습니다. 대학 졸업 직후의 일이었습니다. 중국어를 배웠으니 중국어는 어느 정도 할 수 있었지요. 졸업 전에는 중국어를 무기로 통역 등의 일을 한 적도 있습니다. 마침 중일 무역이 시작되었을 무렵, 중국의 무역 상품 전시회가 도쿄, 오사카, 나고야 등에서 약 1년 동안 개최되었지요. 도쿄에서 반년 정도 쓰키지築地 어딘가에서 일했습니다. 그런 연유로 하가 무역이라는 회사에 취직이 결정되었습니다만, 첫사랑과의 이별 이후 취직할 이유도 없어져 결국 가지 않기로 했습니다. 그대로 대학원에 진학했습니다.

대학원 진학

본가의 어머니가 라면 가게를 운영하고 있었기 때문에 가게를 돕는 일도 선택할 수 있었습니다. 그 일을 택했다면 아마도 라면을 끓이거나 볶음밥을 만드는 일을 했을 것입니다. 물론 그것도 하나의 일입니다. 하지만 아직 어머니가 건강하셨기 때문에 제가 대신 할 일도 별로 없었습니다. 그래서 어쩔 수 없이 대학원에 가기로 했습니다. 다시 말해서 대학을 나왔지만 갈 곳이 없는 상태였습니다.

그 무렵은 민족 단체가 매우 활발할 때여서 거기에 들어가도 할 일은 있었지요. 이른바 활동가로 일하거나 또는 그 민족 조직이 운영하는 출판사나 사무 전담 직원으로 일할 수 있었지만, 양쪽 모두 가고 싶은 마음이 없었어요. 그 이유는 지금도 그렇지만, 아직 그 시절은 정치의 시대라고 할까, 조직이 하는 일이 자이니치 문제보다는 조국에 대한 공헌을 중시하고 있었기 때문입니다. 조직의 상층부는 따지고 보면 조국으로부터 훈장을 받고 싶다는 그런 경쟁을 벌이는 것 같았어요. 남북 분단이라는 상황은 우리 부모 세대에서 보면 분단된 조국 통일 문제가 매우 중요시될 수밖에 없었던 것입니다. 그러나 우리의 감정이나 감각으로 볼 때 그 조국은 우리 자이니치에게 아무런 도움도 주지 않았어요. 남도 북도 똑같았습니다. 우리는 전쟁 중에 모든 것을 잃었습니다. 일본인들도 모두 그렇지만, 그러나 일본인에게는 아직 고향이 있었습니다. 그런데 우리에게는 없었어요. 끊겨버린 거예요. 그래서 지방 탄광에 가서 일하던 사람은 광산이 폐쇄되면 거리로 나올 수밖에 없었지요. 그러면 그곳에서 할 일은 정해져 있는 셈이죠. 정말로 하루 일하고 하루 먹고사는 사람들이 많았던 것 같아요. 그런데 일본 정부는 실제로 자이니치를 거치적거리는 사람으로 취급하고 차별과 배외, 배제했어요. 이에 대해 남북의 조직이 힘을 합쳐 일본 정부와 치열하게 싸우면 좋겠다고 생각했는데 그렇지 못했습니다. 그들은 일본 정부의 탄압은 비판했지만, 지도자 그룹은 조국에 대해서만 시선을 향했어요. 남북의 나라에 대해서 자기가 어떤 공헌을 할 것인가, 그로부터 어떤 훈장을 받을 것인가, 그런 일만 하고 있다는 느낌이 들었습니다.

저는 두 살 때부터 일본에서 자라서 모국어를 잘 몰랐어요. 전쟁 중이던 소학교 때부터 대학까지 일본어로 교육을 받은 사람이라, 부모님은 조선인, 한국인이셨지만 제 마음속에는 모국어를 통해, 또는 풍속을 통해 보고 아는 민족이 없었다는 느낌이 듭니다. 그러니 민족 조직에조차 따돌림이라고 할까 스스로 들어갈 수 없다고 생각했던 것 같아요. 어떤 의미에서 눈이 초롱초롱했어요. 그러니까 역시 무엇을 해야 하는가 하면, 스스로 뭔가를 하지 않으면 아무 소용없다고 생각했지요. 뭐, 어떤 면에서는 학문의 세계와 더 친숙했다고 할까, 연구자로서의 삶을 앞에 두고 있다고 느꼈어요. 대학원 진학 무렵부터 느낀 거였지요.

중국어 아르바이트

그 무렵 중국을 동경하고 있었기 때문에 중국어는 구라이시 다케시로倉石武四郎 선생의 수업에서 공부했습니다. 거기서 구라이시 선생과 다케우치竹内 선생, 구도工藤 선생의 교습을 받은 성과로 저도 조금 읽을 수 있게 되었습니다. 당시는 중국어를 하지 않으면 공부할 수 없었지요. 좀 더 중국어를 공부하고 싶다는 생각에 반년 정도 통역 겸 아르바이트를 했습니다. 『잡지 중국雑誌中国』이라는 잡지를 간행하던 호유쇼보邦友書房라는 출판사가 있었습니다. 거기서 아르바이트를 했거든요. 취재하러 가거나 원고를 받아오는 일이었죠. 도쿄대학의 중문과 선생님들과 대학원생 또는 합격한 학생들과 친분이 생겼지요. 그게 제 재산이 되었습니다. 거기에 1년 정도 있었던 것 같아요. 그런 일을 하면서 루쉰전魯迅展과 같은 곳에 가서도 아르바이트를 한 적이 있습니다. 아르바이트였기 때문에 손에 들어오는 것은 많지 않았어요.

또 세관에서도 아르바이트를 했습니다, 이 일은 수입이 좋았어요. 제 담당은 미군의 불하 물자였습니다. 한 사람의 업자로서 입회에 참가했지요. 수입이 짭짤했어요. 대학원생 시절이었지요. 물론 정규직은 아니었습니다.

조선인 선언

제가 내면에 가지고 있던 것을 야마베 선생님과 이데 선생님이 단숨에 꺼내주셨다고 생각합니다. 첫사랑과의 이별, 이름을 숨기는 데서 일어나는 모순, 언제까지나 이대로의 이름으로 살 것인가, 그리고 중국사를 공부해 중국사 전문가가 되어 일본인인 것처럼 살아가도 괜찮은가 등의 갈등이 생겨났습니다. 내면의 변화가 생겼어요. 나는 중국이 아니라 한일 관계 아니면 조선을 공부해서 내 자신을 되찾아야 한다는 것이었죠. 잃어버린 것을 되찾고, 역사에서 되찾자는 것이 저의 전환이었습니다.

중국연구회 안에서 조선사 연구를 시작하자고 말했을 때, 미야타 세츠코 등이 동의해 주었습니다. 그 무렵 저는 조선인 선언을 합니다. 그때까지는 기회가 없었어요. 지금까지 숨겨 온 것을 드러낸다는 것이 굉장히 무서웠습니다.

중국연구회 친구들이 20명 정도 모였을 때였지요. 무슨 모임인지는 잊었는데 그때 친구들에게 말했습니다. 저는 "잠깐 이 자리를 빌려 말할 게 있어, 내 본명은 강덕상이다!"고 조선인 선언을 했지요. 미야타는 『도서 신문図書新聞』 2010년 11월 13일자 좌담회에서 당시 정황을 말했지요.*

* 『도서신문』 좌담회. "어떤 연구회가 끝난 후에 그가 "지금까지 일본인으로서 살아왔고, 일본인으로서 너희들과 사귀어 왔어. 그러나 그것은 나의 나약함이었어. 사실 난 조선인이야"고 말했지요. 저는 깜짝 놀랐어요. 왜냐하면 조선인이 일본인이 되다니, 그런 자연의 섭리를 무시한 일이 실제로 있을 수 있었을까? 더구나 그는 일본 이름을 쓰고 게다가 아니꼽게

그 무렵, 모임 멤버 중에서 제가 조선인이라는 사실을 알고 있던 사람은 저보다 2년 후배로 미야타와 동급생인 곤다 노부오權田信雄였어요. 그는 알고 있었습니다. 권은 '곤다'라는 이름으로 불렸는데, 그가 권영욱權寧旭이었습니다. 또 확실하지는 않지만 오무라 마스오大村益夫도 알고 있었을 거예요. 저는 전후 과학적인 조선사 연구의 요람이 와세다의 조선연구회라고 생각해요. 저와 미야타 세츠코, 권영욱, 오무라 마스오는 모두 그 무렵의 동료였어요. 이것이 우방협회友邦協会로 연결되어 가지무라 히데키梶村秀樹, 다케다 유키오武田幸男, 기타무라 히데토北村秀人도 함께했지요. 다들 연구자가 되었습니다.

스스로 사실대로 말하지 않은 것에 대한 후회감은 굉장히 컸습니다. 숨기고 있어서 좋을 게 없었지요. 본명을 선언하고 나니 안개가 걷힌 듯 맑게 개었습니다. 그 일로 사이가 멀어진 친구도 있었지만, 대신 친한 사람과는 더 친숙해졌어요. 그런 관계가 생겨났지요. 더 빨리 이런 사실을 알았더라면 좋았겠지만, 좀처럼 거기까지 가지 못했지요. 그게 제 청춘에서 가장 큰 아쉬움입니다. 그만큼 '황민화' 교육은 인간을 왜곡시켰습니다. 아주 무서운 거예요.

따라서 역사 인식을 제대로 지닌 사람의 판단은 매우 중요합니다. 제가 늘 학생들에게 말하는 것은 "역사 인식은 사람의 마음을 만든다. 바람이 불면 모래는 날릴 것이다. 하지만 돌은 날리지 않는다. 자신의 생각을 확실히 가지고 있으면 날아가지 않는다. 바람에

나카하라 주야中原中也의 시를 흥얼거리는 등 일본인 이상으로 일본인적이었죠. 그 사람이 조선인? 그때 '민족'이란 도대체 무엇일까 생각을 했어요."(미야타 세츠코 이야기)

날리지 마라!"입니다. 역사를 뼛속부터 제대로 파악해 가는 것이 중요하다고 강조하고 싶습니다. 시바 료타료司馬遼太郎의 『언덕 위의 구름坂の上の雲』을 읽고 그것이 역사라고 생각하면 큰 오산입니다.

'와세다 대학 중국연구회 기관지'에 조선사 연구를 제기하다

제 수중에 중국연구회 시절의 기관지가 있습니다. 대부분은 소장하고 있었습니다만 그동안 여러 사정으로 결본이 많습니다. 지금 남아 있는 것은 제가 중국을 연구하던 1955년에 간행된 것이지요. 대학원 2학년 때의 것입니다. 그때 저는 중국연구회의 멤버로 신노 사토시神農智라는 이름으로 기고했지요. 현대 중국 학회라는 학회의 멤버였습니다. 저는 그 무렵 현대 중국 학회의 말단에서 중국을 공부하려고 했었지요.

니이지마 아쓰요시新島淳良 선생도 계셨지요. 니이지마 선생은 제 중국어 은사입니다. 그때는 중국연구소의 주사主事가 되는 것이 제 희망이었습니다. 우리는 서구의 중국 침략사와 아편 무역 관련 책을 읽거나 중국사 책을 원서로 다 같이 읽었습니다. 당시 니이지마 선생은 조언자로서 함께 스터디 모임에 참가하셨지요.

이 기관지에 쓴 것은 지금까지 공부했던 중국사와 결별하겠다는 문장이에요. 제가 본명 선언을 한 직후에 쓴 글이지요. 그 시절에는 중국을 공부하는 사람들 중에 루쉰魯迅을 평가하는 사람이 많았고 모두 '아큐阿Q'적이었죠. 루쉰은 일본인들 사이에서 인기가 있었지만, 저는 그에 대한 싫증도 있었습니다. 저는 "나에게는 다른 할 일이 있다"고 기고했어요. 그 무렵 중국연구회 사람들은 '중국'을 공부한다기보다 '커다란 중국'이라던가 '위대한 마오쩌둥'이라든가 '마오쩌둥 사상'을 예찬하기에 급급했습니다. 아무 생각 없이 빠져 있었죠. 그러다 보니 졸업하고 나서는 모두 잊고 반反중국이 되기도 했어요.

저는 그런 것에 중독되지 말라고 말하고 싶었어요. 그에 대해 '너희들, 좀 더 생각하라'고 말하고 싶었지요. 제게는 루쉰을 문제 삼는 것보다 조선이 중요하다고 생각했습니다. 자이니치 시인 허남기許南麒*의 시 「화승총의 노래火縄銃のうた」를 소개하면서 조선은 이런 상황에 있다. 그래서 조선을 배워야 '진짜'를 알 수 있다고 썼습니다. 이 글을 쓰기 전에 저는 미야타 등 멤버들 앞에서 조선인 선언을 했었지요.

* 허남기(許南麒, 1918~88). 경상남도 출생. 1939년 도일. 니혼日本 대학 예술학부 영화과, 주오中央 대학에서 수학. 아테네 프랑세(Athenée francais), 태평양 미술학교에서도 수학. 전후, 가와구치川口 조선소학교 교장, 가나가와神奈川 조선중학교 교원. 1945년 가을부터 1960년경까지 시를 집필. 조선어와 일본어로 작품을 발표. 일본어 장편서사시 「화승총의 노래」로 주목을 받았다. 조총련 부의장, 재일본 조선문학예술가동맹 위원장, 공화국 최고인민회의 대표로도 선출되었다. 시집으로는 『일본 시사 시집日本時事詩集』, 『조선 겨울 이야기朝鮮冬物語』, 『조선 해협朝鮮海峡』, 『거제도巨済島』 등이 있다.

미야타 세츠코의 졸업논문에서 우방협회로

1학년 때 미야타 세츠코 그룹은 5~6명이었습니다. 그 무렵 중국연구회 역사부회 안에 새롭게 조선사 스터디 모임이 생겼지요. 제가 조선사를 공부하지 않으면 안 된다고 주장하여 와세다의 중국연구회 안에 조선사 스터디 모임이 생긴 거지요. 저와 미야타 세츠코, 오무라 마스오, 곤다 노부오(권영욱)가 중심이 되어 5~6명의 동아리를 별도로 시작한 것입니다.

아마 1957년의 일이었던 것 같습니다. 미야다가 와세다 조선연구회 모임에서 3·1운동을 자신의 졸업논문 주제로 삼겠다고 말했어요. 야마베 겐타로의 영향이었던 것 같습니다. 졸업논문 주심은 구리하라 도모노부栗原朋信, 부심은 시미즈 다이지清水泰次라는 선생이었습니다. 구리하라 선생은 중국의 도장圖章을 연구하고 있었고, 시미즈 선생은 명나라 때의 은화 연구의 권위자였습니다. 그 분야에서는 아주 유명한 연구자예요. 시미즈 선생이 미야타에게 "마루노우치丸の内에 우방협회友邦協会*라는 조선총독부 관리들의 단체가 있으니 그

* 1950년 가을 호즈미 신로쿠로를 중심으로 한 동화협회同和協会의 유력자들이 한일 관계의 혼미를 염려하여 조선에 관한 제반 문제를 조사·연구하고 이를 실천 보급할 목적으로 조선연구소를 설립하려고 한 데서 비롯되었다. 한일 친선의 열매를 거두기 위해서는 "일본은 한국을 연구하고, 한국의 민족적 심리를 이해하고, 교우의 기초를 합리적으로 재정립해 나갈 필요"가 있으며, "조선에 있던 자가 자기의 과거 지식과 경험 그리고 오랜 경험에 대한 자기비판을 기초로 하여 일반인의 이해와 보급에 노력해 가기 위해", "조선에 있던 우리 국가에 대한 마지막 의무로서 한일 양국의 문제에 관여해야 한다"는 것이 호즈미의 생각이었다. 젊은 학생 연구자

고쿠분 산가이國分三亥
(조선총독부 고등법원 검사장)
100세 기념 서명

곳에 가면 뭔가 자료를 발견할지도 모르겠다"고 조언해 주셨다고 합니다. 그래서 미야타는 혼자 우방협회를 찾아가 자료를 얻어 졸업논문을 완성했습니다.

무사히 졸업하고 우방협회에 보고하러 간 미야타에게 회장 호즈미 신로쿠로穗積真六郎*가 '연구회를 같이 하지 않겠느냐?'고 권했습니

들과 함께 조선 근대 사료의 기록 작성의 장이 된 '호즈미 제미'는 1958년부터 1970년까지 진행되었다. 이후 기록은 '우방 문고'로서 가쿠슈인學習院 대학 동양문화연구소에 소장되었다.

* 호즈미 신로쿠로(穗積真六郎, 1889~1970). 1933년 도쿄 대학 법학부 졸업 후, 문관고등시험에 합격, 조선총독부에 들어간다. 1932년 우가키 가즈시게宇垣一成 총독 밑에서 식산국장이 되어 9년간 근무했다. 이후 조선상공회의

다. 호즈미는 "우리는 조선에서 철수해 온 관료로 36년간 조선을 지배한 실무자들이다. 나는 지금 조선으로부터의 인양 문제를 하고 있다. 일본의 조선 지배에 대해 이러쿵저러쿵 말이 많지만, 공과에 대해서는 후세의 판단에 맡긴다. 지금은 아직 말할 수 없다. 다만 그러기 위해서는 사료를 잘 보존하지 않으면 안 된다. 지금 여기 모인 사람들은 모두 머릿속에 사료를 담아둔 사람들이다. 그러니 그 사람들부터 이야기를 들어야 한다"고 말했습니다.

오럴 히스토리지요. 호즈미는 이어 "예를 들어 3·1운동 때 어떤 사람이 뭔가 했을 것이다. 그때 그 사람의 생각이라든지 그가 가지고 있는 개인 사료 등을 찾는 게 좋다. 우리가 알선해 주겠다. 그것을 기록하라"는 것이었습니다. 또 "스스로 하려고 했지만 방법이 없어. 우리는 다들 고령이니까. 그러니 젊은 너희들이 그걸 해주면 좋겠다"라고 말했지요. 그것을 미야타가 우리 연구회에 가져왔어요. 이게 시작이었습니다.

소 회장, 경성전기주식회사 사장 등을 역임하고, 1945년 패전 당시 조선인양동포세화인회를 조직하여 인양에 진력했다. 1947년 참의원 의원 당선, 1952년 재단법인 우방협회를 설립하고 이사장에 취임. 1958년 젊은 학생연구자들과 함께 조선근대사료연구회를 설립하여 전 총독부 일본인 관료 129명에 관한 청취 조사를 실시하여 418개의 녹음 기록을 남기는 데 주력했다.

호즈미 신로쿠로와 우방협회

호즈미 신로쿠로는 일본 지폐에 등장한 시부사와 에이이치渋沢栄一의 외손자입니다. 호즈미 가문은 부친이 호즈미 노부시게穂積陳重라는 법학자로 도쿄 대학 법학부장, 법과대학장 등을 역임했고, 마지막에는 추밀원 의장을 지냈습니다. 모친은 시부사와 에이이치의 장녀지요. 오빠도 도쿄 대학 법학부 교수로 나중에 최고재판소 판사가 되었습니다. 그런 학자 집안으로 이요우와지마伊予宇和島의 다테伊達 가문 출신입니다. 다테 가문은 예전에는 삼백 석 부호였습니다. 삼백 석은 상당한 고위 관리예요. 조선총독부에서는 식산국장, 일본으로 치면 상공대신을 오래 했습니다. 그러나 조선총독부가 밀어붙인 황민화 정책, 창씨개명에 반대해서 그만두었습니다. 그는 그런 정책은 펼치지 않는 것이 좋다며 반대한 것입니다. 이후 조선상공회의소 회두会頭가 되었지요. 전쟁이 끝난 뒤에는 일본인의 무사 인양을 위해 경성일본인세화인회京城日本人世話人会라는 모임을 조직하고 그 모임의 회장을 맡았습니다. 1947년 5월, 참의원 의원에 당선되어 1950년 5월까지 의정 활동을 펼쳤지요. 1952년 10월에는 우방협회를 설립하고 이사장에 취임했습니다.

중앙일한협회中央日韓協会와 다나카 다케오田中武雄

우방협회에는 다나카 다케오의 중앙일한협회*도 함께 있었습니다. 중앙일한협회는 패전 시 조선에서 알몸으로 돌아온 일본 거류민이 조선에 남긴 재산을 '청구한다'는 입장에서 한일회담 당시 만들어진 조직입니다. 그래서 단결력이 아주 단단하지요. 경제적 이해와 직결되기 때문이었죠. 그들은 조선에 남겨둔 재산 목록을 정부에 제출했지요. 이것은 방대한 양이어서 한일회담이 끝난 후 처리가 곤란했지요. 고려박물관의 관장을 지냈던 히구치 유이치樋口雄一 선생이 잘 알고 있습니다. 그가 가나가와 현립 공문서관에 근무했을 때, 공문서관에 자료가 많이 있다고 해서 저도 확인하러 갔습니다. 히구치는 "그 처리를 어떻게 할지 곤란하다"고 말했어요. 이후 공문서관에 공개 자료로 현재도 남아 있습니다. 이처럼 조선에 아직도 경제적 이해를 갖고 있는 사람들의 모임이 중앙일한협회입니다. 그 대표자 다나카 다케오였지요.

우리는 우방협회 덕분에 당시 조선총독부의 고위 관료를 많이 만

* 중앙일한협회의 기원은 1926년 설립된 중앙조선협회이다. 조선총독부의 전직 고관을 중심으로 조선과 관련된 재계인, 언론인, 중의원 의원, 귀족원 의원, 재조일본인 등을 회원으로 두고 있다. 1946년 2월에는 이를 계승하는 단체로서 구우구락부旧友倶楽部가 설립되고 조선으로부터의 인양자 단체인 조선인양동포세화회 등 3개 단체로 동화협회가 설립되었다. 1951년 10월에 한일회담이 시작되고, 1952년 4월에는 샌프란시스코 강화조약이 발효되자 한일 양국의 친선에 기여할 것을 설립 목적에 추가하여 명칭을 변경하여 외무대신, 후생노동대신의 관할을 받는 사단법인 중앙일한협회가 되었다.

날 수 있었습니다. 정무총감 다나카 다케오, 오노 로쿠이치로大野緑一郎라는 미나마 지로南次郎 총독 때의 정무총감, 그리고 전쟁이 끝났을 때의 정무총감, 엔도 류사쿠遠藤柳作도 만났지요. 그리고 친일파 조선인도 갈 곳이 없어 거기에 놀러왔습니다. 이름은 잊어버렸지만 그들도 만난 적이 있어요. 우방협회로서는 조선 통치의 공과는 시간이 지나야 알 수 있다고 주장했어요. 이를 위해 지금은 살아 있는 사람의 머릿속에 있는 것들을 자료화해야 한다는 것이지요. 인간은 결국 죽으니까 그건 성공했다고 생각해요. 가쿠슈인 대학 동양문화연구소가 그것을 이어받았습니다. 중앙일한협회는 공익 사단법인으로 현재도 있는 것 같습니다.

조선근대사료연구회의 발족

1958년 초봄이었던 것 같습니다. 신주쿠의 메이게츠칸明月館이라는 야키니쿠집 2층에 우방협회를 대표해 호즈미 신로쿠로와 곤도 겐이치近藤釼一, 시부야 레이지渋谷礼治 등 3명, 와세다에서는 저와 시미즈 다이지 선생님, 미야타 세츠코, 권영욱, 그리고 또 한 명이 있었는데 같이 모였습니다. 그 자리에서 우방협회의 조선근대사료연구회가 발족되었습니다. 곤도 겐이치는 『경성일보』의 편집부에 있던 신문기자입니다. 시부야 레이지는 조선은행 부총재를 역임했던 인물이지요.

제가 보기에 조선근대사료연구회는 전후 일본의 조선사, 특히 일본에서의 조선 근대사 연구의 요람지가 되지 않았나 싶습니다. 덴리天理 대학에 있는 것은 조선어이지 조선 근대사가 아니었어요. 도리츠都立 대학에는 하타다 다카시旗田巍 선생이 있었지만, 고려사 중심으로 중세사이지 근현대사는 아니었지요. 도쿄 교육대학(현 쓰쿠바[筑波] 대학)에 있었던 것도 언어학과 조선어였지요. 그래서 우리 학생 때는 근대사가 전혀 없었습니다. 연구회에서는 조선어도 가르쳤지요. 다른 곳에서 배울 수 없어 가지무라 히데키梶村秀樹*도 거기서 조선어를 배웠어요. 저도 배우러 갔는데 중간에 그만두었어요. 가지무라와 다케다 유키오武田幸男 등 도쿄 대학 친구들은 조선어를 확실히 배웠습니다. 오사카로 간 기타무라 히데토北村秀人도 그랬지요. 조선어라는 강좌가 대학에 없으니까 거기서 배운 겁니다. 우방협회는 그런 것도 해 주었습니다. 물론 우방협회 스스로는 우리가 생각하는 자료를 남기겠다는 것은 아니었습니다만, 그런 자료를 우리가 이용하고 그들도 우리를 이용하는 상호 관계에 있었죠.

우방협회에서 조선어를 가르친 사람은 적십자 회담** 이후 귀국

* 가지무라 히데키(梶村秀樹, 1935~89). 일본에서의 조선 근대사 연구의 선구자 중의 한 사람. 조선 후기부터 식민지 시대에 걸친 소규모 상공업을 분석하면서 '내재적 발전론', '자본주의 맹아론'을 제창했다. 도쿄 대학 동양문화연구소 조교를 거쳐 가나가와 대학에서 교편을 잡고 '현대어학숙現代語学塾' 등 재야 교실에서의 교육에도 힘을 쏟았다. 또한 사회운동 분야에서도 한일투쟁, 김희로 공판대책위원회, 지문 날인 거부운동 등에 앞장섰다.

** 적십자 회담. 1959년 2월 13일, 기시 노부스케岸信介 내각에 의해 재일조선인의 조선민주주의인민공화국으로의 귀환 사업이 공식 결정됨에 따라 북일 양 적십자 간에 협정이 체결되어 귀환 사업은 공동으로 실시되었다.

운동*이 일어났을 때 통역을 담당하던 사람으로, 이름은 다쿠 야스사다多久安貞였어요. 우리는 그를 '단무지'라고 불렀죠. 조선에 아주 오래 있었고, 마음씨 좋은 아저씨였어요. 전쟁 중에는 정보원으로 활약한 인물인 것 같았어요. 전후에는 그런 행동을 전혀 드러내지 않고, 아주 마음씨 좋은 할아버지 같았어요. 그러니까 식민지 시대에는 조선인 독립운동가라든지, 조선인 사상범, 요컨대 일본에서 볼 때 나쁜 놈의 스파이 노릇을 했던 인물입니다. 전후에는 그렇지 않았죠. 완전히 변해서 굉장히 좋은 사람이 되어 있었습니다. 여러 가지 이야기를 해 주었어요. 그는 "안중근이 진남포에 3층짜리 빌딩을 갖고 있다고 하는데 그건 거짓말이야. 그때 진남포에는 3층짜리 건물이 없었지"라는 이야기도 했습니다.

연구회에 가지무라 등
도쿄 대학 학생들이 참여하다

우방협회 스터디 모임은 주 1회 강사를 정하고 제목에 맞는 공부를 하고 강사에게 질문을 던지는 형식의 세미나였습니다. 시작한 지

* 귀국 운동. 1958년부터 80년에 걸쳐 진행된 재일조선인과 그 가족에 의한 일본으로부터 조선민주주의인민공화국으로의 집단적인 영주 귀국과 이주를 추진한 운동. (テッサ・モーリス・スズキ著,『北朝鮮へのエクソダス』, 朝日新聞社, 2007을 참조)

첫 번째인가 두 번째에 와세다 중국연구회의 고문을 맡고 있던 안도 히코타로安藤彦太郎 선생이 세미나 이야기를 듣고 "도쿄 대학에도 조선에 관심을 갖고 있는 학생이 있다"고 말했습니다. 그래서 그 학생도 함께하면 좋겠다는 이야기를 듣고 만나게 되었습니다. 만난 곳은 우에노上野의 시마シマ라는 찻집이었지요. 저와 권영우, 미야타는 거기서 가지무라를 만났습니다. 그게 그와의 첫 만남이에요. 그는 도쿄 대학 강사였어요. 그때 가지무라는 시커먼 잠바를 입고 있었습니다. 머리는 덥수룩하고 안경테가 동그랗고, 코를 문질렀는지 소매 끝이 반질거렸습니다. 정말 꾸미지 않은 차림으로 나타났는데, 그것이 가지무라의 첫 인상이었습니다. 가지무라의 참가와 비슷한 시기에 도 대학의 다케다와 기타무라도 참가했어요. 기타무라는 가지무라의 동급생인가 1년 아래였을 겁니다. 와세다와 도쿄 대학 학생 7~8명이 중심이 되고, 여기에 총독부 관리들이 참여한 연구회를 열었습니다. 그들이 들어와서 와세다와 도쿄 대학이 연합한 동아리, 세미나가 되었습니다. 호즈미 세미나입니다. 연구회는 10년 가까이 지속되었습니다. 그 기록은 전부 남아 있습니다. 누가, 언제, 어떤 것을 발표했는지는 현재 가쿠슈인 대학 동양문화연구소에 전부 남아 있어요. 그 기록은 저도 대부분 갖고 있습니다.

저와 미야타도 그렇고 권영욱도 그렇습니다만, 십여 년 전에 돌아가신 금병동琴秉洞 선생도 조선근대사료연구회* 회원입니다. 물론 야

* 1958년 5월, 우방협회 이사 호즈미 신로쿠로穗積真六郎가 젊은 연구자들과 설립한 연구회. 조선총독부의 제반 정책 결정과 실행 과정에 직접 관여한 관료를 호즈미의 인맥으로 강사로 초빙해 재일조선인을 포함한 젊은 연

마베 겐타로 선생과 박경식朴慶植 선생도 참여했고, 한국에서 온 유학생들도 많이 왔어요. 기록은 모두 녹음되어 가쿠슈인 대학에 남아 있고, 중요한 것은 활자로 출판되어 있습니다.

오월동주의 호즈미 세미나

호즈미 세미나는 500회 정도 계속되었습니다. 매주 수요일이었지요. 5시 반쯤에 시작해서 8시 반까지 3시간 정도 진행했어요. 당연히 강사는 조선을 지배했던 관료들로 풍부한 경험을 가지고 있었습니다. 하지만 그 무렵 우리는 유물사관 입장에서 지배자가 좋은 일을 했다고 말하는 것은 이상하다며 반발했지요. 강사들은 우리의 반발을 듣고는 있지만, 우리는 평가가 아니라 비판했습니다.

3·1운동이 주제일 때 지바 사도루千葉了라는 3·1운동 당시 경성(현

구자들의 질문에 답하는 이색적인 연구회였다. 조선 통치의 실태와 공과를 후세에 남기기 위해 가능한 한 역사 자료를 수집하려는 우방협회와 아직 일본 어느 대학에도 조선 근대사 강좌가 없던 시기에 이 연구회를 과외 조선사 세미나로 간주하던 학생들과의 '동상이몽' 연구회였는데, 어딘가 동지적인 훈훈한 분위기가 있는 연구회였다. 500회에 달하는 연구회를 개최하고, 그 기록 테이프 200개를 남겼다. '공인公人'이라고 불리는 사람에 대한 오럴 히스토리를 일본에서 최초로 다룬 사례이다. 연구회 발족 9개월 후에는 『조선근대사료연구집성朝鮮近代史料研究集成』 제1호를 발행하여 우방협회가 수집한 사료 목록과 함께 연구회 녹취록을 활자화하여 수록했다.

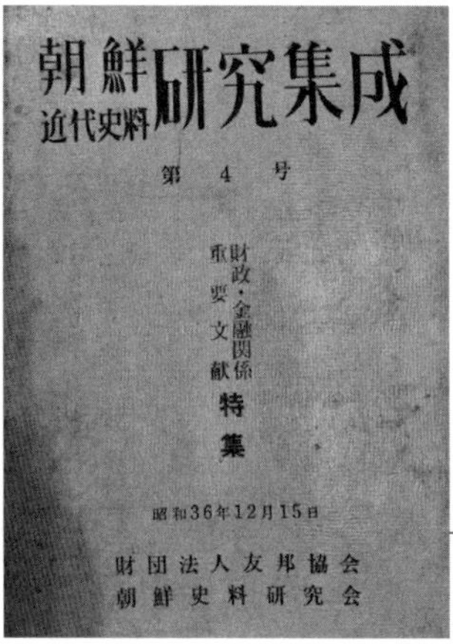

『조선근대사료연구집성』4호,
1961년 12월 15일

서울)의 경찰부장이었던 사람이 강사로 왔습니다. 경찰관과 경찰의 우두머리였던 자가 여전히 살아 있었던 거죠. 그들이 와서 이야기를 했습니다. 매우 현장감 있는 이야기였습니다. 그들은 자신들이 한 일은 조선을 위해 좋은 일이었다고 말했어요. 나쁜 짓은 아무것도 하지 않았다는 식의 말투였지요. 우리는 식민지 지배라는 것이 그렇지 않다고 비판했습니다. 그러자 그들은 "뭐 그런 일도 있었겠지만, 우리는 선의로 한 것이다"라고 말했습니다. 그때 나온 말이 '선의의 악정'이었어요. 그들은 선의로 했다고 말했지만, 우리는 악정이라고 비판했습니다.

대립과 갈등도 있었지만 사실은 사실로 나오는 거죠. 그런 의미에서 매우 귀중한 체험을 했습니다. 저에게 호즈미 신로쿠로는 소중한 선생님이에요. 그리고 야마베 겐타로, 이 두 분이 저의 선생님이셨습니다. 미야타도 마찬가지죠. 미야타는 호즈미 선생으로부터 가장 귀여움을 받았어요.

연구회의 운영

미야타는 사람을 잘 모으는 천재이지요. 어른들 비위를 잘 맞추어 기분을 좋게 만들었어요. 그리고 하나를 말하면 세 마디 정도 대답하는 사람이었고 리더십이 굉장했어요. 그 당시 가지무라와는 1주일에 한 번은 꼭 이야기를 나누었고, 미야타와는 1주일에 10번 정도는 만났지요.

정말로 여러 일이 많았어요. 저, 미야타, 가지무라 셋이서 여러 선배와 관료들과의 연락을 담당했지요. 그리고 이번에는 누구로 할까 하는 것을 호즈미 선생과 협의해서 결정했습니다. 연구회 때마다 출석한 사람들의 이름, 발표 주제와 개요는 저와 미야타의 책임으로 기록했지요. 자비 출판을 했기 때문에 등사판에 원지를 놓고 철필로 글을 긁는 등 매우 분주했습니다. 근데 이게 결국 헛되지 않았어요. 저는 대학 교수로부터는 아무것도 배우지 못했지만, 대학의 연구회나 단체가 밖에서 부른 선생님, 그리고 우방협회라는 우리의 자주적인 세미나로부터 배운 것이 매우 많습니다.

자주 세미나는 개방되어 있었기 때문에 누가 오더라도 환영했어요. 저나 가지무라, 미야타도 거기서 배운 것이 조선 근대사였습니다. 직접 책을 만들기도 했지요. 곤도 겐이치近藤釼一의 부인이 타이

메이지 대학에서 찍은 조선사연구회 회원, 앞줄을 향해 오른쪽에서 두 번째가 가장 친한 친구인 김종국金鐘国, 그 왼쪽이 하타다 다카시旗田巍, 강덕상

피스트여서 타이핑을 해 주셨지요. 원고를 가지고 직접 치가사키茅ヶ崎까지 갔습니다. 우리는 곤도의 집에서 인쇄를 했어요. 관련 문건을 작성하거나 직접 광고물을 만들기도 했지요. 그런 의미에서 가지무라를 비롯해 연구회에서 우리가 실무를 담당한 기간은 5~6년이었지만, 연구의 넓이와 깊이를 넓혀간 가장 소중한 공간이었습니다.

호즈미 세미나를 되돌아보다

저와 조선사의 관계는 우방협회에서의 연구회가 기점입니다. 거기서 연구자가 되려고 마음먹었습니다. 일본의 조선사, 조선 근대사 연구의 시초는 호즈미 세미나였어요. 그때까지 그런 연구회는 어디에도 없었습니다. 대학이 만들지 않아서 호즈미 선생이 만든 것입니다. 와세다와 도쿄 대학에서 연구하던 대학원생들이 모였습니다. 연구회는 10년 동안이나 계속되었습니다. 이곳을 거쳐서 연구자가 된 사람이 많았습니다. 그런 의미에서 호즈미 선생은 위대한 분입니다. 호즈미 선생이 아니면 불가능했습니다.

호즈미 세미나에서 강연한 전 조선총독부 멤버는 제 입장에서 바라보면 역시 일본의 보수·반동사상의 소유자들이었습니다. 그래도 다들 연구회에 와서 자기가 한 일을 분명히 이야기했지요. 학생은 이에 대해서 전혀 다르다는 의견을 표출했지만, 그들은 신념을 가지고 학생들이 말하는 것을 '다른 의견'으로 인정했습니다. 그런 관계였지요. 그건 호즈미 선생이 있었기 때문입니다. 그리고 호즈미 밑에는 곤도 겐이치라는 학생들과 직접 관계를 맺은 사람이 있었습니다. 우방협회 학습회는 일본에서의 조선 근대사 연구를 생각할 때, 역시 빼놓을 수 없는 장소였습니다. 연구 모임은 10년간 500회 넘게 계속되었습니다.

그래서 전후 특히 한일회담 이후 일본에서 역사 인식과 보상 등이 문제가 제기되었을 때, 호즈미 세미나 출신의 젊은이들은 모두 현장에 나가 활동했습니다. 호즈미 선생은 그것을 기뻐했지만, 다른 사람들은 씁쓸한 기분이었을 겁니다.

비록 젊은 나이에 삶을 마감했지만 가장 아쉬운 것은 권영욱입니다. 와세다 학생으로 미야타와 동기였습니다. 그가 연구자로 성장했다면 대단한 인물이 되었을 거예요. 조금 신경이 예민했는데 그것이 원인이 되어 결국 정신병을 앓았습니다. 그래서 도중에 연구회를 빠졌죠. 그의 초기 논문들은 아주 훌륭했습니다. 특히 그는 토지 문제의 전공자였지요.

그에게 여러 가지 일들이 있었어요. 권영욱이 병든 원인은 일본인과의 연애 문제였습니다. 연구회에서 사랑하는 사람이 생겼지요. 그녀는 대학 교수의 딸로 도쿄에 있는 모 대학에 다녔다고 합니다. 그래서 조선 연구에 관심이 있어서 참여하게 되었지요. 이윽고 두 사람은 사이가 좋아졌어요. 결혼하자는 이야기가 오고 갔겠지요. 그녀의 부친이 반대했어요. 그래서 호즈미 선생을 찾아와서 "권영욱과의 결혼은 반대!"라고 말했었지요. 그 일 때문에 권영욱은 매우 괴로워하다가 병이 들고 말았어요.

우리의 시대, 가장 고민했던 것은 일본인과의 연애 문제입니다. 말할 수 없이 깨져 버리는 슬픈 추억입니다. 저의 경우는 거기까지는 가지 않았습니다만, 권영욱은 일본인과 결혼하려다가 무너지고 말았던 것입니다.

와세다 대학원 석사과정 졸업

저는 경제사 전공 세미나에 들어갔습니다. 이리마지리 요시나가入交好脩라는 저명한 학자의 세미나여서 들어가고 싶어 하는 학생이 많았어요. 연구 과제는 매뉴팩처(manufacture - 공장제 수공업)에서의 자본제였어요. 가장 기본적인 주제는 아시카가足利와 기류桐生와 같은 일본의 면, 비단 직물 산지에서의 매뉴팩처에서 자본제로의 이행 과정을 다루었습니다. 세미나 참여자는 모두 그 주제를 연구하고 있었지요. 연구 보고 내용도 그랬습니다. 저는 그런 주제에 전혀 관심이 없어서 세미나에 나가지 않았지요. 그러다 보니 출석이 나쁘니까 석사 학위 청구 단위가 부족했습니다. 수秀가 3학점, 우優가 2학점, 양良이 1학점, 가可는 0학점이었죠. 저는 단위가 너무 부족했어요. 아무리 다른 단위를 받아도 학위 청구의 단위인 1.5를 채울 수 없었습니다. 결국 논문을 제출할 수 없었지요. 담당 교수가 포기했는지 "너! 학점 줄 테니까 과제물 잘 써 와라!", "마지막 강의에는 무조건 나와라!"고 말씀하셨어요. 논문의 과제는 영국에서 자본제 이후에 관한 두 명의 연구자, 이른바 도야마遠山 · 이노우에井上 논쟁이라는 것이 있었는데, 그 논쟁을 정리하는 과제였습니다. 선생님의 마지막 강의에 나가서 드디어 단위를 취득할 수 있었습니다. 선생님은 두 과목 모두 수를 주셨지요. 그제야 학위 청구 단위에 도달했습니다. 그렇게 해서 석사 논문을 제출할 수 있었습니다. 선생님께 폐를 끼친 게으른 학생이었습니다.

|칼럼| 국적 조항과 차별

해방 이전, 조선인은 황국신민으로 '일본 국적'을 가지고 '내지'(일본 국내)에 정주하는 한, '내지'인 남자와 마찬가지로 선거권, 피선거권이 있었다. 그러나 조선인들은 일본에 거주하더라도 호적을 일본으로 옮기는 것은 금지되었다.

조선인은 해방 이후 일본 국적을 존속시켰으나 1945년 12월 선거법 개정으로 호적이 일본에 없는 조선인과 대만인의 선거권, 피선거권은 박탈되었다. 1947년 5월 2일 천황 히로히토의 마지막 칙령인 '외국인 등록령'이 내려져 조선인과 대만인은 '당분간 외국인'으로 간주되었다. 다음 날 일본 헌법이 시행되었지만 외국인으로 규정된 조선인과 대만인은 일본 헌법이 보장하는 권리를 모두 박탈당했다.

1945년 8월 15일 해방되었지만 재일조선인에 대한 차별은 여전했다. 취학, 취직, 주택 입주, 결혼, 생활 등 모든 면에서 차별이 있었다. 공영 주택 입주, 주택 금융 공고公庫 융자, 국민연금법, 아동 수당 관련법, 공무원 채용 등 국적 조항으로 소외되었다. 이 제도상의 장벽이 조선인들의 생활을 기민棄民으로 내몰았다.

1968년 김희로金嬉老 사건이 일어나자 조선인에 대한 차별을 규탄하는 일본인도 나왔다. 1970년 히타치 제작소日立製作所 취업차별 재판(1974년 승리)이 일어나면서 차별에 대한 규탄 투쟁이 곳곳에서 조직되었다.

1970년대 초에는 일본 육영회의 장학금 제도의 국적 조항 철폐, 공영 주택, 주택 금융 공고 융자의 국적 조항 철폐가 진행되었다. 이런 가운데 자치성自治省은 '지방 공공 단체의 의사 형성'이나 '당연한 법리'에 저촉되는 직 이외에는 국적 조항을 제외해도 좋다는 견해를 내놓았다. 1974년 전국에서 처음으로 외국 국적의 공무원이 탄생했다(아마가사키[尼崎] 3명, 가와니시시[川西市] 1명, 니시노미야시[西宮市] 1명). 공무원의 일반 행정직으로까지는 진출하지 못했지만, 많은 자치체에서 의료와 복지 관련을 중심으로 '공권력의 행사'에 해당하지 않는 직종에서 지방 공무원의 국적 조항 철폐가 진행되었다. 그리고 일본전신전화공사(현 NTT)의 국적 조항 철폐로 이어졌다.

1980년대를 전후해 세계적인 인권 문제의 움직임 속에서 일본의 인권 문제의 후진성이 드러났다. 그러던 중 '국제인권규약'의 비준(1979년), '난민조약'의 비준 등이 일본 사회 전체를 크게 흔들었다. '난민조약'을 비준함으로써 내외국인 평등의 권리가 보장되었다. 이를 위해 국내법을 개정할 수밖에 없었다. 재일조선인을 배제, 소외해 온 법의 개정이었다. 각 자치체의 판단으로 고치현(高知県, 1995년), 가나가와현(神奈川県, 1997년), 오키나와현沖縄県, 오사카부(大阪府, 이상 1998년) 미에현三重県, 시가현滋賀県, 돗토리현(鳥取県, 이상 1999년) 등 국적 조항을 철폐하는 자치체가 증가했다.

1970년대 지방 공무원 국적 조항이 폐지되고 외국 공무원이 탄생하면서 공립 학교 교사도 소수이지만 채용되었다. 그때까지 외국인은 교사로 채용되지 않는다는 것이 상식이었다. 대학 교수도 국공립 대학에서는 교수로 임용할 수 없다는 국적 조항이 존속했다.

1970년대 초 일본 대학의 전임교원(한국적, 조선적의 조선인 교원)에게 호소해 '대학교원간大学教員懇'을 발족하고 재일한국·조선인의 권익 옹호 운동을 조직하기 시작했다.

1974년에는 국공립 대학 전임교원 취업 타개 운동의 추진을 강력하게 추진하기 위해 문부성 및 공립대학협회 회장 앞으로 '재일한국·조선인의 공립대학 교원 취업 차별 철폐 등에 관한 요청서'를 제출했다. 1977년에는 교토京都에서 심포지엄을 개최하여 많은 사람들에게 호소했다. '대학교원간'과 다른 단체, 관서 지역의 각 대학장, 교수 등의 호소로 '정주 외국인의 국공립 대학 교원 임용 문제'를 주제로 이틀간 토의했다. 심포지엄의 내용은 신문 등을 통해 보도되어 많은 사람의 관심을 끌었다. 책자를 만들어 정부, 대학 관계자에게 배포하고 일반 서점에서도 판매되었다. 이 문제를 주체적으로 받아들인 히다카 로쿠로日高六郎와 이누마 지로飯沼二郎가 중심이 되어 '정주 외국인의 대학 교원 임용을 촉진하는 모임'이 발족되었다. 다음 해인 1978년 도쿄에서 심포지엄을 개최하여 기존의 대처를 보다 발전시켰다.

1982년 '대학교원간'은 문부 대신과 기타 여러 기관과 교섭하여 8년째에 국공립 대학 '외국인 교원 임용법' 정식으로는 '국립 또는 공립 대학의 외국인 교원 임용 등에 관한 특별조치법'을 획득했다.

이때 문부성은 다음 구절을 명기했다. "이 법은 국공립 대학의 교수 등에 대한 외국인 임용에 대해 특별 조치를 강구한 것으로 공립 소학교, 중학교, 고등학교의 교사 등에 대한 취급을 변경하는 것이 아님을 만약을 위해 첨부한다(1982년 9월 18일)." 즉, 대학의 교원에게는 특별 조치를 통해 예외를 인정하지만, 고등학교, 중학교, 소학교 교원에게는 '공권력의 행사 및 공公의 의사 형성'에 해당하는 공무원으로서 공립 학교에 임용할 수 없다는 것이다.

그 해 12월 재일조선인 양홍자梁弘子가 나가노현長野県 교원 채용시험에 응시해 합격했지만 합격(내정)이 취소되었다. 양홍자는 1979년 교원 채용시험에 합격하고도 국적을 이유로 채용되지 못하고 임시 채용 강사로 지냈다. 이런 국적 차별에 조합을 비롯해 많은 사람들의 운동으로 나가노현 교육위원회는 '외국 국적자도 동등하게 취급한다'는 방침을 내놓았다(1984년 8월). 이 방침에 따라 양홍자는 교원 채용시험에 응시해 합격한다. 그러나 문부성은 '당연한 법리'를 내걸어 나가노현 교육위원회를 계속 견제해 결국 나가노현은 문부성에 굴복하여 양홍자의 합격(내정)을 취소했다. 부당한 국가 개입으로 지방 자치 단체는 주체성을 유지할 수 없었다.

이 사태는 국회에서도 문제가 되었다. 각지의 교직원 조합을 비롯해 많은 단체가 항의 활동을 전개했다. 나가노현은 양홍자를 (기한을 정하지 않는) 상근 강사로 채용했다.

이는 이후 외국 국적자는 '기한을 정하지 않는 상근 강사'로 임용하는 포석이 되었다. 현재도 외국 국적자는 교사가 아닌 상근 강사로서의 차별적 임용이다.

2018년 외국 국적 교사들은 UN 인종 차별 철폐 위원회에 피차별적 현상을 호소하는 활동을 시작했다. 교원뿐 아니라 '당연한 법리'에 따라 공무원 직종도 피차별적인 상황에 지금도 놓여 있다.

(문책 : 강덕상 기록 간행위원회)

제4부

연구자로서 나서다

호세이法政 **평화 대학에서의 강연**(1983년 6월 18일)

조선사연구회의 발족

조선사연구회*는 우방협회의 '조선근대사료연구회'를 모체로 해서 1959년에 만들어졌습니다. 우방협회에서 공부한 미야타와 저, 가지무라 등이 조선 근대사를 이끌어가는 원동력이 되었지요. 그리고 지금까지 연구회를 함께한 선배들, 조선사를 공부하고 있던 사람들이 모였습니다. 도쿄의 움직임과 함께 간사이關西에서는 나카츠카 아키라中塚明 선생 등이 이에 호응하는 형태로 간사이 부회를 만들었습니다. 서로 합동하는 형태로 전국적인 조직이 되었습니다.

제1회 대회는 아마 1960년인가 61년이었어요. 제1회 연구회 보고는 제가 담당했지요. 발표 주제는 제 연구 테마인 화폐 조례에 관한 것이었습니다. 당시 저는 화폐를 공부하고 있었지요. 조선사연구회에서는 연차 보고를 내고 있습니다. 전국 조직이 되었으니, 간

* 조선사연구회. 김종국金鐘国이 1950년대 초반 도리츠都立 대학 교수인 하타다 다카시旗田巍를 찾아온 것을 계기로 도리츠 대학에서 '고려사·식화사食貨史' 세미나가 시작되었다. 여기에 외부 연구자나 학생도 모여 창설기의 연구회를 만들었다. 이와는 별도로 1958년 5월 7일에 우방협회 안에 '조선근대사료연구회'가 발족되었고, 가쿠슈인学習院 대학 동양문화연구소에서는 스에마쓰 야스카즈末松保和를 중심으로 '이조실록을 읽는 모임李朝実録を読む会'이 만들어져 점차 조선에 대한 연구와 관심이 싹트기 시작했다. 이런 동향을 배경으로 하타다 세미나 안에서 도쿄 근교의 조선사 연구자들이 모여 연구회를 만들자는 의견이 나왔다. 1959년 1월 하타다는 아오야마 고료青山公亮, 스에마쓰 야스카즈와 논의하고 다나카 나오키치田中直吉도 참여하면서 이들 4명을 발기인으로 조선사의 과학적 연구를 목적으로 도쿄에서 연구회가 설립되었다. 이에 호응해 간사이에서도 연구회가 만들어지고 이후 합동해 전국 조직이 되었다.

조선학회 회장 접수 · 텐리홀

(조선사연구회가 설립되기 이전 텐리天理 대학에 '조선학'이 있었다.
맨 오른쪽이 가지무라 히데키, 그 옆이 강덕상, 두 사람 건너 미야타 세츠코)

사는 두 지역에서 나왔습니다. 처음에는 조선인 2명, 일본인 2명이었습니다. 회장은 메이지明治 대학의 아오야마 고료青山公亮 선생이었습니다. 아오야마 선생이 사임한 이후에는 하타다 다카시旗田巍가 회장이 되었습니다. 첫 간사로는 일본인 측에서는 미야타 세츠코의 관계자였을 겁니다. 조선인 측에서는 누구였더라, 아마 서태수徐台洙라는 고려사 전공자였을 거예요. 그는 아오야마 선생의 제자였습니다. 간사는 1년이나 2년에 교체했지요. 가지무라도 간사를 했습니다. 저는 1963년에 간사가 되었습니다. 이렇게 일본인 2명, 조선인 2명의 형태로 대회 일정과 보고 테마 등을 결정했고 회칙도 제정되었습니다.

제가 메이지 대학원에 간 것은 조선사연구회가 항상 메이지 대학에서 열렸기 때문입니다. 아오야마 선생은 연구실을 개방하셨지요. 그때 저는 갈 곳이 없었기 때문에 메이지 대학의 박사과정에 들어갔습니다. 미야타도 와세다에서 메이지 대학원에 들어와 저와 같이 아오야마 선생 밑에서 공부를 했습니다. 우리는 연구실을 점거했어요. 하지만 아오야마 선생은 고려사 전공이어서 한문만 읽었습니다.

귀국 운동과 중매결혼·동생의 귀국

귀국 운동은 재일조선인 사회에 커다란 지각 변동을 일으켰습니다. 여기엔 아주 큰 배경이 있습니다. 당시 65만 중에 10만 명 정도 귀국했지요. 가족이나 친지 중 누군가는 귀국했습니다. 제 가족 중에도 동생 부부가 귀국했어요.

제 친척은 전쟁이 끝났을 때 고향 남쪽으로 돌아갔습니다. 아버지 남동생과 어머니 남동생 모두 돌아갔습니다. 그리고 우리 가족만 남았지요. 그로부터 15년 뒤, 다시 가족이 갈라서는 상황이 된 것입니다. 어느 집이나 나이 많은 어른들은 적령기의 자식들에게 모두 가정을 꾸리라고 재촉합니다.

저는 1960년 5월 31일에 맞선을 봤습니다. 그리고 7월 11일에 결혼식을 올렸습니다. 맞선부터 결혼까지 겨우 40일 걸렸지요. 동생이 북으로 귀국한 날은 8월 21일. 그리고 집사람 가족이 귀국한 날

어머니가 운영하던 '미쓰나카みつなか' 식당 앞에서, 아내 문양자文良子 와 함께
(1963년경)

은 9월 15일 무렵이었습니다. 처갓집에서는 적령기의 딸을 빨리 시집보내고 싶어 했고, 아버지도 제 결혼을 동생에게 보여주고 싶어 하셨습니다. 두 집안 모두 가족이 귀국하기 전에 서둘러 딸과 아들을 결혼시킨 것이지요. 맞선으로부터 결혼까지 40일밖에 여유가 없었기 때문에, 저희의 결혼은 모험이라면 모험이었지요. 하지만 궁합이 잘 맞았는지 함께 살고 있습니다. 그렇지 않았다면 벌써 싸우고 끝났을 겁니다. 실제로 그런 예도 많이 있었지요. 북으로 돌아가는 문제는 이처럼 민단이나 조총련과 관계없이 자이니치의 분단을 일으켰다고 말할 수 있습니다.

귀국 문제가 재일조선인 사회에 어떤 영향을 미쳤을까? 이는 그저 돌아갔다는 문제가 아니라, 재일조선인 사회의 붕괴였습니다. 이

귀국한 동생 덕훈德勳과 그 가족,
어머니가 북한을 방문했을 당시의 사진
오른쪽 사진은 어머니와 덕훈
(1976년경)

후 자이니치 사회는 다시 일어서지 않으면 안 되었기 때문입니다. 제가 보기엔 가장 조선인다운 10만의 조선인이 돌아갔습니다. 민족애와 조국애를 지니고 자각한 사람들이 적극적으로 돌아간 거죠. 그런 의미에서 조총련이 가장 큰 손해를 입었다고 생각해요. 아무튼 자이니치 사회에서 귀국 문제는 커다란 분기점이었습니다.

동생이 귀국하고 나서 아버지도 돌아갈 생각을 하고 계셨습니다. 아버지는 동생이 돌아오라고 하면 돌아갈 요량이었지요. 아버지는 오동나무 씨를 많이 가져가서 오동나무 밭을 만들고 싶다고 하셨어요. 아버지는 고향은 아니지만 '내 나라'에 돌아가면 그런 일을 하고 싶다고 저에게 속마음을 드러내셨습니다. 돌아갈 작정이셨던 겁니다. 그런데 동생한테 온 편지는 '오지 말라'는 것이었습니다. 그 동생도 십 년 전에 죽었습니다.

이걸 보면 귀국 운동에는 어떤 함정이랄까, 속임수가 있었다고 생각합니다. 현실은 우리에게 잘 알려지지 않았습니다. 귀국 운동은 조총련도 함께 관여했지만, 일본 당국 또는 일본 좌익도 귀국을 부추겼습니다.

북한에 납치된 일본인을 구출하자는 모임의 책임자로 이른바 '구하는 모임救う会'의 초대 회장을 맡은 사토 가츠미佐藤勝巳라는 자가 있습니다. 그는 니가타현新潟県 일조협회日朝協会의 '니가타 지부 사무국장'이었습니다. 조총련에 가까운 일본 공산당원이에요. 그런 자가 어느 때부터인가 태도가 완전히 바뀌었어요. 펜네임을 하기와라 료萩原遼로 사용하던 사카모토 다카오坂本孝夫라는 자도 있었지요. 그는 오사카 외국어대학 제1회 졸업생입니다. 그는 조선민주주의인민공화국을 무작정 치켜세우고 일본 공산당의 기관지인『아카하타赤旗』의 평양 주재원을 맡기도 했어요. 그런데 그는 일본에 다시 돌아오자 돌변합니다. 요미우리読売 그룹 회장도 그랬지요. 사람들 사상이란 게 참 쉽게 바뀌는 거더군요.

귀국 운동이라는 것은 일본 정부 입장에서 보면 요컨대 걸리적거리는 이들을 북으로 보내 버리자는 일이었습니다. 조총련도 조국 건설의 노동력으로 활용하자는 의미에서 귀국 운동에 적극적이었습니다. 그런 의미에서 귀국 운동은 북과 일본 반반의 의도로 이루어진 산물이었다는 생각이 들어요. 테사 모리스 스즈키(Tessa Morris Suzuki)는『북한행 엑소더스 - 그들은 왜 북송선을 타야만 했는가?』라는 책을 썼습니다. 그것은 진실입니다. 당시 일본 적십자사의 자료를 보아도 잘 드러납니다. 저는 늘 생각하지만, 귀국한 10만 명은 가장 조선인다운 조선인이었습니다. 그들이 남아 있었다면 재일조선인은 또 다른 양상을 보였을 것입니다.

일본의 패전 직후, 동포 사회는 엄청난 혼란으로 무너져 가는 현상을 보였습니다. 약 1년 반 동안 240만 명이 65만 명으로 줄었습니다. 당시 일본 정부는 귀국 대책을 전혀 세우지 않았기 때문에 조선인들은 혼자 힘으로 앞다퉈 귀국했고, 폭풍우 속에서 배가 침몰하는 사고도 많이 일어났습니다. 귀국을 서두른 이유 가운데 하나는 일본인이 조선으로부터 철수하기 때문에 일본인의 빈집에 빨리 들어갈 수도 있다는 이기적인 생각도 있었을 겁니다. 또 하나는 일본에 있는 게 너무 힘들었기 때문입니다. 곤봉으로 때리면 두들겨 맞을 수밖에 없었기 때문에 빨리 돌아가고 싶어 했습니다. 그 무렵 재일조선인 사회에서는 1923년 9월 1일 관동대지진의 전철을 밟을 수 있으니, 일본인을 조심하라는 소문도 나돌았습니다.

이에 대해서는 시가현립滋賀県立 대학의 '박경식 문고' 안에 일본의 패전 전후의 경찰 자료가 남아 있습니다. 그 자료를 보면 당시의 불온한 움직임을 잘 알 수 있어요. 특히 탄광 마을 등에는 조선인이 집단으로 남아 있었기 때문에 더 심했습니다. 일본 사회 속에는 조선인에 대한 극심한 차별이 존재했습니다. 물론 조선인 쪽에서 그런 요인을 제공했는지도 모르겠습니다. 해방되었다며 '전승 국민'으로서 활개치고 다니면서 전철 같은 것을 공짜로 타는 일도 있었으니까요. 그때 일본인은 "기른 개한테 손을 물렸다"는 말을 했습니다. 일본인을 만들기 위해 이것저것 미사여구를 늘어놓아 전쟁에 협력시켰지만, 지고 나니 숨겨진 본성이 드러났다는 것이지요. 이것은 일본의 뿌리 깊은 조선관입니다. 지금 또한 그렇습니다.

가지무라 히데키의 내재적 발전론

요요기 병원 간호사의 소개로 야마베 겐타로山辺健太郎를 만난 일을 앞에서도 이야기했습니다만, 야마베 겐타로는 '자료의 신神'이었습니다. 그러나 그는 역사 자료를 절대 빌려주는 사람이 아니었습니다. 기업 비밀이라고 했지요. 대신 어디에 가면 찾을 수 있다고 가르쳐 주었고, 직접 가서 '발로 찾으라!'는 것이 야마베 겐타로의 가르침이었습니다. 자료를 찾으러 다닐 때는 야마베의 수행비서처럼 붙어 다니며 아카사카赤坂의 국회도서관부터 우에노上野의 국회도서관(국립 국회도서관 지부 우에노 도서관, 현재 국제 어린이 도서관)까지 어디든 그를 따라다녔습니다. 함께했던 가지무라와 제가 이익을 본 것은 야마베 선생이 도서관 주인이었기 때문입니다. 우에노 도서관 이야기를 하자면, 우에노 도서관은 학생들이 많이 이용하기 때문에 수험 기간에는 줄을 서지 않으면 들어갈 수 없었어요. 세 시간이고 네 시간이고 줄을 서서 기다렸지요. 그렇지만 그는 특권이 있어서 뒷문으로 들어갔어요. 아무렇지 않게 태연하게 들어가니 우리도 그 뒤에 바짝 붙어서 제자나 수행비서처럼 따라 들어갔지요. 야마베 선생은 엄청난 자료의 대출과 반납을 반복했어요. 그러자 출납 담당 직원은 결국 귀찮아져서 '서고에 들어가라'고 말했지요. 야마베 선생한테는 그런 특권이 있었어요. 우리도 덕분에 특권을 누렸죠.

보통이라면 도서관 검색으로는 잡히지 않은 모르는 자료가 잔뜩 있었습니다. 처음 보는 새로운 자료도 여기저기 많았습니다. 왜 지금까지 이런 자료가 사용되지 않았냐며 깜짝 놀랐습니다. 그중의 하나는 방대한 외교 문서이고 경제사 관련 자료인 『통상휘찬通商彙纂』과

『통상휘편通商彙編』 등이었어요. 이들 자료는 철도를 부설한다든가, 하천의 유역을 조사한다든가, 어디에 어떤 산물이 있는지 등을 조사한 자료지요. 메이지 시대 초기부터 일본은 조선을 침략하기 위해 면밀하게 조사했어요. 그게 바로 거기에 잠자고 있었어요. 도서관에서는 아직 공개하지 않았기 때문에 밖에는 알려지지 않은 것이지요. 누구도 사용하지 않은 자료였지요. 우리는 자료를 대출하여 쌓아 놓고 앞으로 어떻게 할 것인지 이야기했습니다.

저와 가지무라는 『통상휘찬』을 어떻게 이용할지 논의하다가 둘이서 분업하기로 했지요. 둘이서 같은 자료로 경쟁해도 의미가 없으니까요. 그래서 가지무라는 생산 관련 연구를, 저는 유통 관련 연구를 진행하기로 했어요. 여기서 가지무라의 내재 사관이 생겨납니다.

가지무라가 제창한 '내재적 발전론'은 조선에도 보통 나라의 역사 발전이 있다고 하는 것입니다. 그걸 발견했어요. 그때까지 조선은 여전히 미개발 상태다, 봉건 시대라고 말해지고, 심지어 헤이안平安 시대라고 말하는 사람조차 있었습니다. 가지무라는 그렇지 않다, 보통 나라의 역사 발전이 있다는 것을 제창한 것이지요. 그는 관련 논문을 몇 편 썼고, 첫 번째 저작이 1977년에 나온 『조선에서의 자본주의의 형성과 전개朝鮮における資本主義の形成と展開』입니다. 이 책은 내재론입니다. 자본주의적 생산 발전 과정 가운데 수공업에서 기계 공업으로 이행되던 과도적 형태인 공장제 수공업을 의미하는 매뉴팩처(manufacture)에서 시작하는 훌륭한 저서입니다. 가지무라는 '조선에도 자주적인 근대가 있다'는 것을 밝혀낸 것입니다. 면작 작업, 매뉴팩처로 면을 생산해 나가는 과정을 연구한 거죠. 내재 사관입니다.

저도 화폐의 유통, 화폐론을 연구했습니다. 조선 화폐, 동전이죠.

조선 화폐는 일본 은화에 지배를 받아갈 수밖에 없는 과정을 거치는데, 그 유통 과정 속에서 근대화를 추구하고자 한 것은 저의 어리석은 선택이었습니다. 그런데도 논문을 『역사학연구歷史学研究』와 『순다이사학駿台史学』 등에 6~7편 발표했어요. 그리고 일본이 1905년을 전후해 실시한 조선 화폐 정리까지 추적했습니다. 저의 화폐론은 일본의 침략, 야마베 겐타로의 역사관을 보강하기 위해서는 매우 적절했습니다. 하지만 이것으로 하나의 책으로 묶어도 내재론으로 이어지지 않았습니다. 이를 위해서는 화폐론이라든지, 자본론이라든지, 도시론이나 상인론 등을 포괄하지 않으면 불가능했어요. 가지무라는 자료를 활용하여 생산 단계를 연구하고 그것에 성공하여 내재사관을 세웠습니다만, 저의 화폐 유통에 관한 연구는 실패한 거죠. 6~7편의 논문을 쓰면서 이건 안되겠다는 생각이 들었고, 더 이상 논문을 쓸 수 없다는 것을 깨닫게 되었습니다.

저와 가지무라는 야마베의 연구를 '조선인 측으로부터의 연구가 아니다'고 비판했지요. 하지만 제가 하고 있는 화폐론은 야마베와 동일한 침략론이긴 하지만, 조선인을 발견할 수 없었어요. 저는 화폐론을 내재론으로 연결시켜 전개할 수 없었습니다. 이렇게 난감해 하며 망설이고 있을 때, 박경식朴慶植*을 만나게 되었습니다.

* 박경식(朴慶植, 1922~98). 경상북도 출생. 1929년 부모와 함께 도일, 1941년 일본대학 고등사범에 입학, 졸업 후 도쿄에서 국민학교 교사를 하다가 1945년 퇴직. 1946년 도요우東洋 대학 문학부 사학과에 편입학, 1949년 졸업. 1949년 4월부터 60년 3월까지 도쿄 조선중고급학교에서 사회과를 가르친다. 이후 1970년 3월까지 조선 대학교 역사지리학부 교원으로 교육에 종사한다. 그동안 1963년에는 관동대지진 때의 조선인 학살을 밝

지금 역사가가 해야 할 일

박경식은 조선학교 교원으로 있었습니다. 제 여동생의 담임이었기 때문에 알고는 있었습니다만, 이후 조선 대학교로 옮기게 되어 인연이 없었습니다. 그의 집을 방문할 수 있도록 안내해 준 것은 김종국金鐘國*이라는 친구입니다. 저보다 한 살 위이고, 소련 우주 비행사 가가린(Yurii Alekseevich Gagarin)이 달에 도착했을 무렵인 1961년에 북쪽으로 귀국했습니다. 그 후 그는 소식 불명이 되었습니다.

이 친구는 저에게 자이니치의 근성, 자이니치는 어떠해야 하는가를 심어준 사람입니다. 제가 가장 좋아했던 마음을 털어놓을 수 있는 친구였어요. 제가 조선사를 공부할 무렵, 하타다 다카시旗田巍라는 훌륭한 선생이 있다는 이야기를 듣고 찾아간 적이 있습니다. 그때 김종국은 하타다 선생 밑에서 고려사를 공부하고 있었습니다. 상

힌 연구서, 1965년에는 강제 연행의 기록을 출판하여 일본 사회에 식민지 지배의 역사적 사실을 밝혔다. 1976년에는 '재일조선인사연구회'를 조직하여 『재일조선인연구在日朝鮮人硏究』를 편집 간행, 1978년에는 아시아문제연구소를 설립하여 『조선문제총서朝鮮問題叢書』를 편집 간행했다. 만년에는 '재일동포 역사자료관' 건립에 주력했으나 1998년 2월 12일 교통사고로 서거했다. 저서로는 『조선인 강제 연행의 기록朝鮮人強制連行の記録』, 『천황제와 재일조선인天皇制と在日朝鮮人』, 『해방 후 재일조선인 운동사解放後在日朝鮮人運動史』 등이 있다.

* 김종국(金鐘國, 1930~?). 민족계 금융기관인 동화신용조합의 수금 일을 하면서 고려사를 연구했다. 1950년대 말, 도리츠都立 대학 하타다 다카시의 '고려사·식화사食貨史' 세미나에서 공부하고 조선사연구회에도 참여했다. 1962년 6월 북으로 귀국했다.

박경식 선생

당히 한문을 잘하던 친구였지요. 그는 강철 같은 사상을 가진 친구였습니다. 그의 성장 내력을 생각하면 정말 그렇게 될 것 같았습니다. 그런 그로부터 저는 재일조선인의 삶의 방식을 배웠습니다. 저는 근대 화폐사를 공부했기 때문에 그의 연구와는 별 상관이 없었지만 사고방식에 대해서는 크게 영향을 받았습니다. 그는 저의 은인입니다.

김종국과 제가 같이 아는 친구로 금병동琴秉洞이 있습니다. 어느 날 금병동의 소개로 박경식의 집에 갔는데 거기서 김종국과 재회했습니다. 그때 마침 저는 화폐사 연구의 방향이 막혀서 답답한 심정을 얘기했던 것 같아요. 그랬더니 박경식이 "나는 지금 조선인 강제연행을 하고 있는데 그거 같이 하자"고 말했습니다.

박경식은 그것을 '시무時務의 역사'라고 했습니다. '시대의 의무',

즉 '지금 역사가가 해야 할 일'이라는 뜻입니다. 그 무렵은 '학교 교육 법안'과 '외국인 학교 법안' 등 교육에 관한 법안들이 문제되어 조선인에 대한 압박이 심해지던 시절이었어요. 외국인 등록법 위반도 빈번하게 일어나던 때였지요. 그때 박경식은 조선 대학교 교원으로 있었습니다. 당시 그는 저에게 "나는 강제 연행 연구를 시무의 역사로 하고 있다. 조선인이 일본에 살고 있는 것은 스스로 좋아서 온 것이 아니다. 끌려왔다. 이는 일본의 국가 책임이다. 그것을 명확히 밝히겠다는 것이다. 우리는 땅에서 솟아난 것도 아니고 하늘에서 떨어진 것도 아니다. 일본의 정책에 의해 끌려왔다. 책임은 일본에 있다. 이것을 따지는 것이 시무의 역사다. 우리는 일본에 살 권리가 있다. 이를 호소하는 것이 역사가가 할 일이다"고 말했습니다. 전적으로 동감했습니다. 하지만 저에게는 그와 함께하기에는 능력이 없었습니다. 그저 허드렛일만 했을 뿐입니다. 그래서 앞으로 박경식과 함께 공부해 나가면 좋지 않을까 하는 생각도 들었습니다.

망설이는 와중에도 국회도서관에는 자주 가곤 했습니다. 다케베 기요코建部きよこ라는 친한 국회도서관 사서가 있었습니다. 저보다 훨씬 나이가 많았지만 친절하게 대해 주었어요. 국회도서관이 아직 영빈관에 있을 때였는데, 새로운 자료 중에 미국에서 돌아온 반환 문서가 있다고 알려줬습니다. 반환 문서는 GHQ가 압수해 간 일본의 공문서입니다. 육군 자료는 많이 소각되어 없었지만, 해군 자료는 상당히 남아 있었습니다. 자료는 마이크로필름으로 보존되어 있었지요.

그걸 열람했는데 대단한 자료가 나왔어요. 그때 발견한 것이 관동대지진의 『공문비고公文備考』였습니다. 대단한 자료라는 걸 직감했어요. 관동대지진 이야기는 평소 아버지로부터 많이 들었지요. 이런 자료가 여기에 잠들어 있다니, 이걸 제대로 하지 않으면 안되겠다고 생각했지요. 이것은 나에게 '시무의 역사'다, 하나의 자료로 남겨야 한다는 걸 그때 다짐했습니다.

관동대지진 당시의 조선인 학살

먼저 자료를 공개해서 내놓는 것이 논문을 쓰는 것보다 먼저라고 생각했습니다. 자주 우리 집에 놀러오던 금병동은 어머니와 사이가 매우 좋았습니다. 어머니는 어른을 잘 보살피는 금병동을 마음에 들어 했지요. 그도 역사에 관심이 많았고 헌책에 정통했습니다. 금병동은 간다神田 헌책방에서 수집한 것과 자신이 가지고 있던 자료를 전부 제공해 주었습니다. 우리는 관헌 문서를 비롯해 진재와 관련된 마을 자료 등을 모아 2~ 3년에 걸쳐 정리했지요. 그것이 1963년에 나온『현대사자료現代史資料』입니다.

이게 간행되자 세상이 엄청 떠들썩했어요. 깜짝 놀랐지요. 당시『일본독서신문日本読書新聞』과『도서신문図書新聞』에 크게 보도되어 자극을 받았습니다. 방대한 자료를 자세히 읽어 보면, 대략적인 사건의 기승전결을 알 수 있을 것입니다. 이 자료를 바탕으로 현대사 자료집이 간행되기 직전에 7월부터 9월에 걸쳐 세 편의 논문을 연이어 발표했지요. 논문은 당시 일본 역사학계를 대표하던『역사학연구』,『노동운동사연구』,『역사평론』에 게재되었습니다. 그리고 논문 발표와 함께『현대사자료6 - 관동대지진과 조선인(現代史資料6 - 関東大震災と朝

鮮人)』이 미스즈쇼보みすず書房에서 간행되었습니다.

동시에 그 무렵 조선 대학교의 박경식도 자료집『1923·관동대지진 조선인 학살의 진상과 실태(1923·関東大震災朝鮮人虐殺の真相と実態)』를 간행합니다. 이런 형태로 관동대지진 문제가 겉으로 드러났지요. 당시는 관동대지진 40주년을 맞이한 해였습니다. 저는 딱히 관동대지진 연구자가 되려고 생각한 것은 아니었습니다. 다만 찾아낸 자료 중에서 무엇을 할까 고민하고 있을 때, 이것이 시무의 역사라고 생각했습니다. 그리고 미스즈쇼보가『현대사자료』를 계속 간행했기 때문에, "그러면 그 다음에 3·1독립운동 자료도 있으니 그것도 편찬하자"는 것으로 이어졌습니다. 약 10년 정도 걸렸어요. 그동안 틈틈이 논문도 쓰고 있었어요. 그것이 제 머릿속에서 논문이나 책이 되어서 하나하나 나올 것 같았습니다.

우방협회에서 '관동대지진 조선인 학살'을 발표하다

제 논문「관동대지진에서의 조선인 학살 실태」는 1963년에『역사학연구』에 게재되었습니다. 저는 잡지에 게재되기 전에 원고를 우방협회에서 발표했었지요. 그때 호즈미 신로쿠로穗積真六郎는 "자네 주장은 일방적이어서 문제가 있어. 지금 살아 있는 사람이 많으니 이야기를 더 들어보라"고 소개장을 써주셨지요. 소개해 준 사람은 쇼리키 마쓰타로正力松太郎와 고토 후미오後藤文夫 그리고 시나가와 가즈에品川主計였습니다. 그래서 만나러 갔지만 세 명 모두로부터 거절당했습니다. 이후 두 번째 발표를 했는데 그 또한 인정받지 못하고 겨우 세 번째 만에 통과되었습니다. 이런 사전 발표 과정을 거쳐 『역사학연구』에 실렸습니다. 그리고 우방협회 발표 시에 조선총독부 경무국장이었던 다나카 다케오田中武雄라는 자가 있었습니다. 그는 제 이야기를 듣고 "이 사건은 일본의 조선 통치가 이것으로 끝인가 싶게 만든 대사건이었다"고 말했지요. 다나카는 총독부의 고위 관료로 이후 정무총감을 역임했습니다.

앞에서도 말한 조선근대사료연구회가 500회 이상 계속된 것은 역시 호즈미의 힘이었습니다. 핵심은 그와 다나카 다케오였지요. 그들이 거기에 있었던 이유도 있어요.

하나는 재일본조선인연맹(在日本朝鮮人連盟, 약칭 조련)이 1949년에 해산되어 재산을 전부 일본 정부에 몰수당했을 때, 일본 정부는 조련의 재산을 어디에 사용했느냐는 질문을 받고 조선인의 생활 보호에 사용했다고 변명했습니다. 물론 그렇게도 사용했겠지요. 그런데 그것만이 아니었습니다. 또 하나는 조선 통치를 총괄하는 하나의 단체를 만들려 했습니다. 그것이 우방협회였습니다. 호즈미는 조선총독부에 오래 근무해서 조선 사정을 잘 알고 있었고, 당시 참의원 의원이었기 때문에 그런 일을 추진하는 데 적임이었어요.

그리고 우방협회의 재원은 조련의 자산이었다는 것입니다. 그건 최崔 아무개라는 회계를 담당하던 자가 저한테 말해 주었죠. 조련은 강제 해산되고 실제로 재일조선통일민주전선(在日朝鮮統一民主戰線, 약칭 민전)으로 바뀌잖아요. 민전으로 변경될 때, 고마에狛江에 조련이 가지고 있던 강습소의 소유권을 둘러싸고 민전과 일본 정부가 재판을 벌이고 있었습니다. 민전이 일본 정부를 고소한 것이지요. 결국 재판에 져서 우방협회의 재산이 되고 말았어요. 일본 정부가 마음대로 압수한 것이라고 민전이 재판에서 호소한 것을 기억하고 있습니다.

우방협회에서 사회로

우방협회의 호즈미 세미나는 일본의 조선 근현대사 연구의 원점이었습니다. 그 무렵 어디에도 조선사, 조선 근대사 세미나는 없었습니다. 세미나에는 한국 유학생을 비롯해 외국에서 온 학생과 연구자들도 참여했지요. 우리가 세미나를 나가지 않은 다음에는 간사이關西에도 조선사 연구의 장이 생기고 새로운 사람이 들어와 분위기가 조금 달라졌지만, 적어도 우리가 적극 참여한 5~6년 동안은 조선 근현대사의 센터였지요.

그 후 우리는 사회의 여러 곳에 불려 다녔습니다. 한일회담 전후에는 사회적 분위기도 변해 저널리즘이 조선 문제를 다루기 시작했습니다. 매스컴에서는 가지무라와 미야타 그리고 저를 자주 불렀지요. 당시 오하시 교센大橋巨泉이 사회를 보던 11PM*이라는 프로그램이 있었는데, 그 프로그램에 저와 가지무라, 미야타가 번갈아 출연했어요. 저는 두 번 나간 것 같아요.

이렇게 우방협회에서 공부한 그룹이 여기저기에서 성과를 발표

* 11PM. 1965년 11월부터 1990년 3월까지 니혼日本 TV와 요미우리讀売 TV가 상호 제작으로 방송된 일본 최초의 심야 와이드 쇼.

함으로써 활약 무대가 사회적으로 확대되었습니다. 1960년대 특히 한일회담 전후부터 넓혀졌다고 생각해요. 다만 우리는 친하게 지내도 모두 개인적으로 연결되어 있는 관계였습니다. 그러니까 발언도 개인의 책임이었지요. 이후 가지무라는 교직에 나갔습니다. 처음에는 아마 고등학교인가 어딘가에서 시간강사를 하다가 와코和光 대학에서 조선사를 가르치게 되었습니다. 와코 대학이 처음으로 조선사라는 타이틀로 강좌를 개설했지요. 제 기억에 조선 근대사라는 과목을 최초로 개설한 대학은 와코 대학입니다. 가지무라는 2~3년 뒤 가나가와神奈川 대학의 전임이 되었습니다. 그 후에 제가 와코 대학의 조선사를 담당했지요.

재일본조선인사회과학자협회

그 무렵, 저는 가지무라와 미야타와는 별도로 김종국이나 금병동 등 재일조선인 연구자들과 함께 재일본조선인사회과학자협회*에도 참가했습니다. 과학자협회 안에 역사부회가 생긴 것은 우방협회에 스터디 모임이 시작된 지 얼마 되지 않을 때였어요. 역사부회는 조선 대학교의 김종명金鐘鳴이 이끌었어요. 나이가 제일 많았으니까요. 이 분이 중심이 되어 그 밑에 박경식朴慶植, 이진희李進熙, 서태수

* 1959년 6월 창립. 재일조선인 사회과학자와 전문가를 망라한 대중적인 학술연구단체이다.

徐台洙가 참여했어요. 서태수는 메이지 대학의 아오야마 고료青山公亮 선생 밑에서 고려사를 전공했지요. 또 박종근朴宗根, 나중에 명성황후 시해 사건에 관한 책(『청일전쟁과 조선日清戦争と朝鮮』)을 쓴 연구자입니다. 그리고 오재두呉在斗와 김기대金己大도 있었어요. 김기대는 조선문제연구소의 연구원이었습니다. 교토 대학 출신이에요. 그리고 거기에 저와 와세다에서 연구회를 같이 주최한 권영욱權寧旭 등이 참여했습니다.

역사부회는 한 달에 1~2회 모임을 가졌습니다. 본국 정치에 대한 관심과는 관계없이 거기에 나가면 평양에서 발행된 『력사과학』이라는 잡지를 받을 수 있었어요. 아마 월간지였는데 일본의 『역사학연구』와 같은 학술 잡지입니다. 일반인은 구하기 힘든 잡지여서 거기에 나가서 받았습니다. 잡지를 읽거나 선배들의 여러 발언을 들으면서 비록 귀동냥이지만 여러 가지로 배울 점이 많았습니다. 거기서는 별도로 발표를 하는 일은 많지 않았던 것으로 기억합니다. 몇 년간 그 모임에 계속 나갔지요.

1972년 다카마쓰총高松塚 고분에서 벽화가 발견되었을 무렵입니다. 그 벽화가 평양에 있는 것과 너무 닮아서 모방이 아닌지를 둘러싼 국제회의가 열리는 등 사회적 반향을 불러일으켰습니다. 평양에서 관련 학자가 와서 일본 연구자와 대담을 나누기도 했습니다. 그런 시대였지요.

저와 권영욱 그리고 교토에서 온 김기대, 이 세 명을 제외하면 나머지 사람들은 모두 식민지 시대에 일본에 건너왔습니다. 나이로도 선배들이었습니다. 조선에서 소학교, 중학교를 마치고 온 사람, 그러니까 조선인으로서의 소양을 다 갖춘 사람이죠. 저와 권영욱은 가장 중심에 있었지만 일본에서 자랐습니다. 차이점은 저쪽은 조선어를 말하고, 조선어로 사물을 생각한다는 거죠. 조선의 문화와 풍습이라는 것이 몸에 배어 있었죠. 이에 반해 우리는 일본에서 자랐고, 말하자면 황민화 정책 속에서 만들어진 황국 소년이었습니다. 우리는 어느 정도 모국어를 이해하고 더듬거리지만 간단한 말은 할 수 있어요. 하지만 자기 생각을 조선어로 술술 말할 수는 없었습니다. 그런 점에서 열등감을 지녔지요.

선배들은 자신의 언어로 자신의 사상과 체험을 이야기했지요. 음식을 비롯해 모든 생활 방식이 조선식이었어요. 민족적이었습니다. 그런 차이점이 있었습니다. 거기서 나오는 역사 인식 또한 달랐지요. 그런 걸 통감할 때도 있었습니다.

우리 세대 뒤에 조선학교가 생겨서 거기서 민족 교육을 받을 수 있게 되었습니다. 그때만 해도 나이 차이는 4~5살이었지만 우리와 질적으로 많은 차이가 있었습니다. 다름이라고 할까 차이는 스터디 모임에서도 표출되었습니다. 민족의 체취랄까, 그것에 압도당했지요. 그것을 따라가지 않으면 안 되는… 어떤 면에서 열등감을 수반한 이상한 애국심이라는 것이 있었어요. 또 저의 일본에 대한 시선. 권영욱은 어땠는지 모르지만, 저 같은 처지에 있던 사람이 일본에 대해 지니고 있던 시선과 본국에서 자란 사람의 일본에 대한 시선은 달랐어요. 일본에 대한 저희의 시선이 더 엄격했습니다. 자신을 되찾기 위해 괴로워했기 때문입니다. 그런 차이를 미묘하게 느꼈어요.

미야타가 이에 대해 말한 적이 있어요. 와세다에서 저와 동기인 남 아무개라는 친구가 있었어요. 그는 중학교 4학년 때 조선에서 일본으로 도망쳐 왔어요. 조선에서 여러 사건에 휘말렸기 때문이죠.

미야타의 입장에서 보면 그가 말하는 일본과 같은 세대인 제가 말하는 일본은 달랐다고 합니다. 저의 일본에 대한 언급이 훨씬 '심하다'고 말했지요. 그 말을 듣고 그 친구가 한 말이 있어요. "식민지 조선에서도 차별은 있었지. 학교에서는 황국신민이라는 말을 많이 들었지만, 마을에 돌아오면 우리 쪽이 다수파잖아. 우리는 '왜놈'이라고 맞받아쳤지!"라고 말했어요.

그들에게는 그런 의미에서의 민족으로서 무너지지 않는 무언가를 지니고 있었습니다. 그것은 일본에 대한 시각차로 드러났지요. 친구에 대비해서 저의 일본에 대한 시각은 훨씬 엄격했습니다. 저에게 다수파가 될 자리는 없었습니다. 그래서 여유가 없었지요. 같은 말을 하더라도 그 친구는 그렇게까지 심하게 말하지 않았어요. 그런 차이가 있었습니다. 미야타는 이를 미묘하게 분리한 거죠.

역사부회에 참가하여 3~4년 동안 함께하는 과정에서도 비슷하게 느꼈어요. 그것은 제가 쓴 문장에서도 차이점으로 드러나는 것 같아요. 우리는 모든 것을 빼앗긴 존재였습니다. 그리고 그 과정에서 느끼는 빼앗은 자에 대한 감정이에요. 여유를 조금 가진 사람들은 그렇게까지 말하지 않아도 된다는 미묘한 감각이 있습니다. 제가 쓴 글은 때론 매우 엄격합니다. 특히 일본 비판에 대해서 그렇지요. 지금 생각해보면 제가 엄하게 비판한 것은 아마 그런 것 때문은 아니었나 생각합니다. 아무튼 그 미묘한 차이를 느끼고 그들의 존재가 눈부셨습니다. 유창하게 자신의 언어로 자신의 역사관을 말하는 사람들이 내심 부러웠습니다.

제 연구 테마도 많은 분야를 다뤘습니다만, 역시 피해자로서의 고발이라는 측면이 없지 않아요. 관동대지진도 그렇습니다. 3·1운동도 단순한 운동이 아니라, 많은 희생자가 속출한 부분을 강조했지요. 가혹한 지배를 하는 일본은 도대체 무엇이었을까? 이는 일본이라는 나라의 나약함의 표현이라고 저는 생각하고 있습니다.

과학자협회 활동을 언제까지 계속했는지는 기억이 잘 안 나네요. 아마 주요 멤버 중 한 명인 김종국이 북으로 귀국한 전후였을 겁니다. 일본에 남은 사람들, 강재언·박경식·이진희 등은 조총련의 정책 변경일지도 모르겠지만, 조총련의 정치적 자세가 바뀌는 과정에서의 대립으로 배척받았어요. 이 때문에 역사부회는 자연히 소멸되었죠. 그게 언제였는지 잘 모르겠지만 당시 그런 흐름과 겹쳐졌다고 생각해요.

사이토 다카시齊藤孝 선생과의 만남

앞에서도 말했듯이 저는 앞으로의 연구 방향을 둘러싸고 한동안 방황하다가 다시 공부를 시작했습니다. 현대사 자료집『관동대지진과 조선인』을 바탕으로 주요 잡지에 연달아 조선인 학살 문제를 다룬 몇 편의 논문을 게재했습니다. 비슷한 시기에 세계적으로도 아우슈비츠의 유대인 학살 이야기가 불거지기 시작했습니다. 일본에서도 전쟁 중에 일어난 여러 민족 학살 이야기, 특히 중국의 난징南京 사건도 화제가 되었지요.

그러던 중 참의원 회관에서 하니 고로(羽仁五郎, 당시 참의원 의원)가 중심이 되어 심포지엄을 개최했습니다. 저에게도 발표 의뢰가 와서 관동대지진 이야기를 하게 되었습니다. 저에게는 영광스러운 자리였죠. 그런데 막상 무대에 올라가니 무슨 말을 어떻게 꺼내야 좋을지 망설여졌습니다. 그때 사회자가 사이토 다카시*였습니다. 그는 제 이야기를 잘 이끌어 주었고, 덕분에 무사히 발표를 마칠 수 있었습니다. 그로부터 사이토 선생과 저와의 현형우제賢兄愚弟 관계가 생겼지요.

사이토와의 만남을 계기로 저는 학문의 세계에서 자신의 존재를 알릴 수 있게 되었습니다. 사이토는 도쿄 대학의 세계사, 서양사의 권위자였습니다. 역사학연구회 위원장도 역임했지요. 정치적으로도 힘이 있었고, 학문적으로도 학식이 깊었습니다. 저는 그 문하생이 된 셈입니다. 사이토에게는 문하생이 많았습니다. 그 문하생 모임 안에 저도 들어간 거죠. 사이토의 제자들은 모두 우수했어요. 역사학연구회 주요 멤버들이에요. 지금은 모두 70세를 넘은 연구자들이 많습니다만. 서양사부터 일본사, 동양사를 포함해서 모든 영역에서 그의 영향을 받은 연구자들이 많습니다. 그래서 저도 역사학회에서 이름이 알려지게 되었지요.

* 사이토 다카시(斉藤孝, 1928~2011). 역사학자(스페인사 전공), 국제정치학자. 도쿄 대학 교수를 거쳐 가쿠슈인 대학에서 교편을 잡았고, 동양문화연구소 소장 등을 역임했다. 동아시아에 대한 관심은 도립 고등학교 시절에 고바야시 마사루小林勝와 기숙사 생활을 함께 하면서부터였다. 그로부터 조선에 대한 많은 생각과 이야기를 가까이에서 보고 들었다(고바야시 마사루에게는 사이토 다카시가 일본 공산당 입당의 계기가 되었다). 사이토는 냉전 중 베를린 유학 시절에 군사독재정권하의 한국 유학생을 만났고, 그 유학생이 나중에 한국에서 처형당했다. 사이토에게 '조선'은 끊임없는 관심의 대상이었다.

사이토 선생은 여러 측면에서 저에게 학문적 자극을 주었습니다. 왜 자신이 조선에 관심을 가졌는가에 대해서도 말한 적이 있습니다. 이에 대해서는 「사이토 다카시 선생의 추억斉藤孝先生の思い出」(『斉藤先生を偲んで』)에도 썼습니다만, 고바야시 마사루小林勝의 이름이 등장합니다.

사이토와 고바야시는 고등학교 동창이었어요. 그래서 고바야시로부터 조선에 대해 많은 이야기를 들었다고 합니다. 사이토가 직접 저에게 말했지요. 저도 고바야시와 인연이 있었기 때문에, 제가 품었던 추억을 함께 나누었습니다. 이를 계기로 사이토와 저와의 의형제와 같은 관계는 50여 년간 이어졌습니다. 그런 의미에서 고바야시 마사루는 사이토와 저와의 관계를 맺어준 인물이었습니다. 사이토는 조선사를 고바야시로부터 자주 들어서 저에게 관심을 갖게 되었지요. 이후 사이토는 도쿄 대학 투쟁*에서 학생의 정학, 퇴학에 반대해 도쿄 대학 교수를 그만두고 가쿠슈인 대학으로 자리를 옮겼습니다.

* 도쿄 대학 투쟁. 1968년 1월 말에 의학부 학생과 연수의가 연수의 제도를 둘러싸고 교수회와 대립하면서 무기한 파업을 결행. 6월에는 일부 의학생이 야스다安田 강당을 점거하자 이틀 후에는 혼고本郷 캠퍼스에 기동대가 투입되었다. 이를 계기로 압도적인 다수의 학생이 들고 일어나 10개 학부 중 8개 학부에서 동맹 휴교에 들어갔고, 1만 명 규모의 궐기 집회가 열리며 도쿄 대학 투쟁이 시작되었다. 총장의 인책 사퇴와 전학공투회의(全学共闘会議, 전공투)와 기타 학생과의 시설봉쇄를 둘러싼 대결 등 우여곡절을 겪었다. 결국 1969년 1월 학생과 대학 당국 간에 확인서가 체결되어 '전체 구성원에 의한 새로운 대학 자치의 방향'이 제시되었다.

우방협회 자료가 가쿠슈인 대학으로

1970년에 호즈미 선생이 서거하자 연구회도 없어졌습니다. 그러자 지금까지의 역사 자료를 어디로 가져갈 것인지 논의가 이루어졌습니다. 여러 곳에서 제안이 왔습니다만, 결국 가쿠슈인으로 가기로 결정되었지요. 최종 결정이 이루어지기까지 여러 브로커 같은 사람들이 끼어들기도 했습니다.

그 가운데 한 사람은 당시 한국에서 온 김 아무개라는 KCIA 은퇴자였습니다. 그는『한韓』이라는 잡지를 발행하고 있었는데, 그 잡지를 발행하는 연구소를 롯폰기六本木에 설립했지요. 그는 돈을 물 쓰듯 했어요. 그 덕분에 간다神田에 있는 헌책방 가격이 폭등하여 우리에게도 대단히 민폐를 끼쳤지요. 그는 오사카에서 돈을 번 한국인 사건과 관련하여 감옥살이도 했어요. 이 남자가 스폰서로 우방협회 자료를 모두 구입하겠다는 이야기까지 나왔지요. 그 자의 손에 들어가면 연구는 앞으로 어떻게 될지 모를 상황이었어요. 이 자의 자금은 KCIA, 박정희朴正熙로부터 나온 것으로 알고 있습니다. 박정희 정권이 무너지면서 그 연구소도 사라졌습니다. 고서의 폭등도 멈췄고 그는 한국으로 돌아갔지요.

또 한 사람은 일본인이었습니다. 당시 교과서 문제로 우익이 나오던 무렵이었는데, 독쿄獨協 대학에서 독일 문학을 전공하는 조선에 대해 아무것도 모르는 자가 나타나서 우방협회 자료를 관리하고 정리하겠다고 말하기도 했지요. 저와 미야타는 물론 반대했습니다. 그런 일도 있었지요.

사이토 다카시와 가쿠슈인 동양문화연구소

우방협회 자료는 결국 우방협회 이사였던 미즈타 나오마사(水田直昌, 조선총독부 재무국장)가 가쿠슈인学習院의 이사라는 것도 작용하여 가쿠슈인에 기탁하게 되었습니다. 기탁이 정해지기까지 가쿠슈인 대학의 교수였던 사이토 다카시가 맡은 역할도 컸습니다.

사이토는 저와 매우 친하고 사이좋은 선배였습니다. 그는 스페인과 유럽사 연구자였지만 조선 문제에 관심이 많았습니다. 동양문화연구소 안에 그가 주최하는 형식으로 조선사 공부 모임을 만들기도 했지요. 이런 배경도 있어 우방협회 자료를 동양문화연구소가 수탁하게 되었고, 그 과정에서 사이토가 큰 힘이 되었지요.

자료 가운데 식민지 관료들의 녹음테이프는 동양문화연구소가 활자화하여 『동양문화연구東洋文化研究』에 게재하고 있습니다. 미야타가 감수하는 형태로 육성 녹음을 활자화하는 작업을 진행했지요. 미야타가 한창 건강할 때는 녹음테이프에서 누가 발언했는지 모르는 목소리가 있으면 "이게 누구 목소리지? 들어보고 판단해 달라"고 저에게 몇 번인가 묻기도 했습니다. 수십 권이 간행되었을 겁니다. 이 작업은 전후 일본의 조선 근대사 연구의 레일을 깔았다고 말할 수 있어요. 커다란 업적이지요. 당시 자료는 모두 동양문화연구소에 있습니다. 활자화된 것도 있지만 아직 활자화되지 않은 방대한 자료가 남아 있습니다.

지금 가쿠슈인의 연구소에는 젊은 사람들이 있습니다만, 그들은 연구소의 경위를 잘 모릅니다. 지금으로부터 약 20년 전에 『아사히신문朝日新聞』이 우방협회의 설립 경위와 사업 내용을 크게 보도한 적이 있습니다(2000년 8월 8일자). 여기에 저와 미야타가 관련 코멘트를 했지요.* 녹음 자료는 1945년까지의 한일 관계를 생각하는 데 있어서 기본적인 자료로 활용할 수 있습니다. 식민지 통치자가 직접 육성으로 당시 정황을 말하고 있는 자료이기 때문입니다. 당시 저와 미야타 등은 그들의 발언을 듣고, 그건 이상하다고 날카롭게 질문하면서 다시 답변을 이끌어 냈지요. 귀중한 목소리를 남길 수 있었지요.

사이토는 가쿠슈인을 퇴직했을 때, 아리랑 문화센터(제5부 참조)에 자신이 소장하던 조선 관련 도서를 기부해 주었습니다. 그 인연으로 아리랑의 이사를 서거할 때까지 맡아주셨지요.

3·1독립운동을 둘러싼 '박경식·강덕상 논쟁'

3·1운동을 연구하는 과정에서 박경식 선생과의 논쟁이 있었습니다. '박·강 논쟁'이라고 불립니다. 박경식은 3·1독립선언서를 작성

* 아사히신문 기사 코멘트. "기록의 상당 부분은 젊은 연구자들과 총독부 관계자의 연구 모임 형식으로 녹음되었습니다. 스스로 황민화 교육을 받은 조선인 연구자들이 총독부 고위 관리들에게 질문한 장면도 있습니다. 지금으로선 있을 수 없는 일이겠지요."(미야타 세츠코) "총독부 관계자들에게 공통된 것은 자신들이 조선에 은혜를 베풀었다는 의식이었습니다. 결국 미국과의 전쟁에서 패배한 것이 잘못이지, 조선 통치 그 자체는 실패하지 않았다는 사고이지요. 하지만 '선의의 악정'이라는 말이 있듯이 우리 학생들은 식민지 지배를 부정하는 입장에서 이론적으로 비판했습니다. 그들은 이런 비판에 대해 경청하는 자세는 있었습니다."(강덕상)

한 민족 대표 33인을 높이 평가했습니다. 그들에게 부족한 것은 시대의 제약이라는 말을 한 거죠. 하지만 저는 그들의 전 생애를 보았을 때, 조선 인민을 대표하지 않는다고 생각했어요. 3·1운동으로 독립이 달성된 것은 아닙니다. 실패의 역사인거죠. 대부분의 사람들이 전향했습니다. 남은 자는 2명뿐이에요. 이것은 도대체 어떻게 된 일인가? 그 문제가 더 크다고 판단했지요. 3·1운동 직후를 보면 33인을 평가할 수 있을지는 몰라도 그것은 역사의 시각이 아니라는 것이 제 견해입니다.

저는 인간의 일생은 마지막이 중요하다고 생각합니다. 아무리 나쁜 사람이라도 마지막에 입장을 바꾸면 재평가를 받기도 합니다. 그 반대도 마찬가지입니다. 그러나 박경식은 3·1독립선언으로 역사를 일단 구분하고 3·1운동에 한정해 33인을 평가합니다. 그렇지만 운동은 성공하지 못했습니다.

논쟁은 결말이 나지 않았지요. 누가 더 많은 지지를 받는가의 문제겠지요.

3·1운동에 대한 평가는 중요합니다. 일본에서는 일반적으로 도쿄 간다神田의 YMCA에서 이루어진 2·8선언을 중시하여 운동이 도쿄에서 출발했다고 말합니다. 하지만 그건 잘못된 평가입니다. 2·8선언은 상하이에서 출발한 것입니다. 상하이에서 시작하여 도쿄를 경유한 것이지요.

당시 운동가들은 블라디보스토크에서 상하이로 모두 옮겨옵니다. 원래 블라디보스토크에는 독립운동가들이 많았지요. 그런데 러·일 간에 협정이 맺어집니다. 제정 러시아는 일본에 반대하는 국제적인 분쟁에 휘말리는 운동이 러시아 영내에서 일어나서는 안 된다는 입장을 표명하여 운동을 펼칠 수 없게 되었습니다. 그래서 상하이로 옮겨 오게 됩니다. 상하이는 국제적인 도시로 프랑스 조계, 영국 조계 등이 있었습니다. 각기 그 나라의 법률이 적용되었지요. 마음대로 일본이 손댈 수 없는 그런 상태였습니다. 그래서 상하이가 어떤 의미에서 운동의 거점이 됩니다. 상하이에 신아동제회新亜同済会가 생겼고, 그것을 바탕으로 신한청년당新韓青年党이 결성됩니다.

신아동제회에는 일본 거주 조선인, 중국인, 대만인도 포함되어 있었습니다. 식민지 조선의 현상, 중국의 현상, 중국은 식민지는 아니지만 침략에 노출되어 있었기 때문에 독립운동은 아니지만, 침략을 우려하는 모임이 도쿄에도 생겼습니다. 중국인 유학생과 조선인 유학생은 도쿄에서 같은 시각을 지니고 단결한 거죠. 조선과 중국의 연대는 여기서부터 시작됩니다.

독립선언도 중요하지만 파리 강화 회의에 조선 대표가 참석한다는 것, 신한청년당에서 김규식金奎植*이 파견되었다는 것, 이것이 중

* 김규식金奎植. 1919년 4월 상하이에서 수립된 대한민국 임시 정부의 외무총장, 구미위원부 위원장, 학무총장 등을 맡는다. 1922년에는 극동제민족대회에 출석. 1945년 9월 6일 건국준비위원회가 개최한 전국인민대표자대회는 '조선인민공화국'을 수립하고 김규식을 외교부장에 임명했다. 그러나 미군정청은 '군정청은 남조선에서 유일한 정부'라며 '조선인민공화국'을 인정하지 않았다. 더욱이 1945년 12월 모스크바 3상 회의의 결정에 따라 '반탁'과 '찬탁'의 좌우 대립이 격화되는 가운데, 김규식은 여운형과 함께 좌우 합작 운동을 전개했다(1946년 10월 7일 '좌우 합작 7원칙'). 1947년 7월의 여운형이 암살당하자 같은 해 12월 김규식은 민주자주연맹을 결성. 1948년, 남조선 단독선거에 반대하여 김구와 함께 남북 연석 회의에 출석. 서울로 돌아와 남북 협상 경위와 합의 사항을 설명한 공동 성명을 발표했다. 1949년 6월 김구가 암살당하고 김규식은 한국전쟁 때 조선민

요합니다. 국제화라는 의미에서 말이죠. 2·8선언이든 3·1운동이든 기존 연구에서는 그게 빠져 있습니다. 『여운형 평전』의 제1권, '3·1운동편'에서 이런 측면을 자세히 서술했습니다. 파리 강화 회의에 대표를 파견한 것은 신한청년당입니다. 그 점을 분명히 해야 합니다. 여운형呂運亨이 주도한 것입니다. 김규식이 파리에 간 것은 신한청년당 자격으로 간 거예요. 미국에도 유학생의 분발을 촉구하기 위해 갔지요. 신한청년당은 도쿄에도 파견되어 유학생을 만납니다. 장덕수張德秀이지요. 그는 도쿄에서 유학생들을 조직하고 조선에 건너가 공작을 펼치다가 붙잡히지요.

일본에서는 2·8선언을 강조하는데 2·8선언에 참가한 사람들 대부분은 이후 상하이로 가지요. 간부들 대부분이 건너갑니다.

도쿄에서도 조선에 갑니다만, 상하이에서 출발하여 도쿄를 경유한다는 것입니다. 상하이에서는 일본만이 아니라 만주와 조선 국내까지 갑니다. 여운형은 3월 1일 이전에 3·1독립선언서에 서명한 사람을 만납니다. 그러니까 일본 유학생에 의해서만 운동이 촉발된 건 아닙니다. 그건 틀렸습니다.

어쨌든 여운형은 깊은 지식과 높은 인격으로 많은 사람으로부터 존경을 받았습니다. 그의 연설은 매우 뛰어났습니다. 그런 의미에서 여운형은 독립운동가 중에서도 매우 두드러진 인물입니다. 가장 중요한 것은 황민화 정책으로 모두가 친일파로 변절할 수밖에 없을 때, 민중이 고통 받는 조선의 한복판 담장 위에 섰다는 것입니다. 교

주주의인민공화국으로 건너가 1950년 12월 평안북도에서 병사했다.

도소 담장 위에 말입니다. 자칫 잘못하면 형무소로 떨어지지요. 그런 사람이에요. 담장 위에 올라서는데도 굉장히 고생을 많이 했지요. 자신은 일본에게 49%는 '나쁜 놈'이 아니라고 위장했지만 본심은 그렇지 않았습니다. 51%는 민족의 편, 조선인 편이었습니다.

고종高宗*에 대해서도 여러 평가가 있지만, 조선 왕조란 무엇이었는가가 문제입니다. 조선 왕조에서 양반과 상민의 차이는 일본 무사와 조닌(町人, 도시 상공인)의 관계와는 비교가 안 될 정도로 큽니다. 일본에서는 조닌이 돈의 힘으로 점점 힘을 키워 나갑니다. 그런데 조선은 그렇지 않죠. 경제 활동을 중시하지 않았어요. 유교 지배하에서 양반은 언제까지나 양반이었지요. 이를 허락하는 조선 왕조의 전제 지배가 큰 문제입니다.

제가 우방협회에서 공부할 때, 본관이 광산光山 김씨였던 분이 계셨습니다. 민족주의 좌파였지요. 한국으로 귀국한 후 독일로 유학을 갔는데, 동독에서 북쪽 사람들과 접촉한 것 때문에 한국으로 다시 끌려갔지요. 이후 박정희에게 처형당했어요. 그 김 선생과 안동安東 권씨였던 권영욱이 논쟁을 벌였어요. 광산 김씨와 안동 권씨 중

* 제26대 조선 왕(1863년 12월 13일~1897년 10월 12일). 재위 중 갑오농민전쟁-청일전쟁-시모노세키 조약-을미 사변 등이 일어남. 1879년 10월 12일, 조선 최초의 황제에 즉위, 14일에 국호를 대한 제국으로 변경하고, 연호를 광무라 했다. 대한 제국 황제(1989년 10월 12일~1907년 7월 20일) 재위 중, 제1차 한일 협약(1904년 8월 22일), 제2차 한일 협약(을사 보호 조약, 1905년 11월 17일), 제3차 한일 협약(1907년). 1907년 6월 헤이그에서 개최된 제2차 만국 평화 회의에 밀사를 파견한 사건으로 7월 20일 양위한다. 1919년 1월 21일에 급사, 국장일은 3월 3일이었다.

어느 쪽이 더 양반이냐는 논쟁이었지요. 저와 김기대가 끼어들어 “그래 나는 천민, 김기대이다”며 중재했어요. 제 아버님 시대에는 고물상을 하더라도 양반이라고 말하는 사람이 있었죠. 제 학창 시절에는 그런 논쟁이 공공연하게 이루어졌어요. 아마 북쪽에서도 ‘양반은 양반’일 거예요. 양반은 분명 나라를 지탱하는 핵심이었습니다. 그런데 아랫사람을 깔보는 경향이 있어요. 양반 의식이에요.

와코和光 대학 시간강사

와코 대학은 조선사 강좌를 처음으로 개설했습니다. 처음 2년인가 3년 정도는 가지무라 히데키梶村秀樹가 시간강사로서 ‘조선사’라는 간판을 내걸고 강의했습니다. ‘조선 근대사’였지요. 그가 가나가와神奈川 대학 전임으로 자리를 옮기자 자리가 비어 제가 강의를 이어받았습니다. 1971년 무렵이었습니다. 그리고 2년 후에 제가 박사과정을 메이지明治 대학에서 수료했기 때문에 그 인연으로 메이지 대학이 강좌를 마련해 주었습니다. 강좌명은 ‘동아시아사’였습니다. ‘조선사’가 아니었어요. 이것이 하나의 시작점이 되었지요. 여러 대학에서 ‘조선사’ 또는 ‘동아시아사’라는 형태로 시간강사 제안이 있었습니다. 그러니까 시간강사 생활을 약 20년 정도 계속했지요.

이후 제가 히토쓰바시一橋 대학에 늦게나마 취직이 결정되자, 한국 유학생이었던 유효종劉孝鐘이 와코 대학 전임으로 부임했지요. 아마 국제관계학부였을 거예요. 그는 러시아 지역 조선인 민족운동을 연구했어요. 훌륭한 연구자이지요. 역사 관련 강좌와 대학 내의 조선어를 담당했습니다.

1960년대 전후부터 자이니치 문제가 사회적인 이슈로 부각되었습니다. 재일조선인의 취업 차별 문제가 제기되었고, 김희로金嬉老 사건*과 교수형에 처해진 이진우李珍宇** 사건 등이 일어났습니다. 이를

* 1968년 2월 20일 시즈오카현静岡県 시미즈시清水市의 클럽에서 어음 관련 분쟁으로 폭력단원 2명을 라이플로 사살하고 도망, 다음 날 스마타쿄寸又峡 온천의 여관에서 13명을 인질로 농성한 사건. 김희로는 인질 석방의 조건으로 전년도 경찰관의 재일조선인에 대한 멸시 발언을 사과하라고 요구했다(24일 체포). 1972년 6월 사형 구형에 대해 시즈오카 지방 법원은 무기 징역을 판결. 1974년 6월, 도쿄 고등 법원 공소 기각. 1975년 11월 4일 최고재판소 상고 기각, 무기 징역이 확정되었다. 복역 중이던 1999년 9월 다시는 일본에 입국하지 않겠다는 조건으로 가석방, 한국 부산에 '귀국'했다. 사건 초기부터 '호소よびかけ'나 '김희로를 생각하는 모임金嬉老を考える会'과 같은 모임이 있었지만, 변호인단과 협력해 재판을 지원하는 조직으로 '김희로 공판대책위원회金嬉老公判対策委員会'가 결성되었다. 김희로에게는 여러 이름이 있었다. 재판소 기술에서는 '가나오카 야스히로金岡安弘, 김희로 즉 권희로'로 기술되었다. 재판에서는 그의 '자이니치'로서의 성장 과정이 어느 정도의 영향을 주었는지가 주요 쟁점이 되었다. 법정에서는 이회성李恢成, 고사명高史明, 김시종金時鐘, 김달수金達寿 등이 증인으로 나서 '자이니치'의 역사를 말했다.

** 이진우李珍宇의 고마쓰가와小松川 사건. 1958년 8월 17일, 도쿄 도립 고마쓰가와 고등학교 정시제에 다니는 여학생(당시 16세)이 행방불명되었다가 21일 부패된 상태로 발견되었다. 9월 1일 고마쓰가와 경찰서 수사본부는 이 학교 정시제 1학년 남학생 이진우(당시 18세)를 체포했다. 1959년 2월 27일 도쿄 지방 법원 사형 선고, 같은 해 12월 28일 도쿄 고등 법원 공소 기각. 1960년 9월, 오오카 쇼헤이大岡昇平, 기노시타 준지木下純二, 하타다 다카시旗田巍 등에 의한 '이 소년을 돕기 위한 부탁李少年を助けるためのお願い'이라는 감형 탄원 운동이 시작되었다. 1961년 8월 17일 최고재판소 상고

계기로 일본 사회에서는 양심 있는 일본인들을 중심으로 민주주의라는 간판 아래 자이니치라는 문제, 그들이 겪는 취직 차별이 존재한다는 것을 자각하기 시작했다고 할까 자이니치 문제에 착목하게 되었습니다.

한일조약 체결이 1965년이지요. 그래서 그 후의 문제입니다. 그 무렵부터 말하자면, 건강보험 문제*도 있었지요. 어쨌든 외국인 차별 문제는 '일본 국적에 한정한다!'는 것을 내세워 아파트의 입주 차별도 존재했습니다. 도영 주택에도 들어갈 수 없었습니다. 이런 문제들로 인해 일본의 민주주의가 도마 위에 올라오기 시작할 때였습니다.

와코에서는 200~300명이 들어가는 대형 교실에서 강의했습니다. 공개 강의였지만 학생들은 뒤쪽에 앉아 있고 앞쪽 제일 앞에는 일반 시민들이 많았어요. 뭔가 관심이 있는 시민들이었지요. 그런 사람이

기각, 1962년 11월 16일에 미야기宮城 형무소에서 형이 집행되었다. 자백은 했지만 이를 뒷받침할 물증은 충분치 않았다는 지적도 있다. 박수남朴壽南은 이진우와의 왕복 서한을 편집한 『죄와 죽음과 사랑罪と死と愛と』을 1963년에 『이진우전서한집李珍宇全書簡集』을 1979년에 각각 간행했다.

* 한일 법적 지위 협정 합의 의사록 제3항은 "일본 정부는 협정 제1조의 규정에 따라 일본에서의 영주가 허가된 대한민국 국민을 국민 건강 보험의 피보험자로 하기 위해 필요하다고 인정하는 조치를 취한다"고 되어 있다. 1965년 한일 법적 지위 협정에 따라 신청을 통해 '협정 영주'의 '자격'이 부여되고, 외국인 등록증에 '한국'으로 명시된 자에게는 국민 건강 보험 가입을 승인하여 국외 퇴거 강제 사유의 경감을 인정하게 되었다. 이는 '자이니치' 가운데 남북한 대립과 분열을 가져옴으로써 차별 제도를 더욱 교묘하게 만들었다. 더구나 취직 차별 철폐를 위한 시책은 아무것도 없었고, 국민 금융 공고公庫, 주택 금융 공고, 국민연금, 일본육영회 등은 여전히 '국적 조항'과 '국민 조항'에서 배제되었다.

많아서 수업을 마치고 돌아오는 길에 함께 술잔을 기울이면서 많이 친해졌어요.

학생들은 뒤쪽에서 조선사에 관심이 있어서라기보다는 학점을 따기 위한 학생들이 많았던 것 같습니다. 물론 그중에는 계속 강의를 들으면서 나중에 영향을 받았다고 말하는 학생도 있었지요. 나중에 사이타마埼玉의 중학교 선생님이 된 다마키田牧라는 학생은 관동대지진의 조선인 학살을 중학생들과 함께 학습하면서 관련 기록을 남겼습니다. 저도 그 자료집을 소중하게 보관하고 있습니다. 그는 가끔 여러 모임에도 참여했었지요. 지금은 퇴직했겠네요. 그는 당시 훌륭한 학생이었습니다. 그리고 그림을 그리던 학생도 있었어요. 자주 술자리에 와서 이야기를 듣곤 했지요. 우리 집에는 지금도 당시 그 학생이 그려준 그림을 걸어 놓고 있습니다.

와코에서 박재일朴載日을 만나다

와코에는 조선 고등학교 졸업생이 많았습니다. 당시 문부성의 규정으로는 조선 고등학교 출신은 일본 대학에 응시할 수 없었지만, 와코 대학은 자기 학교에서 입학 검정 시험을 통과하면 지원할 수 있었습니다. 와코 대학은 처음으로 조선 고등학교에 문호를 개방한 대학이었죠. 그래서 조선인 학생이 많았어요.

조선사 강좌에는 조선 고등학교 졸업생들이 많이 수강했는데 대학 도서관에는 조선에 관한 도서가 너무 없었어요. 저는 대학 학장과 도서관장에게 도서를 신청했습니다. 이는 공학부에 기계 실습장이 없는 것과 같고, 도서관에 책이 없는데 어떻게 조선사 강좌를 개설할 수 있겠냐고 말했어요. 당시 학장은 우메네 사토루梅根悟 선생이었는데 아주 개명적인 분이셨죠. 학장은 제 말에 납득하고 도서관 확충을 함께 고려하자고 말했지요. 그리고 저에게 도서관 고문이라는 직함을 주었습니다.

저는 재일조선인 보호자가 많다는 것을 알고 있었기 때문에 '도서관 고문'이라는 명목으로 보호자 모두에게 "여러분의 힘으로 도서를 모읍시다!"고 호소했습니다. 그때 곧바로 응해준 사람이 박재일입니다. 그의 딸이 와코에 재학하고 있었지요. 박재일은 도서 구입이 매우 중요하다며 그를 중심으로 보호자에게 연락을 했습니다. 덕분에 5천 권 정도의 도서를 구입할 수 있었습니다. 이런 과정을 거쳐 와코 대학 도서관에 조선 코너가 만들어졌지요.

박재일과 저의 만남은 여기부터 시작됩니다. 둘이 의견이 맞았기 때문에 자주 만나다 보니 "문화센터 같은 시설이 필요하고 중요하다"는 인식에 이르게 되었지요. 이것이 바로 문화센터 아리랑의 시작입니다.

메이지明治 대학 시간강사

메이지 대학에서는 주간 2강좌, 야간 2강좌를 담당했습니다. 하나는 '동아시아사', 또 하나는 '문화사'였습니다. 제가 시간강사가 되었을 때, 이진희李進熙 선생도 고고학을 담당하셨죠. '동양 고고학'이었습니다. 매우 인기 있는 강좌였습니다. 제 강좌도 수강생으로 꽉 찼습니다. 평판이 좋았던 것 같아요.

강의는 근현대사였습니다. 다만 조선의 근현대사를 그대로 강의하면 일본 학생들은 잘 알지 못합니다. 그래서 한일관계사를 주제로 삼았습니다. 조선에서 바라본 일본이라는 형식으로 강의를 진행했지요.

메이지 초기에 체결된 조일 수호 조규의 체결 과정이나 임오군란은 과연 어떤 것일까, 청일전쟁은 갑오농민전쟁*과 밀접한 관계가 있다는 것 등을 주제로 삼았습니다. 러일전쟁도 마찬가지죠. 또 다이쇼 데모크라시 등의 문제는 식민지 조선에서의 3·1운동, 그리고 그에 대한 탄압과 비교하면서 다이쇼 데모크라트는 어떤 발언을 했는지, 있다면 어떤 발언인지 등을 문제 삼았습니다.

관동대지진 당시 조선인 학살 문제도 학생들은 거의 모르고 있었지요. 관동대지진이라는 것은 어떤 것인지, 조선인의 시각에서 보면 어떤지를 2~3시간에 걸쳐 강의했습니다. 학생들에게 상당히 영향을

* 농민들의 봉기(민란)가 계속되는 가운데 1894년 전라도 고부군의 민란은 동학의 사상과 조직과 결부되어 전봉준全琫準을 대장으로 5월에는 농민군이 전주성을 점령, 전주 일대를 지배했다. 청일전쟁은 동학 농민 혁명을 압살하기 위해 출병한 청일 양군의 무력 충돌에서 기인한다. 동학 농민군에게는 반反혁명적 내정 간섭과 침략이었다. 침략자에 대해 농민군은 두 차례에 걸쳐 우금치에서 전투를 재개하고 전라도만이 아니라 조선 전역에서 봉기해 투쟁했다. 농민군에 대해 일본군의 가와카미 소로쿠川上操六 병참 총감은 "처치는 엄렬한 것을 요한다. 앞으로 모조리 살육하라"는 명령을 내렸다(10월 27일). 포위하여 생포하고 고문하여 총살, 척살, 소살을 일삼고 민가를 모조리 불태운 제노사이드(집단학살)였다.

주었을 것으로 생각합니다. 제 강의를 듣고 관동대지진 조선인 학살 문제를 규명하기 위해 활동가로 나선 학생도 있습니다. 아라카와荒川 하천 부지 조사에 참여한 니시자키 마사오西崎雅夫와 야노 교코矢野恭子입니다. 그들은 지역 차원에서 기누타 유키에絹田幸恵와 함께 관동대지진 관련 조사 활동을 시작했습니다.* 그런 의미에서 '고등학교까지의 일본사가 가르치지 않은 일본사'라는 성격의 수업이었죠.

그 무렵 박은식朴殷植이 쓴 『한국독립운동혈사韓国独立運動の血史』를 번역했어요. 그의 역사관은 아픔의 역사입니다. 그것은 한국이 병탄되어 가는 과정의 쓰라린 역사 - 투쟁과 슬픔의 역사입니다. 그리고 혈사라는 것은 독립운동에서 피를 흘렸다는 것입니다. 이후에 광복사가 있지요. 크게 보면 세 단계의 역사입니다. "지금은 통사, 혈사의 시대가 아직 계속되고 있다. 언젠가 광복사가 온다. 지금은 광복을 추구하는 그런 시대"라고 말하고 있지요.

이것은 지금의 한반도 문제와도 관련됩니다. 분단을 극복하고 통일이 이루어져야 비로소 광복입니다. 독립운동에 참여한 사람 어느 누구도 분단을 바라고 투신한 것은 아닐 것입니다.

저는 시간강사 생활을 하기 전에 『현대사자료現代史資料』의 조선편과 관동대지진을 비롯해 총 6권을 책임 편찬했습니다. 3·1운동, 그리고 간도에서의 독립운동, 또 하나는 김일성도 등장하는 공산주의 운동 관련 자료집이었습니다.

* 봉선화ほうせんか. 니시자키 마사오 등은 '일반 사단법인 봉선화'를 설립해 현재도 관동대지진 조선인 희생자를 추모하는 활동과 함께 관련 자료 수집 작업을 펼치고 있다.

자료집은 그냥 자료를 모아서 뒤죽박죽 나열하는 것이 아닙니다. 자료를 분석해서 논문처럼 기승전결이 있는 형태로 만들어야 합니다. 그런 작업은 제 강의에도 반영되었던 것 같습니다.

일본 각지의 대학에 가다

강연 '일본에게 조선 문제란 무엇인가'
(호세이 평화 대학에서)

와코와 메이지 외에는 간토 지역에서는 호세이法政, 릿쿄立教, 지바千葉, 요코하마横浜 국립대, 쓰다주쿠津田塾, 오차노미즈お茶の水, 도쿄여자대학, 게이센恵泉 여학원 대학 등에서도 시간 강의를 했습니다. 멀리는 신슈信州, 오사카 외국어 대학, 시코쿠四国의 시코쿠학원 대학, 홋카이도에도 갔었죠. 아무튼 시간강사를 많이 했어요. 신슈나 시코쿠는 집중 강의였습니다.

호세이에서는 대학이 주최한 대형 강좌가 있었지요. 호세이의 대강당을 빌려 청강자가 가득 찬 가운데 강의한 적이 있습니다. 그 기록은 호세이 대학에 남아 있을 것입니다. 호세이의 아는 교수가 기획한 것으로 1980년대 초반이었죠. 강의록과 강연록이 남아 있을 거예요.

가쿠슈인 대학 동양문화연구소 객원연구원

사이토 다카시齊藤孝 선생이 동양문화연구소에 있을 때, 저를 연구원으로 불러주셨지요. 연구직으로 개인 연구실을 받은 것은 가쿠슈인이 처음입니다. 연구원은 월급이 없었어요. 하지만 개인 연구실이 생겨 뿌듯했어요. 사이토 선생과는 연구 분야가 다릅니다만, 선생의 제자들과 친분이 깊어 귀동냥이나마 많은 것을 배웠습니다. 사이토 선생과는 나이 차이는 크지 않았지만, 저는 사이토 선생의 제자 중의 한 사람이었습니다. 사이토 선생은 제게는 은인이에요.

부업으로 빚을 지다

그 무렵의 생계는 강사 월급만으로는 먹고살 수 없었습니다. 교통비는 각자 부담. 학교마다 대우가 다르더군요. 시간강사를 가장 잘 우대해 준 곳은 메이지 대학이었습니다.

연구비는 개인적으로 충당할 수밖에 없었습니다. 아직 어머니가 건재하셔서 가게를 운영한 덕분에 어머니 눈치를 보면서 자료 구입비 등으로 사용했습니다.

빠칭코 사업을 시작한 것도 시간강사 시절이었죠. 그 무렵은 빠칭코를 운영하면 돈을 벌 수 있다는 소문도 떠돌던 시대였습니다. 자이니치 가운데 빠칭코 업계에서 굉장히 유명한 경영자도 있었지요. 제 동향 선배가 여유 자금이 있으면 같이 투자해서 운영해 보자는 이야기를 꺼냈습니다. 장소는 세타가야世田谷의 가라스야마烏山라는 곳이었죠. 빠칭코 사업에 대해 아무것도 모른 채 그저 남에게 맡겨 버린 거죠. 믿고 시작한 것은 좋았지만 남이 시키는 대로 한 것이라 결국 석 달 만에 문을 닫게 되고 빚만 남았어요. 대출 받아 투자금의 절반을 부담했는데 그게 모두 빚으로 돌아왔습니다. 이 빚을 갚는 데 10년 정도 걸렸지요.

빠칭코 장사를 하기 전까지는 『역사학연구』 등 여러 저명한 학술지에 논문을 발표했습니다. 학회에서도 발표를 많이 했지요. 어떻게 보면 조선사 관련 신인 연구자가 나타났다는 분위기였지요. 그러나 그 빚을 떠안았던 시기에 저는 아무것도 쓰지 못했습니다, 쓸 수 없었지요. 그럴 시간도 없었어요. 물론 그런 기분도 들지 않았습니다. 가게를 열심히 다녀야 해서 자료를 볼 시간도 없었어요. 아무 글도 쓰지 못했던 시절이었습니다.

그 사이에 쓴 것은 『삼천리三千里』*라는 잡지에 이따금씩 떠오르는 자신의 감상을 포함한 전기, 개인사를 정리한 것뿐이었습니다. 그 글들은 자료를 통해 실증한 것은 아니었지요. 당시 읽다가 생각나는 것을 400자 원고지로 30~40장 정도로 정리했습니다. 7~8편이 『삼천리』에 실렸습니다. 이를 나중에 정리한 것이 1985년에 간행된 『조선 독립운동의 군상朝鮮独立運動の群像』입니다. 이 글들은 아마 이런 사람일 것이라는 제 상상을 섞어 쓴 것입니다. 그나마 이것이 그 무렵의 업적 아닌 업적이었지만, 연구자로서의 확실한 실증 연구는 아니었습니다.

당시 연구자로서나 개인적으로 가깝게 지낸 사람은 박경식朴慶植 선생과 박종근朴宗根 선생이었습니다. 모두 술을 좋아했지요. 박경식 선생은 간다神田의 고서점을 돌아다니며 무거운 책을 보따리로 사들고 와서 "이런 걸 샀다"며 보여주었습니다. 제 집이 신주쿠新宿 근처여서 박경식 선생이 "나, 지금 여기 있어"라고 연락이 오면 만났지요. 박종근 선생도 자주 합석했습니다. 셋이서 술을 마시고는 이러쿵저러쿵 불평과 불만을 늘어놓는 나날이 계속되었습니다. 어쨌든 재밌었어요. 박경식 선생의 인간성을 잘 알고 있어서 싸우기도 했어

* 『계간 삼천리季刊三千里』는 1975년 2월 김달수金達寿, 이진희李進熙, 강재언姜在彦 등에 의해 창간된 한반도와 재일조선인 관련 일본어 종합잡지이다. 간행 목적은 "조선을 가리켜 '삼천리 금수 강산'이라고도 한다. '아름다운 산하의 조선'이라는 뜻이다.……1972년의 '7·4 공동 성명'에 따른 '통일된 조선'을 실현하기 위한 간절한 소망이 담겨 있다"고 한다(「創刊のことば」). 1987년 5월, 50호로 종간.

요. 많이 싸웠지요. 박경식 선생은 말을 꺼내면 다른 사람 이야기를 안 듣거든요. 진짜로 얻어맞은 적도 있어요. 선생은 불만이 입으로도 나오고 손으로도 나왔습니다. 일본 사회에 대한 불만이 엄청 많았을 겁니다. 물론 그건 충분히 이해할 수 있지요. 50대 초반이었을 겁니다. 친구 집에 술 마시러 갔다가 갑자기 밤중에 누가 가장 빠른지 달리기 하자고 셋이서 달린 적도 있습니다. 모두 술에 취해서 내가 빠르다고 강변하던 일도 있었지요. 제가 가장 후배여서 배울 게 많았습니다.

논문을 쓰지 못하고 『조선 독립운동의 군상』을 정리했을 때, 머릿속에 여운형 생각이 떠올랐어요. 여운형에 대해 『삼천리』에 몇 번 연재했습니다. 하지만 여운형은 이런 형태로 마무리할 수 없었습니다. 그의 생애를 독립운동사로서 한 인간을 통해 운동사를 제대로 파악하지 않으면 안 된다는 생각이 들었습니다. 여운형은 독립운동사에서 북두성처럼 빛나는 존재입니다. 그러나 남북 양측은 그를 올바로 평가하지 않았어요. 북쪽에서는 김일성으로 모든 것이 수렴되고, 남쪽에서는 김구와 이승만이었죠. 여운형은 조선사 속에서 마치 반역자 같은 위치에 놓여 그 흔적이 남아 있지 않았습니다. 이건 이상한 일이에요.

여운형에 대해 알면 알수록 이건 불가사의한 이야기라고 생각했지요. 그 무렵부터 저는 여운형을 독립운동사에서 가장 출중한 인물로 그려내야 한다, 여운형을 남북한이 공유하지 않으면 역시 분단의 심리적인 통일은 불가능하다는 인식을 품게 되었습니다.

비록 개인사 형태지만 여운형에게 빛을 투사해서 그를 중심으로 독립운동사를 다시 재구성해야 한다고 생각했습니다. 그에 관한 연구를 본격적으로 시작하게 되었지요. 그런 의미에서 『조선 독립운동의 군상』은 전편이고, 『여운형 평전』은 후편입니다. 후편에서는 한 인간에 초점을 맞추어 더욱 실증적으로 규명해 보겠다고 결심했습니다.

한국독립기념관에 자료를 제공하다

1986년 한국의 독립기념관이 개관했을 때, 저는 나름대로 자료를 제공하고 오픈을 도왔습니다. 전두환 정권 때의 이야기입니다.

자료 제공의 경위에 대해 이제는 이야기해도 되겠지요. 그 무렵 전두환은 군사독재정권으로 일본에서도 평판이 좋지 않았습니다. 독립기념관은 일본의 교과서 검정 문제(1983년), 예컨대 일본의 조선 '침략'을 '진출'로 고쳐 썼다든가 하는, 그런 교과서 문제로 한국과 중국에서는 일본에 대한 비판이 거세게 일어났습니다. 이를 계기로 독립기념관 사업이 진행된 것입니다. 그 무렵 한국에서는 일본에 대한 항의로 택시 기사가 일본인을 태우지 않았다는 이야기도 들었습니다.

그런 움직임이 있을 때, 국민의 애국적인 헌금에 정부가 보조금을 투입하여 독립기념관을 만들게 되었습니다. 독립기념관은 서울에서 100㎞ 정도 떨어진 목천木川이라는 곳에 세워지게 되었지요. 그런데 건물이 생기고 국내 연구자들에게 자료 제공을 요청했더니 많은 연구자들은 전두환의 정책에 찬동할 수 없다며 다들 거부했던 모양입니다.

어느 날 당시 일본의 한국문화원 원장 윤탁尹鐸과 이진희李進熙 선생이 집에 찾아왔습니다. 그때 이진희 선생은 저에게 "사정이 이렇다 보니 자료가 없다. 오픈했을 때, 가장 관심을 갖고 볼 사람들은 일본 외무성과 일본 신문기자일 것이다. 그때 우리가 그동안 애국운동이니 뭐니 떠들었는데 이런 내용으로 과연 독립운동 전시가 가능하겠는가. 그들은 분명 그렇게 말할 것이다"고 말했습니다. 그리고 이어서 "그래서 자네의 생각을 바꾸라는 것이 아니라, 이런 생각을 해 볼 수 없겠는가? 독재자가 만들었지만 관람하는 사람은 한국의 일반 민중이고 어린이들이다. 그들에게 진실을 보여주는 게 중요하지 않겠는가? 그곳에 자료를 제공하는 건 민족적인 행위가 되지 않는가 말야?"라고 말했습니다.

이진희 선생은 그런 취지의 말로 저를 설득했습니다. 저도 그건 그렇다고 공감했습니다. 결국 자료 제공에 한정하여 협력하기로 마음먹었습니다. 저 혼자 자료를 소장하는 것보다 많은 사람들에게 공개해야 자료로서 더 큰 가치가 있다고 판단했기 때문입니다. 자료 제공을 결정하자 독립기념관 관장이 집으로 찾아왔습니다.

한국 도항을 위한 항공권, 입국 수속 등은 모두 독립기념관에서 도맡았습니다. 어떤 의미에서 무심사 통과 형식으로 한국에 들어간 거죠. 그런데 개관 직전에 화재가 발생해서 오픈이 1년 늦어졌습니다. 저는 그 1년 사이 여러 차례 독립기념관에 가서 전시 상태를 둘러보았습니다. 그것이 저의 첫 한국행이었습니다.

그런데 서너 번 한국에 오가던 중, 그쪽 담당자가 일일이 조선 국적으로 특별 입국하는 것보다는 한국 국적으로 바꾸는 것이 어떻겠냐고 제안하더군요. 일본에서 듣기로는 독재정권하의 한국은 굉장히 살벌하다고 들었습니다. 그런데 거리에 나가 포장마차에서 이런 저런 이야기를 나누다 보니 많은 사람들이 저보다 더 과격한 이야기를 아무렇지도 않게 나누더군요. 한국에 저와 똑같은 생각을 하는 사람들이 많이 있다는 것을 알게 되어 한국 국적으로 변경하는 것에 대한 저항이 줄어들었지요. 마침 1988년 올림픽이 서울에서 개막되기 직전이었습니다.

제가 독립기념관에 제공한 자료는 여러 곳에서 모은 것입니다. 제가 대학원생 때 자료를 수집했을 무렵에는 외무성, 재판소 등에서 비교적 자유롭게 열람할 수 있었습니다. 그러나 한일 관계가 점차 정상화되자, 일본은 자기 입장에서 보면 한국에 알려지면 곤혹스러운 자료를 감추기 시작했습니다. 그런 사정으로 독립기념관에는 좀처럼 구하기 어려운 자료도 제공했지요.

한국에는 이진희 선생이 몇 번인가 동행해 주었습니다. 그 무렵의 한국 신문을 보면 알 수 있습니다만, 몇 번인가 취재 기록도 있습니다. 물론 일본 신문은 다루지 않더군요. 독립기념관은 1호관, 2호관, 3호관 등의 형식으로 고대 역사부터 전시하고 있습니다. 물론 독립운동 관련 전시관도 별도로 마련되어 있습니다. 자료를 제공한 후에는 더 이상 독립기념관과의 관계를 유지할 필요가 없어서 그 후의 사정은 잘 모릅니다.

일본 국립대학 재일한국인 채용 제1호

제가 히토쓰바시一橋 대학 교수로 채용된 것은 1989년 4월이었습니다. 모모야마가쿠인桃山学院 대학 교수인 서용달徐龍達 등이 중심이 되어 추진하던 일본의 '국공립 대학에 정주 외국인 임용'이라는 시민운동의 성과이기도 합니다. 제가 히토쓰바시 대학에 채용된 것이 재일한국인 교원 제1호였습니다. 그 배경에는 일본 사회 안에 재일한국인을 차별·배제로부터 공존의 대상으로 바라보자는 움직임이 일어났기 때문일 것입니다.

저의 히토쓰바시 대학 취직 이야기는 사실 1980년 초에도 한 번 있었습니다. 당시 사회학부 학부장이 저에게 교원 초빙을 제안했지요. 그런데 막상 교수회의에서 논의 중에 '외국 국적자는 채용하지 않는다'는 문부성의 통달이 있다는 것을 알게 되었습니다. 학부장은 그 사실을 모르고 임용을 추진했다가 집까지 찾아와 "굉장히 실례했다"고 사과한 적이 있습니다. 이후에도 히토쓰바시에서는 사회학부와 경제학부에서 번갈아 강의를 계속했습니다.

1989년에 '조선사' 교원 채용이 다시 논의되었습니다. 교수회에서 적임자를 물색하다가 저에게 기회가 왔습니다. 교수회에는 제가 아는 사람도 많았기 때문에 엄호 사격을 해 주었지요. 그들은 앞에서도 여러 번 언급한 사이토 다카시斉藤孝의 제자들이었습니다. 사이토 선생은 뒤에서 저를 적극 지지해 주셨지요. 게다가 무엇보다도 학생들의 요구가 높았습니다. 특히 한국 유학생들이 앞장서서 '조선사 교원 유치 운동'을 암암리에 펼쳤습니다. 일본 사회에서의 조선 문제와 한일 관계의 역사를 연구하고 지도할 수 있는 교원의 채용을 학교 측에 요구한 것이지요. 당시 강사는 대학원생 세미나와 논문 지도를 담당할 수 없었기 때문입니다.

제가 처음 임용되었을 때는 3년 임기제였습니다. 당시 외국인 교원들은 대부분 그랬던 것 같아요. 생각해 보면 대학 교원이 입학한 학생들을 사회에 내보내는 기간은 학부는 최소 4년, 대학원을 합치면 10년이 필요해요. 3년 임기로는 제대로 된 교육이나 연구를 할 수 없는 것이지요. 표면상으로는 외국인 교수에게 문호를 개방한다고 말하지만, 실제로는 외국 대학에서 예를 들어 한국이나 중국의 대학에서 교수를 3년간 초빙하는 형식으로 얼마든지 활용할 수 있어요. 그런 의미에서 당시의 외국인 교수에 대한 문호 개방은 일본에 있는 정주 외국인의 채용을 처음부터 염두에 두지 않았던 것입니다.

임기 3년이 지났을 때 제 연임 여부를 둘러싸고 다시 교수회의에서 논의가 이루어졌습니다. 그때 사무국으로부터 심의 중이니 별실에서 대기해 달라고 해서 아주 불쾌한 경험을 했지요.

현재 재일한국·조선인 출신의 일본 대학 교원은 아주 많아졌습니다. 임기제 임용사례도 거의 없어졌습니다. 임기제 임용을 유명무실하게 만든 것은 이루 다 말할 수 없을 정도로 많은 자이니치와 양심적인 일본인의 노력에 의한 것입니다. 대중의 '힘'이 차별을 극복한 것이지요.

관헌 자료를 뒤집어 읽다

히토쓰바시에서 대학원생들과 함께한 작업이 『조선인 학도 출진朝鮮人学徒出陣』(岩波書店, 1997)입니다. 물론 여운형에 대해서는 이전부터 관심이 있었기 때문에 관련 자료를 계속 수집했습니다.

교수가 되자 대학의 대우가 완전히 달라졌습니다. 대학 도서관에 부탁하면 찾기 어려운 자료와 책을 친절하게 수소문해 주었습니다. 재야의 '보따리장수'와는 완전히 달라졌지요. 세미나 학생들과 함께 공동 작업을 할 수 있었습니다. 제가 집필한 책은 취직 이전에도 있었지만, 히토쓰바시에서의 결과물이 더 많습니다. 어떤 면에서 집중할 수 있었다는 거죠. 한 권의 책을 집필하거나 정리할 때는 아무래도 순간적인 집중력이 필요합니다. 집중력이 결여되면 구상을 하더라도 마무리가 어려운 법입니다. 히토쓰바시에서는 대학원생들의 협력과 의견을 들으면서 작업을 진행했습니다. 책 후기에도 적었습니다만, 자료 수집에는 대학원생들의 역할이 컸습니다. 그들도 어디에 어떤 자료가 있는지 실제로 눈으로 보고 확인할 수 있었겠지요.

학생은 일본인도 많았지만 한국에서 온 유학생도 있었습니다. 대학원은 유학생이 더 많았지요. 제가 퇴직할 무렵 첫 제자이자 유학생이었던 이규수李圭洙는 '식민지 지주제와 농민운동'을 주제로 박사학위를 취득했지요. 현재는 히토쓰바시 대학 한국학연구센터에서 다양하고 의미 있는 연구 활동을 펼치고 있습니다. 한국학연구센터는 일본 최고의 한국학 연구 기관으로 성장할 것입니다.

저는 사회학부 '사회사 동양' 전공 소속이었죠. 당시 동양사 교원으로는 미타니 다카시三谷孝와 기야마 히데오木山英雄 그리고 저를 포함해 세 명이었습니다. 미타니와 기야마 선생은 중국사, 저는 조선사를 각각 담당했지요. 학부 강의 내용은 와코와 메이지에서 했던 것처럼 조선에 대해 기초적인 지식이 없는 대부분의 학생의 이해를 돕기 위해 한일관계사를 중심으로 강의했습니다. 학생들에게 보이지 않는 일본사를 스스로 볼 수 있는 힘을 키워주고 싶었지요.

지금은 조선사를 연구하는 젊은 연구자들이 많이 있어요. 제 경우 조선 근대사라는 것은 한국에서 가르치는 조선 근대사와는 다릅니다. 수강하는 학생들은 대학원을 제외하고 일본인 학생들이 많았습니다. 아무 지식도 없는 학생들에게 조선사를 가르치려면 일본과 관련해서 가르칠 수밖에 없습니다. 그러면 일본사에서는 이야기되지 않는 부분의 이면사가 보이게 되지요. 그것이 진실이라는 것을 이해하고 재인식하는 학생들이 늘어났지요. 그래서 학부 세미나 학생들은 다른 학생들과 달리 아주 똘똘 뭉쳐있었지요. 당시 세미나에 참여했던 학생들이 지금도 1년에 두 번 정기적으로 모입니다. OB 모임이 20여 년째 이어지고 있는 셈이지요. 지금은 다들 사회에서 중견으로 자리 잡았습니다. 그중에는 훌륭한 연구자로 성장한 학생도 있지요. 그들의 활약을 기대합니다.

조선 근대사를 연구할 경우, 반전해서 본다는 의미에서도 일본은 자료의 보고입니다. 요컨대 일본이 조선의 식민지 지배에 얼마나 힘을 쏟았는지, 좋든 나쁘든 그 자료가 남아 있습니다. 전쟁 때 불에 타버린 것도 있지만 그래도 남아 있습니다. 식민지 시대에 조선인들이 자신의 과거를 기록으로 남기면 곧바로 붙잡혀 징역을 살기도 했지요. 그러니까 쓰지 않고 일기도 남기지 않습니다. 기록을 남기지 않는다는 것이 독립운동가의 신조입니다. 하지만 일본에서는 그것을 직업으로 하고 있는 계층인 경찰이 있었지요. 특고와 헌병이 그렇습니다. 식민지를 담당한 헌병들이 어마어마하게 있었던 셈이죠. 그들은 상세한 기록을 전부 남기고 있습니다. 물론 불타서 사라진 것도 많지만 타지 않고 남은 기록도 있습니다. 그런 기록을 반전하여(뒤집어) 읽으면 식민지 지배의 배경이 보입니다. 우리가 일기에 남기지 못한 것들이 거기에는 남아 있습니다. 저는 그렇게 보고 있어요. 그런 점에서 조선 근대사라는 것은 일본어를 못하면 안 되겠지요.

관헌 측 자료 연구에는 뒤집어서 읽는 힘이 필요합니다. 때로는 판독하기 어려운 초서체 자료도 있습니다만, 거기에 기록된 것은 어떤 면에서는 진실을 말해 줍니다. 조선인을 욕하거나 무섭다거나 위험하다는 표현이 나열되어 있는데 그것은 지배하는 쪽의 입장에서 쓴 것이지요. 그것을 반전해서 읽으면 어떻게 될까요. 많은 자료는 불에 타서 남아 있지 않습니다. 얼마 전에도 어떤 사람으로부터 "3·1운동으로 학살당한 피해자 명부가 있다는 문장을 봤는데 명부를 본 적이 있느냐"고 묻더군요. 저는 못 본 적이 없기 때문에 '없다'고 대답했지만, 분명 어딘가에 남아 있을 겁니다. 그것은 한 사람 한 사람의 이름을 적은 것으로 관헌은 분명히 그것을 보고 알고 있었겠지요.

제5부

문화센터 아리랑 창설
–
역사와 문화를 배우는 전당

'문화센터 아리랑' 가와구치川口에서 개관(1992년 11월, 오른쪽은 서용달)

다음 세대 자이니치에게 남긴 것

박재일朴載日과의 만남이 문화센터 아리랑 창설의 전사입니다. 앞에서 말했듯이 박재일과는 와코 대학에서의 만남 이후 30년 이상 교류를 지속했습니다. 제가 박재일이 사는 요코하마横浜의 이소코磯子를 방문하거나, 요요기代々木에 있는 우리 집에 초대하기도 했지요. 가족끼리도 잘 아는 사이이지요. 제가 1932년생, 박재일이 1929년생이니 저보다 3살 위였지요. 서로 분야가 다른 두 사람이 깊은 우정으로 사귈 수 있었던 것은 둘의 생각이 비슷했기 때문입니다. 우리에게는 식민지를 경험한 자이니치 2세로 살아온 사람들로서 공통의 시대적 슬픔과 고뇌를 공유하고 있었습니다.

우리는 찌르는 듯한 민족 차별의 대상이었고, 그것을 피하기 위해 어쩌다 어머니와 거리에서 만나면 도망쳐 자취를 감추기도 했습니다. 어머니가 이름을 불러도 모른 체하면서 마치 남처럼 행세한 적도 있습니다. 두 사람 모두 비슷한 체험을 갖고 있었지요.

'천황의 강한 방패가 되어 길을 떠나는 우리!', 황국 소년으로 살았던 중학교 시절부터 1945년 8월 15일 해방의 충격, 민족 교육을 받을 기회가 없었던 소년이 해방 후의 민족과 모국을 눈부시게 바라보면서 느낀 좌절감, 자이니치의 앞을 가로막는 벽과도 같은 일본 사회와의 갈등, 자신이 서야 할 자리는 어디인지, 스스로를 찾는 과정에서의 방황 등 살아온 시기와 경험도 겹쳐져 있었습니다. 그것은 이미 민족적 소양을 지닌 모국 출신의 선배들과는 남다른 감회로 다가왔지요.

두 사람의 교류의 밀도가 높아지면서 주변 친구들과의 관계도 넓어졌습니다. 가지무라 히데키와 박재일의 관계도 이 과정에서 알게 되었지요. 박재일은 가지무라의 조선에 쏟는 넘쳐흐르는 열정과 애정에 강한 감동을 받았습니다. 당시 가지무라는 한국의 민주화 시인으로 알려진 김지하金芝河 구원 활동*을 펼치고 있었지요. 박재일도 가지무라로부터 영향을 받아 요코하마에서 함께 활동하면서 서로 깊은 관계로 발전했습니다. 박재일도 저에게 그의 학우였던 고도섭高道燮을 소개해 주었지요. 그 인연으로 저는 '조선인 학도 출진'에 관한 연구를 시작했지요.

그런 인맥 속에서 사업가 박재일은 다음 세대에 물려줄 것이 무엇인지를 골똘히 생각했습니다. 무엇보다 자이니치가 역사와 문화를 배울 수 있는 전당을 만들려고 했습니다. 스스로 연구할 수 있는 장소와 연구소를 만들자고 두 사람의 꿈이 한껏 부풀어 올랐습니다. 밤늦게까지 시간이 가는 줄도 모르고 이야기를 나누기도 했어요.

두 사람이 모델로 삼은 곳은 분쿄구文京区 오쓰카大塚에 있던 중국연구소입니다. 도서관을 만들어 연구자들을 모으고 연구 성과를 간행해 나간다는 구상을 세웠습니다. 먼저 신주쿠에 '조선 근현대 연구소 준비실'을 설치했습니다. 거기는 잡지 『삼천리』의 편집실이었죠. 『삼천리』 동인이 박재일의 구상에 찬동해 사무실을 빌려준 것입

* 김지하 구원 활동. 김지하는 1970년 박정희 정권하에서 재벌과 국회의원을 통렬히 비판한 풍자시 「오적五賊」을 발표하여 투옥되었고, 1974년 민청 학련 사건에 연루되어 사형을 선고받았다. 일본에서도 구원 활동이 일어나 가지무라 히데키, 쓰루미 슌스케鶴見俊輔, 오에 겐자부로大江健三郎 등이 박정희 정권에 항의 활동을 전개했다. 김지하는 감형되었지만 약 7년간 투옥되었다.

니다. 그동안 『삼천리』가 수집한 자료까지 우리에게 기증해 주었지요. 첫 번째 자산이 생겨 매우 뿌듯했습니다. 우리는 그 공간을 근거로 구체적인 건설 계획을 세워 나갔습니다.

그런데 1989년에 가지무라 히데키가 급서했습니다. 박재일은 가지무라의 갑작스런 죽음 앞에 통탄해 마지않았습니다. "자이니치는 가지무라 히데키 씨를 결코 잊어서는 안 된다"며, 박재일은 문화센터 아리랑의 구상 중에 가지무라의 추도 시설을 만들겠다고 했지요.

문화센터 아리랑은 1989년 8월 사이타마현埼玉県 가와구치川口에 있는 박재일의 옛집에 짓기 시작했습니다. 이후 도서관에는 가지무라 히데키의 장서와 개인 문서를 비롯해 다가와 고조田川孝三와 강재언姜在彦 문고 등이 기탁 기증되어, 사설 조선 관계 도서관으로서는 양질 모두 일본 최고라는 평가를 받을 정도였습니다.

'어머니에 대한 속죄'의 마음으로

문화센터 아리랑은 1992년 11월 7일 개관했습니다. 신문에 "관동에 '자이니치 문화'의 거점, 문화센터 아리랑 오픈"이라는 제목으로 크게 보도되었습니다. 사이타마현 가와구치의 주택가 안에서 눈길을 끄는 지상 3층 건물입니다. 1층은 조선과 관련된 신문과 잡지가 가득하고 강연회나 작품전을 개최할 수 있는 공간도 있습니다. 지하는 약 25,000권의 장서를 소장한 도서관입니다. 2층은 사무실과 박재일의 어머니 주거 시설, 그리고 3층은 한국에서 온 유학생이나 연

1992년 11월 7일, 개관식에서 인사를 하는 박재일

(『朴載日追悼文集』에서)

구자들이 이용할 수 있는 숙박 시설로 설계되었습니다.

박재일은 2층에 어머니의 거실을 만든 이유를 말한 적이 있습니다. '어머니에 대한 속죄의 마음'이라고 말했지요. 그는 "어릴 때는 민족의상인 치마저고리를 입고 조선인을 감추지 않고 드러내시며 당당하게 외출하시는 어머니가 부끄러웠어. 나는 차별받기 싫어서 어머니로부터 떨어져 걸었지. 이 나이가 되어서 비로소 어머니께 속죄할 수 있는 것 같다"며 과거의 자신의 마음을 속죄하며 부끄러워했습니다. 지금도 그 말을 잊을 수 없습니다.

어머니를 멀리하면서 '일본화'를 시도한 것에 대한 깊은 반성과 효심의 발로가 문화센터 아리랑으로 결실을 맺은 것이겠죠. 박재일은 일본에 유학한 젊은 연구자들이 한국에 돌아갔을 때의 일까지 생각해 서울에 연구 거점을 마련할 수 있도록 빌딩을 소유하고, 서울 교외에 광대한 토지를 구입하기도 했어요. 정말 자신의 모든 것을 이 계획에 쏟아부었지요.

문화센터 아리랑은 개관과 동시에 제가 연구 부문을 맡아서 '조선근대지역사료연구회'와 '강제연행연구회'를 시작했습니다. 젊은 연구자들과 유학생들이 참가했지요. 연구 모임 이외에도 '코리아어 강좌'와 '공개 문학 강좌' 등도 개설했고, 때로는 일본 속의 조선을 테마로 한 야외 학습과 답사 등을 실시했지요.

개관 3년째인 1995년에는 해방 50주년 기념 심포지엄을 지역 공민관에서 개최했습니다. 주제는 '지역에 살아온 조선인'이었습니다. 가와구치 지역의 자이니치 문제를 다룬 영화, 「큐폴라가 있는 거리キューポラのある街」도 상영했지요. 문화센터 아리랑에서는 연구자만이 아니라, 자이니치와 지역의 일본인도 적극 참여하는 열기에 넘친 모임을 마련하고자 노력했지요.

그 후 연구회가 발족되어 새로운 멤버가 참가했습니다. '차별과 폭력의 역사 연구회'는 지금도 계속되고 있습니다. 이 당시 멤버들은 현재 일본과 한국의 대학, 연구소에서 연구와 교육에 매진하고 있습니다. 문화센터 아리랑에서 성장한 많은 연구자들은 지금도 설립 당시의 정신을 이어받아 각자의 자리에서 활발한 활동을 전개하고 있지요. '조선근대지역사료연구회'는 주오中央 대학에서 연구 모임을 계속 진행하고 있고, 한국 유학생 김광렬金廣烈은 재일조선인사의 중요성을 깨닫고 대학원 시절부터 박경식 선생의 '재일조선인사 연구회' 멤버로서 연구를 지속하고 있습니다.

문화센터 아리랑의 신주쿠 이전

2008년 6월, 박재일이 급서하여 우리는 큰 슬픔에 싸였습니다. 그가 돌아가시기 전, 민단으로부터 아자부麻布에 재일역사자료관을 설립하자는 이야기가 나와 문화센터 아리랑에 임원 10여 명이 시찰하러 왔습니다. 이후 민단에서는 아리랑도 포함해서 새로운 자료관을 만들자고 제안했지요.

그래서 제가 역사자료관 준비 위원회 위원장으로, 박재일은 부위원장이 되어 준비에 착수했습니다. 그러나 박재일은 아자부에 '재일한인역사자료관'이 개설된 지 얼마 되지 않아 급서했습니다.

이후 여러 우여곡절이 있어 가와구치의 문화센터 아리랑은 이사를 하게 되었습니다. 새로 이전할 곳을 많이 찾아다녔죠. 폐교된 학교를 검토하기도 했지만, 마지막으로 신오쿠보新大久保에 있는 대형 슈퍼 '한국광장韓国広場'을 운영하는 김근희金根熙와 상담했습니다. 그는 히토쓰바시 대학 당시의 제자였지요. 결국 그의 호의 덕분에 시세에 비해 파격적인 조건으로 공간을 빌리게 되었습니다. 그는 문화센터 아리랑의 이사이기도 합니다.

현재 문화센터 아리랑은 신오쿠보에 있는 제2 한국광장 건물 8층에 위치해 있습니다. 사무실과 일부 도서관 기능을 담당하고 있지요. 방대한 장서는 미사토三郷에 있는 별도 공간에 보관하여 목록 작업을 계속하고 있습니다. 아리랑의 이전 과정에는 고려박물관의 관장이었던 송부자宋富子의 노력이 컸습니다. 이후에도 아리랑의 재정 부문을 맡고 있어요. 감사한 일입니다.

신오쿠보는 어디까지나 임시 거처입니다. 설립 당시의 내용을 갖

현재의 문화센터 아리랑

(『アリラン通信』**에서**)

춘 충실한 시설의 부활을 바라고 있습니다. 중요한 서적이나 자료를 많은 사람들이 이용할 수 있도록 노력해야겠죠.

현재 문화센터 아리랑에서는 테마를 정한 연속 강연회를 개최하고 있습니다. 2020년도의 테마는 '현대 한일·조일 관계의 가시棘'입니다. 1965년의 한일기본조약에 대한 역사적·현대적 고찰이지요. 총 8회 연속 강좌입니다. 올해는 코로나 때문에 온라인으로 개최하고 있습니다. 연구 활동으로는 '차별과 폭력을 생각하는 모임', '여성사 연구회', '조선 근현대사 독서회', '금요 학습회', '한글로 그림책을 읽는 모임'이 있고, 그밖에도 뉴커머 아동을 위한 '잡초 교실' 등도 개최하고 있습니다.

일본의 길모퉁이에는 반드시 조선이 있다

히토쓰바시 대학을 퇴직한 후 시가현립滋賀県立 대학으로 자리를 옮겼습니다. 어느 날 그 대학 학장으로부터 '와 달라'는 연락을 갑자기 받았지요. 전혀 기대하지 못한 제안이었어요. 저에게는 아닌 밤중에 홍두깨였지요.

현립 대학에서도 한일관계사를 중심으로 강의했습니다. 예를 들면 민비 사건, 명성황후 시해 사건*이지요. 이 사건에 대해 일본에서는 외교사 전문 서적에도 거의 언급되지 않습니다. 교과서에는 물론 나오지 않지요. 당시 사건의 주역을 맡은 미우라 고로三浦梧楼는 황족 교육 기관인 가쿠슈인学習院의 원장 출신이지요. 일본에서 범죄자이기는커녕 유공자가 되어 있어요. 교과서에는 전혀 등장하지 않아요.

강의 중에 저는 학생들에게, "자네, 명성황후 시해 사건 알고 있나?"라고 묻습니다. 학생들은 거의 모릅니다. 저는 쉽게 설명하기 위해 약간 과장된 사례를 들어 설명하곤 합니다. 예를 들면, 미국의 주일 대사가 일본에 있는 미국인 불량배 또는 군대와 경찰을 이끌고 황궁으로 쳐들어가 황후를 시해한 것과 같은 사건이라고요. 왜 교

* 명성황후는 제26대 국왕·고종의 왕비. 1895년 10월 8일, 공사로 취임한 미우라 고로三浦梧楼 등의 계획에 따라 왕궁에 난입한 일본 수비대, 공사관 경찰, 대륙 낭인, 일본인 경영의『한성신보漢城新報』패거리들, 일본 거류민 행동대가 왕궁을 습격하여 명성황후를 죽이고 왕궁 밖 소나무 숲으로 옮겨와 장작을 쌓아올려 놓고 불태웠다. 이를 목격한 두 명의 서양인의 증언으로 사건의 진상이 알려지자, 일본 정부는 미우라 등 48명의 일본인을 본국으로 소환하여 재판을 연출하지만 이듬해 1월 전원 무죄로 석방되었다.

과서에 이런 사건이 서술되어 있지 않는지 생각해 보라고 말하지요. 일본사가 빠뜨린 것을 짚어주는 거죠. 이런 것들을 빠뜨리는 건 역사가 아니기 때문입니다.

갑오농민전쟁에 대해서도 마찬가지입니다. 최근에는 용어가 약간 바뀌었습니다만, 일반적으로 '동학당의 난'으로 불렸습니다. 그런데 이는 종교의 난이 아닙니다. 그야말로 어찌 보면 한 나라의 운명을 바꿀 수 있는 혁명사입니다. 그걸 일본군이 토벌한다는 게 도대체 무슨 소리냐고 문제를 제기하지요. 일본군은 농민군을 도둑賊이라고 말했지요. 동학비東学匪 또는 비적匪賊이라는 인식 위에서 학살을 감행한 거예요. 그게 무슨 일인가에 대해서는, 예를 들어 일본에 미군이 진주한 다음 일본에서 혁명이 일어나면 미군이 출동해 죽인 것과 동일한 것이라고 설명했습니다. 그러면 학생들은 잘 이해하지요.

다이쇼 데모크라시에서도 데모크라시라는 것은 범주와 정의에 문제가 많습니다. 데모크라시 안에 그 어디에도 3·1운동에 대한 서술은 없습니다. 3·1운동은 일본 통치하에서 일어났습니다. 따라서 데모크라시를 주장한 사람들은 당시 일본의 정치에 대해 어떤 발언을 했는가가 중요합니다. 그들은 왜 아무 말도 하지 않고 데모크라시를 꺼내 들었을까, 과연 다이쇼 데모크라시라는 것은 무엇인가를 논의해야 하는 문제이지요.

조선에 대한 통치 지배를 제외하고 일본의 역사, 근대사는 성립되지 않는다는 점을 잘 설명해야 학생들이 잘 이해합니다. 그런 점에서 제 강의는 학생들에게는 조금 색다른 강의였을 거예요.

교과서 문제가 일어났을 때, 일본에서 이에나가 사부로家永三郎

의 교과서 재판이 있었지요. 저도 그 교과서를 읽어보았어요. 그런데 내용 중에 1876년 조선과 일본 사이에 체결된 '조일 수호 조규'를 '일선日鮮 조약'으로 기술하고 있어요. 저는 학생들에게 "일선 조약이라니 도대체 이게 뭘까요?"라고 묻습니다. 일본이 다른 나라와 조약을 맺을 때, 일본의 '일' 자는 당연히 앞에 들어갑니다. 예를 들어 일미日米 조약, 일불日仏 조약, 일독日独 조약 등 상대국의 첫머리 글자를 사용합니다. 그런데 왜 조선만 '조'가 아니라 '선'을 사용했는지 이상한 일이에요. '선'을 쓴다면 '본선本鮮 조약'으로 해야겠지요. 양심적인 학자로 알려진 이에나가 사부로조차 이런 인식입니다. 이런 사례를 제시하면 학생들은 비교적 쉽게 이해합니다. 어떻게 조선이 제외되어 갔는가를 인식하는 것이 중요하지요.

또 하나 중요한 점은 근대 일본의 길모퉁이에 조선이 있다는 것입니다. 그동안 저는 이것을 반복해서 강조해왔습니다. 근대 일본의 길모퉁이에는 언제나 조선이 있어요. 이것은 현재도 마찬가지입니다. 일본의 약점은 바로 여기이지요.

시가에 있을 때 간행한 책은 『조선인 학도 출진 - 또 하나의 해신의 소리를朝鮮人学徒出陣-もう一つのわだつみのこえ』(岩波書店, 1997)입니다. 그 무렵 일본에서는 전몰 학생 기념회가 엮은 유고집, 『들어라 해신의 소리를きけ わだつみのこえ』이 한창 거론되었습니다. 청춘을 학도 출진으로 허망하게 보냈다는 이야기였지요. 학도로 출진한 일본인이 남긴 기록은 많이 있습니다. 그들의 기록을 전부 검토한 것은 아니지만, 거기에 조선인 동료가 있었다는 사실은 거의 언급되어 있지 않았습니다. 이상하다고 생각했지요. 일본의 학도 출진은 약 10만 명 정도였고, 그 가운데 약 5천 명은 조선인이었습니다. 따라서 당시 어느 부

『朝鮮人学徒出陣-もう一つのわだつみのこえ』
(岩波書店, 1997)

대이든 분명 조선인 병사가 배치되었을 겁니다. 그런데 그 문제를 언급한 일본인 학도병은 아무도 없었습니다. 이것이 제 의문 가운데 하나였지요. 『들어라 해신의 소리를』은 쓰라린 청춘을 기록한 책입니다. 많이 팔렸지요. 싫은데 끌려 나가서 일본군이 된 조선인의 마음은 어떠했을까요?

조선인 학도 출진을 조사해보니 여러 자료가 나왔습니다. 특히 조선 국내에서는 엄청난 폭풍이 휘몰아치는 형태로 진행되었다는 것을 알 수 있었습니다. 학도 출진은 당시 젊은 학생들의 비극이자 동시에 거기에는 친일파 문제도 연관되어 있습니다. 조선총독부만 선동한 게 아니라, 친일파라는 조선인 중 일부 반역자들이 열심히 전쟁을 미화해서 젊은이를 내보냈다는 것이지요. 그들은 해방 후에도 정권을 잡았습니다. 이게 도대체 어떻게 된 일일까요? 제 문제의식은 여기에 있습니다.

자료를 찾아보니 그들이 쓴 억울한 기록들이 많이 발견되었습니다. 체험자로부터도 많은 이야기를 들었습니다. 당시 언론이나 총독부의 정책과 관련해서도 여러 기록이 남아 있지요. 그들은 젊은이들을 전쟁터로 내몰아내면서 온갖 거짓을 늘어놓았습니다. 전쟁에 나가면 대동아공영권을 만드는 일본인이 될 수 있다고 선동했지요. 그런데도 전후 처리는 아무것도 이루어지지 않았습니다. 제 책에 그런 것들을 기록했지요.

시가에 있을 때 이 책을 출간하면서 동시에 여운형과 관련해 세미나 학생들의 도움을 받아서 관련 자료를 조사했습니다. 대학에서 감사하게도 연구비가 나와서 학생들에게 자료 복사 등 아르바이트 비용을 지급할 수 있었습니다. 대학에도 감사한 마음이었습니다.

고국을 향한 무덤

시가에 있을 때, 여름 방학을 이용해 두 번 정도 오사카大阪와 고베神戸를 돌아다닌 적이 있습니다. 자이니치가 밀집해 있는 나가타長田와 산노미야三宮, 이쿠노生野의 냄새를 맡으며 혼잡한 골목길을 걸었습니다. 세이큐青丘 문고와 고베 학생청년센터, 이쿠노 조선 도서실 등 작지만 확실한 문화 시설이 있어 민족이 살아 있다고 느꼈지요. 도쿄와는 좀 다른 느낌이 들었습니다.

이때 우연히 두세 군데의 묘지에 갔습니다. 무덤을 발견해 아마도 자이니치의 무덤이라는 느낌이 들어 들렀습니다. 무덤은 하나만

이 아니라 여러 개 모여 있어 둘러보니 주변에는 자이니치의 무덤뿐이었죠. 무덤들은 모두 오사카 평야를 내려다보고 있었고, 서쪽을 향해 있었어요. 제가 보기에는 서방정토의 사상이 아니라 고국을 향하고 있는 것이 분명했습니다. 묘비명을 꼼꼼히 읽어 보니 묘지 대부분이 약 20년 전인 1970년대에 만들어졌음을 알 수 있었습니다. 해방 전의 것은 없어 자이니치의 역사와 깊이를 느꼈지요. 시간의 흐름과 풍화를 생각했지만, 또 하나의 발견도 있었습니다. 묘지에는 무궁화와 코스모스가 피어 있었습니다. 묘석에는 전부 본명이 새겨져 있고, 본관, 출신지, 도일의 유래, 묘를 쓴 후손의 현주소, 유족의 이름까지 열거되어 있었습니다. 통명을 붙인 것은 하나도 없었습니다.

오사카는 서민의 도시이면서 차별 의식이 강한 사람들이 많이 생활하는 곳이었습니다. 그래서 자이니치는 자신을 숨기기 위해 어쩔 수 없이 통명을 사용하기도 합니다. 저도 어릴 적부터 또래와의 놀이 속에서 많은 차별과 편견, 멸시를 일상적으로 느껴왔습니다. 그런 저에게 묘지에서 발견한 민족성, 묘석의 본명 선언은 놀라움이기도 했습니다. 본명으로 일본에 와서 통명으로 살아오다 죽은 후에 본명으로 되돌아온 것입니다. 통명만을 알고 있는 사람이 묘 앞을 지나가도 그것이 누구의 묘인지 알 수 없을 것입니다. 이런 생각을 하니 자이니치란 무엇인가? 잠시 머무는 임시 거처인가? 그것으로 과연 좋은가? 온갖 상념들이 떠올랐습니다. 슬픔인지 분노인지 알 수 없는 묘한 기분이었습니다.

박경식 문고의 설립 경위

시가현립 대학에는 박경식 문고가 있습니다. 생전에 박경식은 여러 유지들과 평생 모은 자료를 바탕으로 자료관을 만들려고 애썼습니다. 하지만 방대한 자료를 한 곳에 모을 수 있는 자료관을 세우는 작업에는 비용이 많이 들기 때문에 여러 어려움에 직면할 수밖에 없었습니다.

문화센터 아리랑의 박재일에게도 자료관 건립과 관련하여 의견 교환이 있었습니다. 박재일은 박경식의 업적과 열성을 조금이라도 남기고자 가능하다면 아리랑이 직접 소유하고 싶어 했습니다. 하지만 그 무렵 일본 경제의 불황으로 그 역시 재정적으로 어려움에 직면했습니다. 박경식 문고는 이룰 수 없는 꿈처럼 보였습니다.

그러던 중 박경식이 갑자기 세상을 떠났습니다. 만약 자료를 하나하나 고서점에 팔았다면 유족은 상당한 대가를 받았을 것입니다. 하지만 유족은 자료의 분리 매각을 원하지 않았습니다. 또 박경식과 재일조선인 역사를 함께 연구해 온 그룹도 자료를 소중하게 보관하고 싶다는 희망이 강했습니다.

자료를 어떻게 할 것인지 위원회를 만들었습니다. 저도 거기에 참여했지요. 유족은 조총련과 연관되는 것을 강하게 반대했습니다. 민단 측에서도 유력자가 나타나 자료 문제가 해결될 수 있지 않을까 하는 이야기도 나왔습니다. 시미즈清水에 사는 김홍무金弘茂라는 민족단체에 공헌한 사람이 여러 움직임을 보였지요. 하지만 건물을 새로 세우는 작업은 역시 힘에 벅찼습니다. 보관하는 것에도 비용이 많이 들고, 어느 정도의 사례금을 유족에게 전달해야 할지의 문제도 있어 결국 무산되고 말았습니다.

그래서 먼저 박경식의 사무실과 집에 있던 자료를 모두 가와구치의 문화센터 아리랑 3층으로 가지고 왔습니다. 박경식이 그동안 빌려 사용하던 사무실을 정리할 수밖에 없었기 때문입니다. 이 일을 도맡은 사람은 박재일이었지요. 관계자들은 모두가 앞으로 어떻게 할 것인지 논의했습니다.

문고 설립을 둘러싸고 몇 군데에서 유치 의사를 표명했습니다. 하나는 자이니치가 많이 거주하는 가와사키시川崎市였고, 또 한 군데는 와세다早稲田 대학이었습니다. 하지만 모두 유족에 대한 사례금은 지급될 수 없었습니다. 자료를 정리하고 목록을 만드는 작업에도 많은 비용이 들어가기 때문이었죠.

이야기가 약간 앞으로 되돌아갑니다만, 제 아들 혼인식에 시가현립 대학의 학장이 하객으로 참석했습니다. 그때 피로연 석에서 앉은 자리와 가까워서 학장을 박경식에게 소개했습니다. 학장은 그곳에서 박경식을 처음 만났고, 아마도 자료관 건립을 둘러싼 움직임에 대해 이야기를 나누었을 겁니다. 시가현립 대학이 세워질 때 저도 참여해서 아시아학과를 만들었습니다. 그 당시 대학의 방침은 동아시아에 중점을 두자는 것이었죠. 저는 신설 대학이 경쟁력을 갖추기 위해서는 무엇보다 다른 대학이 하지 않는 것을 중시해야 한다고 제안했습니다. 특히 조선은 매우 중요하다고 강조했습니다. 교수회에서도 저의 제안을 수용했습니다. 조선 관련 교수로는 저를 비롯해 조선 고대사 전공의 다나카 도시아키田中俊明 선생도 있었지요. 대학은 우랄 알타이, 티베트, 몽골, 조선 등 중국 주변에 주목한 것입니다.

시가현립 대학의 '박경식 문고'

(관내 열람 한정, 사진 제공: 가와 가오루)

저는 히토쓰바시를 퇴임하고 시가현립 대학에 부임했습니다. 부임한 지 3~4년 즈음에 대학원을 설치하자는 논의가 제기되었습니다. 저는 조선사 전공 대학원 코스를 만들자고 제안했지요. 다행이 교수회에서 받아들여졌습니다. 마침 그때 박경식 선생이 서거하셨고, 그의 자료 문제를 둘러싼 논의가 이루어졌습니다. 교수회에서의 자세한 논의 과정은 모릅니다만, 제가 제안한 박경식 장서를 대학이 받아들이기로 결정했습니다.

당시 대학은 박경식 장서를 근간으로 간사이關西 지역에서 조선사 연구의 거점을 만들려는 구상이 있었습니다. 하지만 시간이 흐름에 따라 초창기 건학에 참여한 교수들의 퇴임과 함께 상황이 바뀌었습니다. 박경식 문고를 유치한 것은 좋았지만, 그것을 적극적으로 이용하지 못하는 것이 지금의 현상인 것 같습니다. 장소가 외진 곳이

라 좀처럼 이용되고 있지 않다는 것도 유감입니다. 지금은 가와 가오루河かおる가 박경식 문고를 관리하고 있습니다만, 이전에 비해 학내에서 조선사에 대한 관심도 줄어든 것 같아 아쉽습니다.

박경식 문고가 시가로 가게 되자 매스컴도 관련 보도를 쏟아 냈습니다. 당시는 한일 관계가 지금에 비해 매우 좋았습니다. 조선 문제가 중요하다는 인식이 사회적으로 공유되었지요. 여러 대학에 조선어·한국어 어학 교실이 많이 생겨나고 전공자가 부족한 그런 시대였습니다. 그런 시기에 박경식 문고가 대학에 만들어져 천만다행이었습니다. 이후 대학에서는 강재언 선생의 장서도 함께 받아들였지요.

박경식 문고가 시가로 가게 되자 여러 목소리도 들려왔습니다. 지리적으로 멀리 떨어져 귀중한 자료를 열람하기 힘들다는 아쉬움이었죠. 누군가는 저에게 "강덕상! 네가 이런 일을 추진했느냐!"는 비판의 소리를 들은 적도 있습니다. 한국에서도 대학이 지급한 유치 비용보다 유리한 조건을 제시했습니다만, 결국 유족의 의향을 중시해 시가현립 대학으로 결정되었습니다. 2000년을 전후한 상황이었습니다.

시가에는 7년 정도 재직했습니다. 대학 설립 멤버로 특별히 70세 정년이었습니다. 지금 생각해보니 10년만 더 젊었어도 상황이 조금 다르게 전개되었을 것이라 생각합니다. 대학에 연구직으로 있는 것과 없는 것은 하늘과 땅 차이라는 것을 새삼 알았습니다. 대학의 연구 시설을 사용할 수 있었고, 학생들은 손발이 되어 주었습니다. 연구자들끼리는 사이는 좋았지만 모두 라이벌 관계여서 서로 돕지는 않았지요. 강의를 준비하면서 스스로 많이 공부했습니다. 하나하나의 역사적 사실에 대해 다시 한번 확인하면서 수업을 준비했지요. 그건 상당히 다른 겁니다. 새로운 연구의 축적 기간이었습니다.

재일한인역사자료관 설립

2002년 2월, 노무현 정권이 들어설 무렵이었습니다. 한국은 정권이 바뀌면 모든 것이 한꺼번에 바뀌더군요. 민단 안에서도 조총련은 도서관은 물론이고 대학도 갖고 있는데, 왜 민단에는 그런 시설이 없는가 하는 반성의 목소리가 나왔습니다. 그래서 '재일 동포 21세기 위원회'라는 것을 만들었습니다. 위원회는 박경식 장서를 시가현립 대학으로 유치한 저를 불렀지요. 일본의 대학으로 자료가 들어간 것에 대한 어떻게 보면 후유증이었어요. 대학에 그런 식으로 처리한 저를 '나쁜 놈'으로 취급하려는 분위기도 있었지만, 박경식 자료를 왜 민족 단체가 보관하지 못했는가에 대한 반성이기도 했습니다.

민단 간부들이 '역사자료관'을 만들고 싶다며 저를 찾아왔습니다. 민단에서는 "자료관을 만들고 싶다. 한국 중앙 회관을 개조해서 만들려고 한다. 예산은 이 정도이니 당신이 추진해 주었으면 좋겠다"고 제안했습니다. 저는 의미 있는 일로 받아들여 수락했습니다. 다만 "여기는 도서관이라는 형식으로 해서는 안 된다. 도서라는 것은 주로 연구자들이 이용한다. 자이니치를 더 알리기 위해서는 자이니치의 생활 문화를 제대로 전시할 수 있는 장이 되어야 한다"고 말했습니다. 이런 저의 제안에는 배경이 있습니다. 세월이 흐르면서 자

관내에 재연된 온돌방
(사진 제공: 재일한인역사자료관)

이니치 1세가 사라짐에 따라 그들의 유물도 자연히 없어집니다. 저는 그것들을 확보해 전시하는 것이 매우 중요하다고 판단했습니다. 물론 도서도 갖추어야 하지만 자이니치 관련으로 한정해야 한다고 말했지요. 그렇지 않으면 끝이 없으니까요. 논의 끝에 제가 위원장이 되었고, 부위원장을 박재일에게 부탁했습니다. 이렇게 민단 주도의 자료관 설립 사업이 추진되었지요.

우리는 귀한 자료가 어느 집에 있을 것이라는 이야기를 들으면 어느 정도 검토를 마치고 전국을 돌아다니며 찾아다녔습니다. 하지만 사정은 예상과는 달랐습니다. 돌아온 대답은 "좀 더 빨랐더라면", "1세가 살아계셨을 때는 있었지만", "처분해 버렸다"는 등 아쉬움의 연속이었습니다. 그런 일이 참 많았어요. 하지만 개관에 맞추어 마지막에는 어떻게든 자료를 모을 수 있었습니다. 구할 수 없는 것은 복원했습니다. 온돌방은 저도 어릴 적 직접 보고 살았기 때문에 나름 재현했지요. 지금 전시되고 있는 온돌방은 먼저 온돌방을 만들고

'열도 속의 아리랑' 서울전 포스터
(2012년 8월 10일~9월 30일, 자료 제공 : 재일한인역사자료관)

거기에 자이니치 1세들이 갖고 있던 가재도구를 두는 형태로 복원한 겁니다.

자료관 사업은 2000년부터 본격적으로 시작되었습니다. 문화센터 아리랑 스태프는 초창기 2년 정도 함께 참여해 주었습니다. 자료관은 도서관이라기보다는 박물관입니다. 박재일이 부위원장으로 참여한 연유는 박경식 문고를 보존할 수 없었던 아쉬움 때문이었습니다. 그는 박경식 문고의 정신을 자료관 건립을 통해 구현하고 싶었던 것이지요.

2년인가 2년 반 정도의 조사위원회 활동을 거친 뒤 드디어 자료관이 개관되었습니다. 저는 초대 관장을 맡게 되었습니다. 그러니까 문화센터 아리랑 관장과 겸무였지요. 자료 조사, 준비, 리모델링 비용 등의 예산은 한국 정부가 지원했습니다.

자료관은 개관 이후 홍보를 위해 민단 지부별로 순차적으로 자료를 전시하면서 후쿠오카福岡, 나고야名古屋, 오사카大阪 등지를 순회했습니다. 이 과정에서 각 지역에 산재한 다양한 자료들도 수집되었어요. 규슈九州의 민단 지부는 각 지역에 전부 조직되었지만 후쿠오카가 중심이었죠. 시모노세키下関는 자이니치가 많이 거주하는 지역이라 별도로 개최했습니다. 그 외에도 히로시마広島, 센다이仙台, 삿포로札幌에서도 개최하여 오고가는 일에 힘들었어요. 한국 서울에도 갔었지요.

한국에서의 자료 전시는 한 달 반 동안 이루어졌습니다. 서울역사박물관이 주최하고 예산도 전부 부담하여 성황리에 마칠 수 있었지요. 저희들은 자료만 서울로 운반했습니다. 나머지는 한국 측에서 전부 도맡아 주었습니다. 자료 중에는 한국에서 보기 힘든 것, 예를 들어 자이니치가 빨래할 때 사용하던 다듬잇돌 등 요즘 한국에서 쉽게 볼 수 없는 것들을 가져갔지요. 관람자들도 흥미롭게 자이니치의 생활상을 느낄 수 있었을 겁니다.

자료관의 명칭은 논의 끝에 '재일한인역사자료관'으로 결정했습니다. 국가가 아니니 '한국'이라고 붙일 수 없었지요. 그렇다고 조선자료관이라고도 할 수 없었습니다. 고심 끝에 '한인'을 붙이기로 했습니다. '한인'이라면 남북한을 포섭할 수 있습니다. 이 결정에 대해 주변에서 상당한 저항이 있었습니다. 그래서 저를 '수박'이라고 부르는 사람들도 있습니다. 겉은 파랗지만 속은 빨갛다는 것이지요.

자이니치의 입장에서 분단된 조국을 바라보면 국가와 민족을 나누어 생각할 수밖에 없습니다. 자료관에는 일본의 민족학교에 대한 탄압 자료 등 조선학교 관련 자료도 많이 있습니다. 자료를 수집하면서 "왜 자료관에 조선학교 것을 가지고 오느냐"는 이야기도 많이 들었습니다. 하지만 저는 자료관은 민단과는 별개의 단체라는 점을 강조했습니다. 물론 자료관은 민단을 통해 한국 정부로부터 보조금을 받습니다만, 민단하고는 다른 단체니까 간섭하면 안 된다고 판단합니다. 그래서 자료관에는 별도로 이사장도 있고 관장도 있지요. 저는 직원에게 자료관은 민단과는 다른 단체이기 때문에 민단의 말을 들을 필요는 없다고 말하곤 했습니다.

자료관 기획전과 군함도

그중에서도 특히 잊을 수 없는 것은 제8회 기획전입니다. 자료관은 2011년 10월 4일부터 12월 24일까지 「하야시 에이다이 사진전 '군함도·조선인 강제 연행의 기억'」을 실시했습니다.

하야시 에이다이林えいだい*는 은폐되어 마치 없던 일처럼 된 과거를 발굴한 훌륭한 연구 업적을 남겼습니다. 그의 연구 방법은 체험자들의 증언 수집, 이른바 '증언 채록'입니다. 생존자는 물론 이름이 알려진 '죽은 자'와 그 유족에게 보낸 편지, 그리고 사찰에 남은 유골 조사, 관공서의 사망 신고서, 화장 허가서 등을 발굴하고 분석했지요. 이와 병행해 말하자면 가해자 측 회사의 노무자나 전 경찰, 특고 등으로부터 증언도 활용하여 역사적 사실에 입체감을 부여했습니다.

'증언 채록'은 결코 쉬운 일이 아닙니다. 당사자는 모두 노인이고 약속한 날 찾아갔더니 장례식 날이었던 적도 있었다고 합니다. 시간과의 싸움입니다. 또한 제3자인 하야시 에이다이가 당사자의 피해자 의식과 가해자 의식을 풀어주고 마음을 열게 하는 신뢰 관계를 얻기까지 기울인 배려는 정말 높이 평가해야 합니다. 특히 하야시는

* 후쿠오카현福岡県 가와라초香春町 출생의 기록 작가. 아리랑 문고 주재. 철저한 증언 청취 조사로 공해, 조선인 강제 연행, 차별, 특공대 등 민중을 고통에 빠트린 어둠의 역사를 폭로했다. 요미우리 교육상(1967년), 아사히·밝은 사회상(1969년), 청구 출판 문화상(1990년), 평화·협동 저널리스트 기금상(2007년) 등을 수상. 업적으로는『清算されない昭和朝鮮人強制連行の記録』岩波書店,『大刀洗さくら弾機事件』新評論,『《写真記録》筑豊·軍艦島 朝鮮人強制連行, その後』弦書房 등이 있다.

노무나 특고 출신의 이야기를 청취하려다 처음에는 수없이 문전 박대당했습니다. 결국 두터운 신뢰 위에서 "너라면 얘기해도 좋겠다"는 믿음을 얻기까지 그의 오랜 노고가 있었음을 잊지 말아야 할 것입니다. 그의 저작에 수록된 수백 점의 귀중한 노동 현장 사진과 「노무 일지」 등 일급 자료의 상당 부분은 전직 노무와 경찰이 제공한 것입니다. 어느 하나를 보더라도 '진실'을 밝히려는 그의 불굴의 정신이 상대방을 설득한 성과입니다. 특히 일본에는 조선에 대한 뿌리 깊은 차별 의식, 이유 없는 감정적 반발이 횡행했기에, 그의 노고는 이루 말로 다할 수 없는 인간적 노력이 담겨 있습니다.

저는 2010년 9월 8일 군함도軍艦島에 간 적이 있습니다. 수로 왕복 40㎞, 3시간의 짧은 여행이었습니다. 바다로 나가 동서 160m, 남북 400m의 인공섬이 시야에 들어오자 광부들의 숙소, 관리탑과 적출 시설 등 외관이 예전의 해군 군함 '도사土佐'와 비슷해 별칭으로 군함도로 부른다는 설명이 흘러나왔습니다. 상륙하자 20명 정도의 그룹으로 나뉘어 나가사키현長崎県 촉탁이라는 사람의 인솔 아래 30분 정도 폐허가 된 시설들을 한 바퀴 둘러보았습니다.

인솔자의 입에서 나오는 설명은 일본 근대화의 산업 유적지로서의 의미, 군함도에서 일한 광부는 가장 높은 월급을 받고 가족은 고층 아파트에서 최고의 문화적인 생활을 누렸다는 것을 강조하더군요. 왜곡된 일방적인 설명이었습니다. 조선인과 중국인에게는 감옥도監獄島이자 바다 밑의 가혹한 노동 현장이었다는 것에 대한 언급은 단 한 마디도 없었습니다. 하야시 에이다의 저서 『《사진 기록》 지쿠호·군함도 조선인 강제 연행《写真記録》筑豊·軍艦島 朝鮮人強制連行』에 나오는 강제 연행의 실상은 가려진 것이지요.

저는 이 잔해야말로 강제 연행의 증거물이라고 직감했습니다. 일본은 진실을 은폐한 채 뚜껑을 덮어 두고 있는 것이지요. 자원봉사자 중 한 명은 군함도가 프랑스의 몽생미셸(Mont Saint Michel)과 비슷해서 세계 문화유산 신청을 준비 중이라고 자랑했습니다. 메이지의 영광 사관이라고 할까, 쓸데없이 거만한 설명을 듣는 순간, 저는 마치 뜨거운 프라이팬 위에서 느끼는 혹독한 열을 홀로 견딜 수밖에 없었습니다.

제6부

지금 생각하는 것

재일한인역사자료관에서

자연에 따라 살다

동생이 북으로 간 뒤, 어머니는 한 번 동생을 만나러 가셨습니다. 그때 마침 미루나무 사건*이 발생하여 예정보다 일찍 돌아오셨지요. 저는 동생을 만나러 간 적이 없습니다. 가지 않은 이유는 많지만, 이유 중 하나는 제가 한국에 갔기 때문입니다.

세월이 흘러 제 아들딸과 손주들은 모두 성인이 되었습니다. 그들을 바라보면 자이니치로서 일본 사회에 현실적으로 정착할 수밖에 없겠지요. 국적은 저처럼 한국이지만, 사고방식은 일본인과 거의 같습니다. 저는 그들에게 무언가를 강요하지 않아요. 그저 자연스럽게 살아가면 좋겠다고 생각해요. 그들이 일본 이름을 통명으로 사용하더라도 그 상황을 이해할 수 있고, 혹시 일본인과 결혼하는 상황이 된다면 그 또한 어쩔 수 없겠지요. 인간은 동물이나 식물처럼 그 지역에 자연스럽게 동화되어 가기 때문입니다. 어쩔 수 없습니

* 사건의 발단이 된 미루나무는 북한 측에 의해 공동 경비 구역 내의 '돌아오지 않는 다리' 근처에 30m에 걸쳐 심어졌다. 당시 공동 경비 구역에 설치된 감시소의 시야를 가릴 정도로 성장. 이에 유엔군은 조선인민군에 대해 미루나무의 가지치기를 통보했으나, 인민군은 미루나무는 김일성 주석이 직접 심고 키운 것으로 현재도 주석의 지도 아래 자라고 있다며 유엔군의 가지치기를 인정하지 않았다. 그런데 1976년 8월 18일, 한국군 병사와 미 육군 공병대 등이 미루나무의 가지치기 작업 중에 인민군과 난투극을 벌였다. 이 과정에서 미 육군 장교 2명이 살해되었다. 사흘 후인 21일, '폴 버니언 작전(Operation Paul Bunyan)'이 발동되었으나 충돌 없이 미루나무는 베어졌다. 이후 김일성 주석이 '유감'을 표시하고 사과했으며 북한 측의 제의로 공동 경비 구역 내에도 군사 분계선을 그어 양측 인원을 격리하기로 결정했다.

다. 단, 뿌리는 잊지 말라고 부탁하고 싶어요.

김달수 선생한테 들은 이야기가 있습니다. 학생들에게도 자주 말하지요. 그는 1980년대 초에 한국에 갔습니다. 그와 강재언, 이진희 그리고 또 한 사람을 포함해 모두 4명이었습니다. 한국의 시인, 김지하를 구출하기 위해서였습니다. 당시 김지하 사건은 커다란 화제가 되어 세상을 떠들썩하게 했습니다. 그때 김달수 선생이 저에게 이런 말을 하더군요. 선생은 평소 조선호박을 아주 좋아했지요. 일본에도 호박은 있습니다만, 조선호박에 비해 약간 크고 맛도 다릅니다. 아무튼 조선호박을 좋아해서 그 씨앗을 일본에 가지고 온 것입니다. 그는 "심어보니 첫해에는 조선호박이 나왔어. 그 다음 해에는 좀 이상한 호박이 나왔고, 그 다음 해에는 완전히 일본 호박으로 변해 버렸어. 이게 식물과 생물의 원칙이야. 그러니 오래 있으면 그런 현상이 생기는 게 당연한 거지"라고 말했지요. 이어서 그는 "사쓰마薩摩의 도예가, 심수관沈壽官*은 400년이 지나도 심수관을 지키며

* 조선시대 일본 사스마도기薩摩燒를 개창한 심수관가의 15대를 총칭하는 용어. 1598년 도요토미 히데요시의 두 번째 조선 침략(정유재란) 때 시마즈 요시히로島津義弘는 조선으로부터 많은 기술자를 사쓰마로 연행해 갔다. 그중에 초대 심당길沈当吉이 있었다. 도공들은 사쓰마(현 가고시마)로 연행된 뒤, 도자기의 원료를 사쓰마의 산야에서 구해 사쓰마야키薩摩燒를 만들었다. 에도 시대 사쓰마의 번주였던 시마즈 가문島津家은 조선인 기술자들을 극진히 대접하고 무사 신분을 부여했다. 문을 세우고 담장을 두르는 것을 허락하는 대신 그 성을 바꾸는 것을 금지하고, 말과 습속도 조선의 성씨를 유지하도록 명령했다. 에도 막부 말기에 12대 수관이 배출된 이후, 사쓰마야키의 작품은 기술과 예술적인 측면에서 세계로부터 극찬을 받았다. 근현대에 들어와서도 청일·러일 전쟁, 의병 투쟁, 1910년의 '한국 병합'에 의해 조선인 도공들은 차별과 편견 속에서도 사쓰마야키를 지

뿌리를 잊지 않고 있지. 그것은 인간이 풀이나 꽃이 아니기 때문이야. 뇌를 가진 존재이기 때문이지. 조상을 잊지 않겠다는 마음에서 그럴 수 있는 게야"라고 말을 이어 갔습니다. 그는 저를 가르치듯이 그렇게 말했습니다. 김달수 선생이 말한 의미를 항상 생각하고 있어요.

일본 야쿠자 영화로부터 생각하는 것

일본에서는 현재 외국인의 체류 자격을 명기한 재류 카드를 7년마다 갱신합니다. 예전에는 3년, 그 전에는 2년이었지요. 이건 매우 귀찮은 일이에요. 재류 카드가 '외국인 등록 증명서'라고 불리던 시절에는 증명서를 휴대하지 않으면 '불휴대죄'라는 명목으로 체포되었습니다. 저는 전과 3범입니다. 목욕탕에서 돌아오는 길에 당했지요. 공안부는 "(북한에 돌아간) 동생한테 무슨 편지가 오는가?"라고 물었습니다. 그 목적으로 저를 붙잡은 거죠. 저는 "뭔 말이야. 이 바보들아!"라고 대응했어요. 벌금형과 함께 전과가 생겼지요. 예전에 요시다 시게루吉田茂 수상이 "조선인 전과자 50만"이라고 말한 적이 있

켜 나갔다. 1968년, 시바 료타로司馬遼太郎의 『고향을 어이 잊으리까故郷忘じがたく候』의 주인공으로 14대 심수관이 등장하여 많은 사람들에게 알려졌다. '사쓰마야키 400년제'를 맞이한 1998년, 김대중 대통령으로부터 '대한민국 은관 문화훈장'을 수상했다. 현 15대 심수관은 한국과 이탈리아 등지에서도 공부를 계속하면서 사쓰마야키의 전통을 이어가고 있다.

습니다. 전부 외국인 등록법* 위반입니다. 악의적인 집중 공격인 셈이죠.

제 전과 내역을 말하자면, 첫 번째는 앞에서 말한 대로 편한 복장으로 목욕탕에 갔다 오는 길에 친구와 오뎅집에서 저녁을 먹고 있었는데, "야, 갖고 있느냐?"였고, 두 번째는 조선장학회에서 좌우 학생들 간에 싸움이 있었을 때의 일입니다. 경찰이 건물을 경비하게 되었고, 접수처에 경찰이 앉아 있는 거예요. 저는 그걸 몰랐기 때문에 개인적인 용무가 있어서 조선장학회에 갔어요. 그런데 접수처에서 경찰이 "등록증을 보이라"고 말하는 거예요. 휴대하지 않은 사람은 그대로 요도바시淀橋 경찰서로 붙들려 갔지요. 8시간 동안 유치되었습니다. 이것도 전과예요.

영화 가운데 조선인 야쿠자가 악당이 되어 일본인 야쿠자와 싸우는 도에이東映 영화사가 제작한 영화가 많아요. 그 시절 신문을 보면 조선인으로 좋은 일을 한 사람을 소개할 때는 모두 일본 이름으로 보도합니다. 예를 들어 교회 목사가 이러저러한 선행을 베풀었다는 것을 기사화할 때는 통명이지요. 나쁜 사건에는 모두 조선 이름을 사용합니다. 최근에도 그런 추세예요. 이를 통해 반한, 반조선 감정을 부추기고 있습니다. 일본인의 약점은 조선과 일본의 관계를 너무 모른다는 것입니다. 그래서 정권의 선동에 편승하기 십상입니다. 일

* 외국인 등록법. 1947년에 시행된 '외국인 등록령'에 의해 재일조선인은 '외국인'으로 간주되고 국적란에는 '조선'으로 기재되었다. '외국인 등록증명서'의 상시 휴대 및 제시 의무가 부과되었다. 1952년 샌프란시스코 조약 발효와 함께 '외국인 등록령'은 '지문 날인'을 의무화한 '외국인 등록법'으로 변경되었다.

본의 역사를 잘못 가르쳤기 때문에 일어나는 일입니다. 징용공 문제도 그렇고, 위안부 문제도 그렇습니다.

지금 일본은 북한과 해결해야 할 문제가 남아 있습니다. 저는 일본이 이것을 제일 무서워하고 있다고 생각합니다. 일본은 미국이 하자는 대로 하는 나라이지요. 북한과 미국의 관계 여하에 따라 앞으로 북한과 어떤 형태로든 교섭할 수밖에 없습니다. 일본은 과거 한일회담과 같은 형태로 적당히 해결하려 하겠지만, 쉽게 될 리가 없습니다. 북한은 북일 수교에 대해 확실히 주장할 겁니다. 그러면 어떻게 될까요? 북한이 강하게 주장하면 한국도 가만히 있지 않을 겁니다. 이건 대단한 문제예요. 일본은 지금까지 70여 년간 북한을 향해 국가 명칭도 제대로 부르지 않고, 대립하고 싸우려는 자세로 일관했습니다. 과거사 반성 따위는 물론 전혀 없었지요. 북미 관계가 진전되면 아무리 싫은 상대이지만 일본은 북한과 마주할 수밖에 없습니다. 지금 일본 정부가 가장 골치 아픈 일은 그럴 경우 어떻게 할 것인가의 문제입니다. 그래서 전후 배상, '위안부' 문제, 징용공 문제 등에 양보할 수 없는 상황인거죠.

남북이 화합하고 하나되는 것은 일본에게는 커다란 위협입니다. 일본은 한반도의 분단을 국책으로 삼아왔기 때문입니다. 지금 일본은 전후의 외교 방침을 바꿀 수밖에 없는 상황에 직면해 있지요. 전후 일본이 한국의 이승만 정권, 박정희 정권과 해온 일이 모두 밝혀지고 있습니다.

일본의 근대 150년을 되돌아보다

일본의 근대 역사에서 일본이 찬란하다고 생각하는 것은 메이지 유신, 청·일, 러·일 전쟁 그리고 그 다음은 다이쇼 데모크라시입니다. 그런데 일본인들이 자신들의 입장에서 역사를 밝게 보려 할 때 조선은 과연 어떠했나요? 대조적인 것 하나만 말하면 다이쇼 데모크라시와 3·1운동, 관동대지진은 정면으로 부딪치고 있지요. 또 식민지 지배라는 것이 조선과 조선인에게 과연 무엇이었는가? 나아가 전후 일본의 한반도 정책은 어떠했는가? 이런 여러 문제를 하나하나 해명하기 위해서는 많은 노력과 시간이 필요하겠지요. 하나하나의 사건은 다릅니다만, 전체적으로 바라보면 일관성이 존재한다고 생각해요. 그것을 재검토할 필요가 있다는 것이 저의 역사관입니다.

양국의 근대 150년을 바라보면 어떠했을까요? 조선의 경우는 나라가 망하고 식민지가 되었습니다. 그리고 해방과 분단을 강요당했던 시대입니다. 일본은 겉으로는 메이지 유신으로 근대 국가가 되었습니다. 5대 제국이라는 대국의 하나가 되었다가 무모한 전쟁에서 결국 패배합니다. 그러나 일본인은 미국에 진 것이지 중국이나 조선에 진 것은 아니라고 생각하고 있어요.

이후 일본의 70년은 미국에 대한 종속입니다. 그 과정에서 국가적으로는 경제적 번영을 누립니다. 과거의 역사를 묻어버리고, 그 위에서 현재를 누리고 즐기는 것이지요. 어떤 의미에서 일본의 교만과 방자라는 형태로 관계가 계속되고 있는 것입니다. 중국과 조선에 대해서만이 아니라, 동남아시아와 그 밖의 나라에 대해서도 마찬가지입니다.

그런 관계가 가장 예리하게 드러나는 곳이 조선입니다. 그것은 재일조선인에 대한 전후 처리를 보면 분명하지요. 식민지 지배 문제를 제대로 매듭짓지 않고 분단을 더욱 고착화시켰다는 문제도 있습니다. 지금도 여전히 일본은 한반도의 분단을 국가 정책으로 삼고 있어요. 한반도의 통일을 바라지 않는 것은 미국보다 오히려 일본의 현 정권입니다. 이런 현상들이 도대체 어디에서 오는가 하는 문제입니다. 그것은 일본만 분석해서는 알 수가 없습니다. 부조리를 당한 쪽, 조선으로부터의 분석이 필요합니다. 그러면 어떠한 것이 진짜 문제인지 가슴으로 곧바로 느낄 수 있을 것입니다.

전후의 시선

저는 요즘 밤에 예전 야쿠자 영화를 자주 봅니다. 조선인이 등장하는 건 야쿠자 영화가 제일 많아요. 안도 노보루安藤昇가 정의로운 야쿠자 대장이고, 상대방 야쿠자 악당 역은 고이케 아사오小池朝雄입니다. 고이케 아사오는 저와 아오야마 고등학교 동창으로 연극부에서 활동했었지요. 이후 분가쿠좌文学座라는 극단에 들어갔어요.

영화에는 일본이 전쟁에 진 다음 아무것도 없는 상태에서 암시장을 배경으로 나쁜 짓을 하는 조선인에게 놀아날 수 없다며 야쿠자가 등장한다는 스토리이지요. 당시 일본인은 아마 이런 종류의 영화를 보면서 마음에 쌓인 울분을 풀었던 것 같아요. 많이 봤겠지요. 영화 속에는 서투른 일본어를 쓰는 배우가 있어요. 자주 등장해요. 화면

중에는 조선인 연맹朝鮮人連盟*이 아니라, '제3국인 연맹'이라는 간판이 나옵니다. 영화가 만들어진 것은 1950년대일 겁니다. 일본이 조금 안정되어 갈 무렵, 마침 암시장이 그리워지던 시기였지요. 저는 학생들에게 "야쿠자 영화 속에 나오는 조선을 잘 살펴보고 논문을 쓰면 좋은 논문이 될 게야"라고 말하곤 했습니다.

최근 신문에 야쿠자 두목이 붙잡혔다는 기사가 나왔어요. 크게 보도되었지요. 기사 내용을 읽어보면 통명인 일본 이름과 본명이 등장합니다. 아마 그 사람은 야쿠자 사회에서 자신을 숨기고 지냈겠지요. 그런데 일부러 본명을 밝혀 보도하는 것의 의미는 무엇일까요?

* 1945년 8월 15일, 해방을 환희 속에 맞이한 재일조선인들에게 우선 무엇보다도 고국으로의 귀국과 생활권을 지키는 것이 당면 과제였다. 이를 위해 각지에 많은 자주적인 단체가 조직되었다. 이들 단체가 결집하여 조선 건설에 대한 헌신적 노력, 세계 평화의 항구 유지, 재류 동포의 생활 안정, 귀국의 편의와 질서, 일본 국민과의 호양 우의와 이들 목적 달성을 위한 대동단결을 내걸고 재일본조선인연맹(조련)을 조직했다(1945년 10월 15일). 조련은 얼마 되지 않아 일본 공산당의 지도 방침 아래 좌익적 색채를 띠었다. 일본 정부는 조선인의 귀국에 관하여 대응하지 않았기 때문에 조련은 1946년 봄까지 귀환 업무를 대행했다. 아울러 자녀들의 민족 교육에도 힘을 쏟는다. 1948년에 남쪽의 대한민국, 북쪽의 조선민주주의인민공화국이 수립되었고, 조련은 공화국, 민단은 대한민국을 조국으로 삼고 운동을 전개해 나갔다. 1949년 9월 GHQ 지령하에서 일본 정부는 단체등규제정령団体等規制正令을 조련에 적용하여 반反민주주의적 폭력 단체로 해산하고 그 재산을 몰수함과 동시에 간부를 공직에서 추방했다.

트집을 잡아 체결한 '조일수호조규'

일본사에서 제대로 언급하지 않는 부분 가운데 '조일수호조규'가 있습니다. 정말로 당시 일본 군함이 영해에 들어갔다가 대포를 맞고 그에 대한 자위 차원에서 시작된 것일까요? 그게 아니라, 사실은 일본이 일부러 유도한 것입니다. 영해로 들어가는 것 자체가 이상한 겁니다. 그 무렵에도 국제 관계라는 것은 확실히 있었지요. 들어오지 말라고 경고했는데 일본이 일부러 들어간 것입니다. 그런데 이를 두고 일본에서는 포격을 당했기 때문에 반격했다고 합니다. 그런 식으로 트집을 잡았어요.

여기서 중요한 것은 일본이 구미로부터 강요받은 불평등 조약입니다. 일본은 미국이나 영국, 프랑스로부터 불평등 조약을 강요받았습니다. 불평등의 내용은 영사 재판권, 자국 화폐의 통용, 관세 자주권을 인정하지 않는다는 세 가지였지요. 그런데 일본은 이런 불평등을 조선에 그대로 강요했습니다. 그것도 확대하는 형태로 말입니다. 이것이 바로 조일수호조규입니다.

일본에는 미국이나 영국에 의해 저질러진 불평등한 조약으로 첫째로 국가 손실과 무역 손실이 발생했습니다. 그 무렵 일본의 돈이 자꾸 흘러나갔지요. 일본은 금과 은을 함께 본위 화폐로 하는 금은복본위金銀複本位였어요. 에도가 금, 오사카가 은으로, 금은의 가치는 국제 수준과 달랐지요. 서양인들은 이를 이용해 은을 들여와 금을 사들였어요. 이런 가운데 일본 금화가 외국으로 빠져나가 경제적으로 힘든 상태에 직면합니다. 그러니 일본은 좀처럼 금 본위가 될 수 없는 상황이 되었지요. 한마디로 구미에 종속된 국가로 전락한 것입니다.

관세는 일본의 경우 5%였습니다. 100엔 사면 5엔인 게죠. 그 이상은 어떤 경우라도 관세를 부과할 수 없습니다. 그러면 어떤 일이 일어날까요? 현재의 상황을 예로 들면 영국의 위스키, 조니 워커 블랙을 사려면 비쌉니다. 하지만 영국에서는 싸요. 일본에서는 관세가 붙기 때문에 비싼 거죠. 왜냐하면 일본의 양주를 지키기 위해 높은 관세를 물리지 않으면 산토리가 조니 워커에 질 수밖에 없어 결국 일본 회사는 망하게 되겠지요. 그거랑 똑같은 거예요. 높은 관세를 무시하면 일본 산업은 성장하지 못하고 전부 수입으로 대체되는 것이지요. 그런 문제가 두 번째입니다.

또 하나는 영사 재판권입니다. 일본 관헌이 구미인의 범행을 모두 재판할 수 없습니다. 모두 미국 영사가 심판한다는 것이지요. 그래서 항구 도시에서 여러 분쟁이 일어나면 일본은 불리할 수밖에 없었습니다. 이것이 불평등 협약입니다. 물론 이것 이외에도 더 많이 있지만 이 세 가지가 불평등의 특징입니다.

미일수호통상조약은 일본과 조선이 강화도 조약을 맺기보다 약 20년 전에 체결되었습니다. 일본은 미국과의 통상 조약이 일본 사회에 끼친 폐해를 잘 알고 있었습니다. 그걸 그대로 조선으로 들여온 거죠. 영사 재판권, 일본 화폐의 유통 그리고 무관세 무역입니다. 특히 관세는 아예 없어요. 조선과 일본은 쌀도 보리도 면도 모두 똑같이 재배할 수 있으니까 관세를 없애자는 것이었지요.

조선의 관리는 '공자님'은 잘 읽고 있었습니다만, 세계의 상황 변화에는 전혀 무관심했어요. 정말로 바보처럼 쉽게 속아 넘어갔습니다. 일본과 조선의 무역이 시작되자 보물은 마치 조선에 있다는 듯 일본인들이 몰려갔습니다. 삽시간에 부산이 일본의 식민지가 되었습니다. 인천과 원산에도 일본인 거리가 생겨 일본인들이 제멋대로 활보했습니다. 일본으로서는 미국에게 착취를 당한 것을 조선에게서 되돌려받겠다는 형태가 된 거죠. 이것이 바로 1876년의 조일수호조규의 내용이었습니다.

일본인은 임오군란을 어떻게 바라보았을까?

1876년에 조일수호조규가 체결되고 6년 후인 임오년에 군인 폭동이 일어납니다. 이게 뭐냐면 일본은 조약 체결 이후 쌀을 싸게 사서 일본으로 많이 가져 나갔어요. 그러니 현지에 있던 사람들은 점점 밥을 먹을 수 없게 되었지요. 특히 군인들은 봉급을 쌀로 받았어요. 그래서 제일 곤궁해진 게 군인들입니다. 더욱이 쌀로 봉급을 받아도 쌀 속에 흙이나 모래가 섞여 있었어요. 이것이 임오 군인 폭동이라는 형태로 나타났습니다. 즉 1876년부터 1882년까지 약 6년이라는 기간은 일본이 조선의 무역을 전부 지배했다고 말할 수 있습니다. 그 무렵 조선은 다른 나라와 국교를 맺지 않아 통상 관계가 없었습니다. 그래서 일본이 독차지했습니다.

당시 무역이 본격적으로 시작되어 작은 배 한 척으로 1만 엔을 벌었다는 이야기도 있습니다. 그 무렵 일본 신문에 관련 기사들이 많이 나와요. 조선에는 돈 되는 나무가 있다는 이야기까지 등장할 정도였습니다. 순식간에 온갖 폐해가 민중 생활에 영향을 미치게 되었습니다. 군인들은 봉급을 받아도 먹고살기 어렵게 되었습니다. 이것이 단초가 되어 군인 폭동이 일어납니다.

임오 군인 폭동은 1882년 7월에 일어납니다. 배후에는 조선의 개화파가 아니라 수구파가 존재합니다. 조선 황제의 아버지인 대원군이 중심이 되었지요. 군대는 반란을 일으키고 일본 공사관을 포위하는 상황이 발생했습니다. 중요한 것은 그들은 포위했을 뿐이지 그곳을 공격하지는 않았습니다. 일본 공사가 도망가지 못하자 스스로 불을 지르고 인천으로 퇴각한 것입니다.

이에 대해 일본 측에서는 어떻게 말했을까요? 그들은 "조선에서 반일 운동이 일어났다. 조약 위반이다. 조선과 즉시 개전해야 한다!"라고 말했어요. 도쿄 대학에 '메이지 신문 잡지 문고'라는 것이 있습니다. 여러분도 한번 거기 가서 1882년 7월부터 9월까지의 신문을 열람해 보세요. 여러 신문이 있습니다. 그 신문 지면에 어떤 내용이 쓰여 있는지 살펴보세요. 기사 제목이 대단합니다. "조선을 쳐야 한다!", "전쟁을 벌여야 한다!"는 무시무시한 내용이에요. 조선에 대한 험담과 욕설도 엄청나게 많이 등장합니다. 이에 대해 일본의 유명한 역사학자는 '최초의 일본 배외 내셔널리즘의 전개'라는 표현을 쓰더군요. '임오 군인 폭동'이라는 용어도 사용하지요. 어쨌든 일본 정부가 그런 자세를 견지했지만, 배외주의 여론을 부추긴 것은 당시의 일본 신문이었습니다.

자유민권운동과 조선

그 무렵 정말 기묘하게도 일본에는 자유민권운동이라는 단체가 있었습니다. 자유와 민권을 내세우며 메이지 정부와 대립각을 세운 거죠. 그런데 이 자유 민권을 주창하는 인사들의 조선에 대한 배외주의는 정부보다 훨씬 과격합니다.

'자유민권운동 100년'이라는 슬로건이 유행한 적이 있습니다. 벌써 30~40년 전이었죠. 제가 젊을 때였으니까요. 그때 일본역사학회에서는 자유민권운동 100주년 심포지엄을 개최했지요. 모두들 지금이 자유의 원점이라며 자유 민권을 자랑스럽게 내세웠습니다.

저는 이에 대해 "바보 같은 소리 말라!"고 말했습니다. 그리고 관계자들에게 "사실 그들은 당시 작은 일로 집안싸움을 하기보다는 하나로 똘똘 뭉쳐 외적에 대항하자고 주장하지 않았느냐!"는 비판의 목소리를 냈습니다. 지금도 똑똑히 기억하고 있지요.

일본 최초의 정당인 자유당은 1881년에 창당되었습니다. 당시 지치부秩父 사건이다 뭐다 여러 사건이 있었지요. 그런데 제 생각에 그들의 주장은 모두 거짓이에요. 조선이라는 문제에 직면하면 그들이 가장 배외적입니다. 자유민권운동의 주동자로 추앙받는 이타가키 다이스케板垣退助야말로 배외주의의 기치를 명확하게 밝혔어요. 자유당은 1884년에 결국 붕괴되고 해산합니다만, 이타가키는 "작은 일로 집안싸움을 하기보다는 하나가 되어 외적을 대항하라"고 주장합니다. 이 발언은 자유당 해산 선언서 안에 있습니다.

자유당이 해산되자 이번에는 해산한 오사카 그룹이 본부를 조선으로 가져가서 그곳을 근거로 삼아 돌아오자고 말합니다. 이른바 오사카 사건이지요. 요컨대 자유당 당내 좌파였던 오오이 켄타로大井憲太郎 등은 조선과 일본을 묶는 연대체를 만들어 양국에서 동시에 혁명을 일으키는 것을 목표로 삼았다는 겁니다.

이에 대해 중국연구소 소장을 지낸 어떤 분이 '연대'라는 말로 한일 연대의 시작이 바로 이 사건이라고 말했어요. 당시 일본역사학회에서는 오사카 사건을 둘러싸고 '한일 연대'나 '중일 연대'라는 말을 많이 사용했어요. 저는 아연실색하여, "선생님, 연대라는 것은 서로 협력하는 것입니다. 여러분들은 조선 어디에 가서 근거지를 만들고 다시 일본에 돌아온다는 것을 말하는 건가요? 바보 같은 소리 하지 마세요!"라고 비판한 적이 있습니다. 아직 제가 젊었을 때여서 무모하게 행동했습니다만, 지금 생각해도 결코 틀린 말은 아니었던 것 같습니다.

제가 역사 공부를 시작할 무렵이니까 아마도 1960년일 겁니다. 한일 연대를 주창하기 시작했을 무렵입니다. 한일 국교 문제를 둘러싸고 가지무라와 미야타도 열심히 활약하던 시절의 이야기이지요. 역사학연구회라는 나름 진보 진영의 역사학 대회에서도 유사한 발언이 나왔어요. 이게 도대체 무슨 일이냐는 겁니다. 저는 "연대라는 것은 서로 도와주는 것이지, 일본인들이 조선을 침략해서 침략의 산물을 가지고 다시 일본으로 돌아오려는 것을 연대라고 말할 수 있겠는가?"라고 문제를 제기한 적이 있습니다. 일본에서 아시아 연대라든가 중국, 조선과의 연대를 말하기 시작했을 무렵의 수준이란 게 그 정도에 불과했지요.

자유민권운동에 관여한 사람들은 이후 어떻게 되었을까요? 대역大逆 사건으로 처형된 인사 중에 오쿠노미야 겐시奧宮健之가 있습니다.

그는 메이지 정부 성립 직후 조선에 대한 내셔널리즘을 주도한 자입니다. 이 사람을 대체 어떻게 평가할 것인가가 중요한 문제입니다. 메이지 시대 일본인 중에 진정한 연대 의식을 가지고 있는 사람이 과연 존재했는가의 문제이기도 합니다. 조선에 가서 세력을 키워 돌아오자는 것, 도대체 어디의 누구와 손잡고 그런 일을 하자는 것일까요? 이건 말도 안 되는 거짓을 말하는 것입니다.

일본의 내셔널리즘이라는 것은 그런 의미에서 취약한 측면이 있습니다. 조선에 대해서도 중국에 대해서도 그렇습니다. 일본인에게도 그런 싹이 있었다는 것을 통해 상대화하려는 취약함이지요. 지금도 이와 같은 문제는 여러 의미에서 남아 있어요.

상대방을 대등하게 마주하고 대등한 관계가 되어야 합니다. '조선은 뒤처진 나라다', '우리가 선진국이다'와 같은 우월감, 자만심 가득한 시선으로 보면 문제이지요. 지금도 일본 사회 일각에는 조선을 여전히 자만의 시선으로 바라보고 있습니다. 그것은 중국이나 필리핀 같은 나라를 바라보는 시선에서도 작동되지요. 저는 그게 제일 문제라고 생각해요. 이것은 메이지 시대 초기 일본인의 조선 인식에서 자유와 민권을 주창한 사람들에게서도 그런 자만의 시선을 확인할 수 있습니다. 안으로는 민권! 밖으로는 배외!

식민지 파시즘이 선행하다

다이쇼 데모크라시도 마찬가지입니다. 데모크라시라는 것은 자기애自己愛입니다. 다이쇼 데모크라트는 3·1운동을 어떻게 인식했는가? 조선총독부의 헌병 지배를 자유 민권이라는 입장 또는 다이쇼 데모크라트들의 자유라는 시각으로 봤을 때 어떻게 비쳤는가? 이런 문제의식에 관한 연구는 거의 없습니다. 이에 대해서는 마쓰오 다카요시松尾尊兊*의 연구가 유일합니다. 그는 아마 이 문제가 중요하다고 깨달은 선구자라고 생각합니다. 많은 관련 저서를 집필했어요.

파시즘도 식민지 파시즘이 선행하지요. 다들 조선총독부의 파시즘을 따라하고 있습니다. 대정익찬회도 전형적인 사례입니다. 몸뻬라는 옷이 있습니다. 몸뻬는 조선에서 색깔 옷을 입자는 색의장려色衣奬勵를 강제할 당시 여성복으로 만든 모델입니다. 조선에서 성공을 거둔 뒤 일본으로 가져온 거죠. 1940년, 즉 황기 2600년을 맞이해 일본은 '국민복령'을 제정하여 색의를 장려합니다. 그때 남자는 카키색 국민복, 여자는 몸뻬였어요. 이것도 조선에서 먼저 시행한 것

* 마쓰오 다카요시(松尾尊兊, 1929~2014). 일본 근현대사 연구자, 교토 대학 명예교수. 다이쇼 시기의 민중 운동사와 요시노 사쿠조吉野作造, 이시바시 단잔石橋湛山의 식민지론, 다이쇼 데모크라시사의 실증적 연구에 선구적 업적을 남겼다. 1963년에 관동대지진 때의 조선인 학살에 대한 논문을 발표, 같은 시기에 같은 주제로 논문을 쓴 강덕상과 유언비어를 둘러싸고 논쟁을 벌이다가 학살 80주년인 2013년에 강덕상의 '관헌설官憲說'에 동조했다. 저서로는『다이쇼 데모크라시의 연구大正デモクラシーの研究』,『다이쇼 데모크라시大正デモクラシー』,『다이쇼 데모크라시의 군상大正デモクラシーの群像』 등 다수.

입니다. 조선에서 시행해보니 좋은 것을 가져온 것이지요.

조선에서 색의 장려는 폭력적으로 이루어졌습니다. 예를 들어 남대문을 지키는 파수병이 흰옷을 입으면 먹을 뿌리거나 등에 동그라미 그렸지요. 염색하지 않으면 입을 수 없게 만들었어요. 그렇게 강제적으로 실시했습니다.

표를 사는 데 일본어를 사용하지 않으면 팔지 않는 경우도 많았습니다. 아동이 조선어를 사용하면 'X'자가 찍히고, 'X'자가 열 개 모이면 점수가 떨어졌어요. 저보다 조금 위 세대 사람들은 모두 그런 행태를 기억하고 있지요. 저도 들은 적이 있어요.

외적인 힘에 의해 왜곡되는 것

민족이라는 것을 모두 없애버리자는 정책이 식민지 시대에 전개되었습니다. 그런 정책에 흠뻑 젖어 '일본인'으로서 그 시대를 잘 살았던 인물들은 해방 이후 갈 곳이 없어졌지요. 그런데 그들은 또 다른 길을 찾아갑니다. 미국이 들어오자 다시 살아난 것입니다.

그런 측면에서 한반도 역사는 외적인 세력에 의해 왜곡되었습니다. 일그러지게 만든 커다란 원동력은 일제 치하의 황민화 정책입니다. 이 정책으로 조선인의 절반 정도가 황민화에 노출된 것이 가장 큽니다. 이후 분단 상황 속에서도 그런 상황은 계속 이어집니다.

해방 이후 양쪽에 나라가 생깁니다. 북쪽은 철저하게 일본을 배제했습니다. 하지만 남쪽은 일본 앞잡이로 활동하던 인물들이 미국의 앞잡이가 되는 형태로 살아남았습니다. 이것이 한국전쟁에서 남북 간에 톱질 전쟁을 치르게 된 셈이죠.

남북을 오가면서 국토가 전쟁터로 변해버립니다. 점령 기간 중에는 각기 상대편을 모두 숙청했어요. 대학살 사건을 양쪽에서 벌인 셈입니다. 이것이 박정희와 김일성의 대립, 해방 이후 남북 대립의 근본입니다. 두 측 모두 상대방을 정화한 것이지요. 그런 식의 공방을 통해 사람을 죽인 것은 사상을 소멸시킨 전쟁이었습니다.

제2차 세계대전의 장본인이었던 독일은 전쟁에 지고서도 나중에 통일되었지요? 저는 동서독이 톱질 전쟁을 하지 않았기 때문이라고 생각합니다.

미국이라는 나라

저는 아시아태평양전쟁이 10일 정도 더 지속되었더라면 한반도의 분단이 아니라, 반대로 일본이 홋카이도를 기점으로 분단되었을 것이라고 생각합니다. 아직 미군은 오키나와에 주둔하고 있었습니다. 소비에트 군은 사할린과 지시마千島 열도를 점령하고 38도선까지 진주했지요. 한 열흘 더 길었으면 그랬을 것 같아요. 이를 저지한 것은 미국이 원자폭탄을 연이어 두 개 떨어뜨렸기 때문입니다. 미국은 소련의 참전을 예상했습니다. 미국이 원폭 투하를 서둘러 결정한 것은 아마 그런 배경도 있었을 겁니다. 일본의 식민지 해방 문제에 미소 관계가 작동한 것이지요. 미국은 하루라도 빨리 일본을 항복

시켜야만 했습니다. 두 개의 원자폭탄을 투하한 것에는 그런 의미도 담겨 있습니다.

제국주의라는 것은 그런 행동을 하지요. 미국이라는 나라는 정말 형편없어요. 저는 세계사 속에서 미국처럼 싫은 나라가 없습니다. 국가 성립 때부터 그렇잖아요. 저 나라가 어쩌다 저 모양이 되었을까는 미국의 역사를 대충 살펴보아도 알 수 있습니다.

흑인들은 도대체 어떻게 되었습니까? 팔고 사는 물건이었잖아요. 원주민은 박멸되었지요. 서부 영화를 보면 모두 원주민과의 전쟁입니다. 그 밑에는 흑인이 있습니다. 미국 개척사에는 흑인이 사용되었습니다. 영국과 프랑스처럼 밖으로 나가지 않았던 것은 국내에 그런 사람들이 많았기 때문에 나가지 않아도 해결되었던 것이지요. 역사를 볼 때 미국 역사만큼 참혹한 역사는 없습니다. 조금이라도 생각이 있는 사람이라면, '미국 분'이라고 말하지 말고 그들의 역사를 생각해야 합니다. 미국이 어떤 나라였습니까? 존경할 만한 나라였는지 잘 생각해 보자는 것입니다.

조선사 연구의 현황

지금 일본의 조선사연구회는 여러 문제를 떠안고 있습니다. 남, 북한 문제나 조선 민족의 문제를 별로 생각하지 않아요. 일본의 지방사를 연구하는 것 같은 느낌이 들어요. 물론 그런 연구 자체도 중요하겠지만, 어느 지역의 혼례 방식이 어떻다 같은 연구 정도에 그치고 있다는 이야기도 많습니다. 도대체 뭐하고 있는 건가 싶어요. 저는 개인적으로 한반도의 현재 상황, 분단과 통일의 흐름과 같은 문제를 빼놓고 찬합구석을 이쑤시개로 후비는 것과 같은 연구를 한다면, 과연 앞으로 어떻게 될 것인지 걱정하고 있습니다. 또 현재의 젊은 연구자들이 그런 방향으로 흐르는 것에 대해 제대로 조언해 줄 어른도 없습니다. 그것은 조선사연구회에서 가지무라 비판이 제기되었을 무렵부터 이상해졌어요. 저는 그렇게 되고 나서 아예 나가지 않았습니다.

강만길姜萬吉 선생*이 말했듯이, 한반도의 당면 문제는 분단일 것입니다. 분단의 역사를 통일로 이끌고 가려면 어떻게 해야 할지 큰 흐름 속에서 역사를 연구해야 합니다. 그런데 그런 문제의식과 전혀 상관없이 연구가 이루어지고 있어요. 그런 의미에서 사상이 없어져 버린 것 같아요. 저는 사상이 없는 역사의식이란 존재할 수 없다고 생각합니다.

제가 접하는 한도에서 보면, 최근 젊은 자이니치 연구자들이 등장하고 있습니다. 그들은 자이니치 문제와 그들의 역사 나아가 자이니치가 어떻게 통일에 기여할 수 있는지의 문제를 떠안고 있습니다. 그런 의미에서 일본인 연구자와는 역사의식이 조금 다릅니다. 그들

* 강만길(姜萬吉, 1933~). 마산 태생의 역사학자. 고려대학교 명예교수. 잡지 『민족 21』 발행 및 편집인. 2000년 남북정상회담에서 김대중 대통령 수행원으로 방북. 2003년 친일반민족행위진상규명위원회 위원장 취임. 일본어로 번역된 저서로는『분단시대의 역사 인식分断時代の歴史認識』(宮嶋博史訳, 学生社), 『한국민족운동사론韓国民族運動史論』(水野直樹訳, 御茶の水書房), 『조선민족해방운동의 역사朝鮮民族解放運動の歴史』(太田修訳, 法政大学出版局) 등이 있다.

이 현재 조선사연구회에서 무슨 일을 하고 있는지는 모르겠습니다만, 아마 그런 분위기라면 자이니치 연구자는 지내기가 불편할 거예요. 최근에는 한국에서 온 연구자도 있는 것 같습니다. 그들 중에는 식민지 근대화론을 주장하는 뉴라이트도 있어요.

민족을 되찾는다는 것!

한국에는 일본과 달리 대일본제국 2600년의 역사가 없습니다. 일본에는 그게 있지요. 천황이 거기에 자리 잡고 있습니다. 현재 한국에 어려운 점이 있다면 이승만과 박정희 시대는 좋았다고 말하는 사람들이 남아 있는 정도겠지요. 그것은 모두 친일파의 영향입니다. 친일파는 친미파로 바뀌었지요. 그들은 겹치기도 합니다. 그런 사람들이 정권을 오래 잡았으니 그들의 기세가 아직 꺾이지 않았지요. 하지만 한국의 촛불 시위가 저변으로 확대되는 것을 보니 더 이상 그곳으로 돌아가지는 않을 것 같습니다.

과거로 되돌아가지 않기 위해서라도 빨리 남한과 북한의 교류가 필요합니다. 통일은 한참 지난 후에라도 좋습니다. 교류를 통해 서로 적대 관계를 없애는 것이 가장 중요해요. 강만길 선생과의 대화에서 가장 인상 깊었던 부분이 있습니다. 그가 예전 북측 인사들과 여러 문제를 협의하면서 나라 이름을 고려 공화국으로 정하자는 데 합의했다고 합니다. 그 의미는 저도 잘 알 수 있어요. 그리고 고려의 철자를 K가 아닌 C로 하자는 것도 정해졌다고 들었습니다. 그런 이야기가 나온다는 것 자체가 고무적입니다. 앞으로도 많은 교류가 이루어지지를 바랍니다. 아무튼 철도가 연결되어 남북으로 사람이 왕래하면서 서로의 자원을 교환하고, 서로의 체험을 교류할 수 있었으면 좋겠습니다.

이렇게 되면 가장 곤란해지는 나라는 일본일 것입니다. 특히 70년간 유지하던 북한에 대한 적대 정책의 방향을 전환할 수밖에 없습니다. 일본은 그동안 한반도의 분단을 국책으로 삼았기 때문에, 남북의 교류는 정말 괘씸한 일이 될 것입니다. 프랑스는 과거 식민지였던 베트남에서 남북이 서로 전쟁을 벌이자 파리에서 남북이 서로 협의하고 회견할 수 있도록 자리를 마련했습니다. 이후 미국이 개입하는 바람에 전쟁이 격화되었습니다만. 그런데 일본은 어떤가요? 70년간 북한을 '북선北鮮'이라 부르며 존재조차 인정하지 않았어요. 국가로서 전혀 받아들이지 않았던 거죠.

이런 나라는 세계적으로 정말 보기 드뭅니다. 일본인이 양국의 역사, 식민지, 침략의 역사를 제대로 바라보지 않았기 때문입니다. 잘 모르는 거죠. 청·일, 러·일 전쟁의 이면에 과연 무엇이 있었는가? 갑오농민전쟁과 의병 전쟁에서 조선인 학살이 어떻게 자행되었는가? 농민들을 누가 죽였는가? 3·1운동 당시 어떤 탄압이 있었는가? 간도 출병과 이후 관동대지진에서 왜 조선인을 학살했는가? 헤아릴 수 없는 역사의 부조리가 존재했습니다.

이후 일본은 지배 정책을 약간 바꿉니다. 그게 바로 황민화 정책이에요. 민족주의가 존재하기 때문에 조선은 반항하고 '불령선인不逞鮮人'이 속출한다고 판단한 것이지요. 조선인으로부터 민족성을 없애려 했지요. 저도 그 말단의 피해자입니다.

지난번에 간행한 『여운형 평전呂運亨評伝』 제4권에는 황민화 정책의 실체가 잘 드러나 있습니다. 왜 여운형은 황민화되지 않았는지를 밝히고 싶었지요. 주변에서는 모두 눈사태를 맞은 것처럼 많은 사람들이 황민으로 변해 갑니다. 그는 이에 대항하지요. 결국 형무소에 두 번이나 들어가기도 합니다. 따라서 일본의 메이지 150년의 이면에 무엇이 있었는지 제대로 파악해야 합니다. 그것이 역사의 실체라는 것입니다.

역시 민족을 되찾는다는 것! 이것은 사상이 아닙니다. 남북으로 나누어지게 한 것은 좌와 우입니다. 이것은 사상입니다. 그 뒤편에는 공통의 민족 체험이 있습니다. 이것을 회복한다는 것! 이게 가장 중요합니다. 좌와 우로 나뉘는 것은 지주와 소작인, 자본가와 노동자라는 관계가 있습니다. 어느 민족도 그 관계성이 존재한다는 것을 부정할 수 없습니다. 그런 문제들을 안고 있어도 좋으니 어쨌든 민족을 되찾는 일이 가장 중요합니다.

조선인 대학살과 계엄령

저는 학살 80년을 맞이한 2003년에 「학살 80년을 맞아 다시 생각한다」는 제목으로 조선사연구회에 보고한 적이 있습니다. 그때 유언비어가 어디에서 나왔는지에 대해 재차 '관헌설'을 주장했습니다. 그에 대한 큰 이견은 없었습니다. 하지만 제 자신에게 조금 위화감이 남았습니다. 계엄령 문제 때문입니다. 계엄령은 내란 또는 전쟁

때 발령됩니다. 그런데 왜 지진이라는 자연재해에 대해 계엄령이 발령되었을까? 그리고 내란을 일으킨 자는 누구인가?

당시 내무대신 미즈노 렌타로水野錬太郎는 "적은 조선인이다"고 말했습니다. 계엄령의 발령 시기는 공식적으로는 9월 2일 오후 6시로 되어 있습니다. 하지만 저는 좀 더 빠르지 않았나 생각합니다.

내무대신 미즈노 렌타로와 경보국장 고토 후미오後藤文夫 그리고 경시총감 아카이케 아쓰시赤池濃 등의 수기를 보면, 1일 밤 내무대신 관사 안뜰에서 '임시 지진 구호 사무소 관제'와 '비상 징발령' 그리고 '계엄에 관한 칙령'의 기초를 마련합니다. 다음 날인 2일 오전 아마도 8시 무렵에 각의 결정, 오전 중에 섭정의 재가를 얻어 공포되었다고 보는 것이 맞을 겁니다. 그렇다면 계엄령이 포고된 시간은 언제일까요?

내무성 경보국장의 이름으로 전국의 장관 앞으로 발신한 전문이 있습니다. 즉, 고토 후미오는 "진재를 이용해 조선인이 각지에서 방화한다. 불령한 목적을 수행하려고 현재 도쿄 시내에서 폭탄을 소지하고 석유를 부어 방화하는 자가 있다"며 매우 구체적으로 '반란'이라는 사실을 적시한 전문을 보냅니다. 그렇다면 이 전문의 기초는 언제 작성되었는지 의문이 듭니다. 그리고 전문에 "이미 도쿄에는 일부 계엄령을 시행했다"며 '이미'라는 과거형을 사용한 것은 무슨 의미일까요?

이 전문을 후나바시船橋 송신소에 전달한 전령사 포병 군소軍曹 가쿠다 겐지로角田健次郎 이하 6명의 병사, 후나바시 송신소의 공용사公用使 3명의 행동 기록을 살펴보면, 그 답을 찾을 수 있습니다. 즉 9월 2일 오전 8시 무렵에 열린 내각 회의와 그 후 섭정이 계엄령을 재가했다는 사실을 고려하면, 2일 이른 아침에 '이미'라는 과거형을 사용했다는 것이지요. 계엄령은 이미 시행되었고 반란이 일어났는데 적은 바로 조선인이라는 것입니다.

그 무렵부터 군대는 이재민 구호 활동에서 반란 진압으로 바뀝니다. 계엄 군대가 실탄을 갖고 지바千葉의 나라시노習志野와 이치카와市川의 고노다이国府台에서 도쿄로 출동하여 조선인을 학살합니다.

이치카와의 고노우다이에서 포병 여단 제1연대가 어떤 형태로 출동했는지 간단히 살펴보겠습니다. 1일 밤 10시에 소대 단위로 출병합니다만, 아직 계엄령은 선포되지 않았습니다. 이때는 피난민을 구호할 목적으로 제1, 제2, 제3소대 병력이 출동합니다. 제4소대 이와나미岩波 소대의 출동도 처음에는 피난민 구호가 목적이었습니다. 그런데 도중 2일 오전 9시 무렵부터 그들은 고마쓰가와小松川에서 조선인을 죽이기 시작합니다. 이는 그때 계엄령이 발포되었다는 것을 반증합니다. 계엄령은 조선인에 대한 선전 포고였습니다.

계엄령으로 군대가 조선인을 죽이기 시작하지요. 동시에 경찰은 조선인 폭동을 선전합니다. 이를 본 민중은 자신들도 나라를 위한다며 재향 군인, 청년단, 소방단원들이 중심이 되어 자경단을 조직합니다. 그들은 조선인 사냥에 나서서 조선인이 판명되면 죽였습니다.

전쟁 상태가 스며있는 일본의 조선 지배

그렇다면 왜 조선인이라면 죽여도 좋은가 하는 문제가 남습니다. 저는 관동대지진 당시 왜 계엄령이 내려졌는지를 생각할 때, 학살 사건의 전제로서 30년에 걸친 전사, 즉 갑오 농민군과의 전쟁 그리고 러일전쟁 이후 일본의 강점에 반대하여 전국을 선혈로 물들였던 7년에 걸친 의병 전쟁을 언급하지 않을 수 없습니다. 일본은 이런 전쟁을 체험하면서 조선에 대한 '적시敵視' 사상을 형성해 왔습니다. 조선총독부라는 권력의 실상과 3·1운동에 이은 '만주', 시베리아에서의 독립 전쟁을 중심으로 이야기해 보겠습니다.

1910년 조선총독부가 생깁니다. 총독은 현역 육해군 대장이 아니면 임명되지 못하지요. 왜일까요? 그것은 갑오농민전쟁과 의병 전쟁을 겪으면서 군사적으로 대응하지 않으면 통치할 수 없다는 인식에 도달했기 때문입니다. 그것이 헌병 정치입니다. 군대가 수만 명에 이르는 의병을 '토벌'하고 나서야, '차별과 폭력'이 지배하는 식민지 정권을 만들었어요. 어떻게 보면 총독부는 활화산 위에 서 있는 권력이었습니다.

조선총독부는 이천만 조선인의 원망의 눈길에 휩싸여 있어 고슴도치처럼 무장할 수밖에 없는 권력이었어요. 그래서 총독은 현역 육해군 대장이 부임하죠. 헌병에게는 3개월 이하의 징역과 벌금 100엔 이하의 범죄에 대해 처벌할 수 있는 '범죄 즉결령' 권한이 부여되었지요. 헌병은 한 손에는 검사, 또 한 손에는 판사라는 권한을 지니고, 그 자리에서 처벌을 내린 것입니다. 이렇게 전근대적인 권한을 가진 정권이 만들어졌지요. 이것이 바로 군정입니다. 군정하에서 1911년에 시작된 토지 조사 사업부터 철도와 도로 등 식민지 인프라 정비가 강행되어 어느 정도 성과를 거둔 것이 3·1운동 직전까지의 상황입니다.

1913년에는 조선인 식별법이라는 것이 있었어요. 무섭고 불령한 식민지 조선인이 일본에 오기 때문에 그들의 특징을 식별하고 감시해야 한다는 것이었습니다.

그 무렵 일본 매스컴의 조선 관련 보도는 불령, 불온, 불만이라는 형용사로 넘쳐 나고 있었습니다. 작가 나카니시 이노스케中西伊之助*는 "저는 과문한 탓인지 아직 조선 국토의 수려함, 예술의 선미善美, 민정의 우아함을 소개하고 보도한 기사를 거의 본 적이 없습니다. 그리고 폭탄, 권총, 습격, 살상 등 온갖 전율할 만한 글자를 나열해놓고 이른바 불령선인(요즘은 불평선인이라는 명칭으로 바꾼 신문도 있습니다만)의 불령 행동을 보도하고 있습니다. 그것도 신문기자 특유의 과장된 필법으로 말입니다"(『부인공론夫人公論』 1923년 11·12월 합병호)라고

* 나카니시 이노스케(中西伊之助, 1887~1958). 프롤레타리아 작가, 사회운동가, 정치가. 소년 시절부터 군수 공장 등에서 일하면서 배운다. 조선에서 신문기자 시절 후지타구미藤田組의 광산 노동자 학대를 기사로 쓰다가 투옥된다. 1919년 일본교통노동조합 이사장으로 도쿄시 전차파업지도로 검거 투옥된다. 『붉은 흙에 싹트는 것赭土に芽ぐむもの』으로 문단에 등단. 아시아태평양전쟁 중에는 사카이 도시히코堺利彦 등과 일본 대중당에 참가하고, 1936년에는 '노농무산협의회'에 가입했다. '만주'와 '군벌' 등 전쟁의 본질을 비판하는 소설을 집필하여 베스트셀러가 되었다. 1937년 '인민전선 사건'으로 체포되어 형무소에 입감. 1945년 패전과 동시에 반파쇼 인민전선의 결성을 위해 '인민문화동맹'을 결성, 전후 최초의 중의원 선거에서 당선되었다.

말했습니다. 이런 전제하에 3·1운동을 생각해 보겠습니다.

3·1운동에 대한 탄압은 철저한 무력행사였습니다. 『현대사자료(25·26)』는 3·1운동 탄압 자료입니다. 현지의 일본 육군이 3·1운동에서 진압한 조선인과 대결한 매일매일의 전과를 육군성에 보고한 자료입니다. 그 하나를 보겠습니다. 3월 10일자 보고입니다. "평남 맹산에 다시 천도교도 100명이 헌병 분견소에 돌입했다. 보병과 협력하여 발포 격퇴했다. 헌병 1명 즉사, 보조원 1명 중상, 폭민 약 50명 사상死傷"이라고 합니다.

조금 더 상세하게 살펴보죠. "폭도의 사상자는 사무실 안과 그 앞에서 총탄에 맞아 즉사한 자 51명, 부상 후 도주하여 도중에 사망한 자 3명으로, 사망자 총수는 54명이며 부상자는 13명이다. 부상자는 상처를 입고 도주했다"고 보고했습니다. 모두 67명이 죽었습니다. 사용된 탄환은 76발이었습니다. 100명의 시위대 중에서 67명이 죽었다는 것은 헌병들이 모두 백발백중의 사격술로 전원 몰살시키겠다는 '적의'가 없으면 불가능한 일입니다.

수원 제암리에서 교회 방화로 살해된 30여 명은 시위도 하지 않았습니다. 지휘관 아리타 도시오有田俊夫 중위는 조선인은 곧 독립을 생각하는 불령한 무리라는 인식을 갖고 있었습니다. 『한국독립운동지혈사』를 집필한 박은식朴殷植에 따르면, 병력을 사용하여 진압한 사망자는 7,509명, 부상자 15,961명, 구금자 46,948명에 이릅니다. 식민지 권력은 평화적인 민중의 시위를 과격한 진압으로 철저히 대응한 것이지요.

일본에서의 쌀 소동은 어떠했을까요? 시위 양상은 3·1운동보다 쌀 소동이 더 과격했지요. 당시 데라우치寺內 내각의 내무대신은 미즈노 렌타로水野錬太郎입니다. 둘 다 조선 지배와 관계가 깊은 인물이지요. 당시 미즈노는 계엄령을 선포하지 않았습니다. 기마대를 출동시켜 시위대를 해산시켰지만 사망자는 없었습니다. 3·1운동 후에 중국에서 5·4운동이 일어납니다. 이 역시 군벌 정부 뒤에는 외국 세력인 일본·미국·프랑스·영국이 있었지만 분명한 반권력 투쟁이었습니다. 중국 전역에서 많은 학생, 노동자들이 봉기했지만 사망자는 적었습니다. 그러나 식민지 조선의 3·1운동은 5·4운동과 쌀 소동과 달리 많은 사망자가 발생했다는 특징이 있습니다.

이것은 일본의 조선 지배에서 적대시한 전쟁 상태가 스며들어 있음을 보여주고 있습니다. 조선인이 일본의 통치를 말없이 따랐다면 가짜 평화가 있었을 것입니다. 그러나 일단 자신의 목소리를 높이면 절멸의 대응이 기다립니다. 식민지 지배는 그런 구조입니다. 관동대지진이 일어나기 4년 전의 일이었습니다.

3·1운동의 결과 상하이에 임시 정부가 수립되어 활발한 독립운동을 전개합니다. 3·1운동의 이듬해, 중국의 간도, 지금의 조선족 자치주에 일본군이 난입했습니다. 왜 일본군이 난입했을까요? 의병 전쟁 이후 조선 영내에서 활동이 어려웠던 의병들이 간도에 있는 조선인 대중을 근거로 그곳에서 의병 전쟁을 계속했기 때문입니다. 고국에서 3·1운동이 일어나고 임시 정부가 수립되자 그들은 용기를 얻어 무장 투쟁을 재개했습니다. 국경 습격 사건이 빈발하지요. 이른바 끝없는 게릴라 전쟁입니다.

또 러시아 혁명이 블라디보스토크까지 파급되어 시베리아에 출병하고 있던 일본군이 패퇴에 패퇴를 거듭하며 해양 방면으로 내몰리고 있는 상태였습니다. 중국에서는 5·4운동이 일어나 일본이

21개조 요구를 거둘 수밖에 없었고, 영일동맹도 1922년 파기될 무렵이었습니다. 요컨대 단순한 민족운동이 아니라, 국제적인 반일 기운과 사회주의 사상으로 무장한 해방 운동이라는 새로운 국면이 이 무렵부터 나타나기 시작했지요.

일본군은 이런 상황에 직면하면서 식민지 방어를 위해 '만주' 시베리아의 최전선에서 전투를 개시했습니다. 이 최전선에는 러시아 중국만이 아니라 조선이 있었습니다. 『시베리아 출병 헌병사西伯利出兵憲兵史』라는 책이 있어요. 그 책을 보면 일본군을 상대로 가장 용감하게 싸운 것은 조선인 게릴라였다고 기록되어 있습니다. 니콜라옙스크尼港 사건으로 일본인이 몰살되는 사건이 발생했습니다. 그때 중심 세력도 조선인 게릴라였습니다. 그런 의미에서 현장의 일본 군부와 관헌은 조선 독립운동에 대한 경계와 적대감이 더욱 강해졌습니다. 더욱이 신념으로서의 사회주의 사상은 공포감을 가중시켰습니다. 일본이 조선 지배에서 가장 경계한 것은 조선 문제가 국제화되는 것이었습니다. 그래서 무슨 수를 써서라도 방어하려고 했지만, 실제는 반대로 전개되었습니다.

1920년대 일본군의 전략에는 3·1운동, 간도 사건, 시베리아 출병의 경험이 조선인에 대한 새로운 적대 관계를 만들었습니다. 즉 민족 문제뿐만 아니라 사회주의자를 포함한, 요컨대 사상 사냥을 수반하는 형태로 관동대지진 조선인 학살로 이어지지 않았나 생각합니다. 조선 헌병대 사령부는 '1914~20년 전쟁'이라는 용어를 사용하고 있지요. 일본에서는 간도 조선인에 대한 일본군의 군사 행동에 대해 많이 알려지지 않았지만 한 가지 예를 들겠습니다.

1920년 10월 중국에서 발행된 『진단震檀』이라는 잡지가 있습니다.

중국에 있는 임시 정부 계열 그룹이 발행한 잡지입니다. 거기에 이런 기록이 있습니다. "10월 29일 일본군 수백 명은 갑자기 연길현 세린하延吉縣 細鱗河 방면에 이르러 한인 가옥 수백 호를 불태우고 한인 다수를 총살시켰다. 또 다음 날 30일 오전 8시 30분 연길현에서 약 2리 떨어진 모산帽山 동남쪽에 위치한 청구촌青溝村 부근에서는 일본군이 한인 부락 70여 호를 불태우고, 500여 발의 총탄을 발사하면서 마을을 포위 공격했다. 거주 한인 300여 명 중 가까스로 달아난 자는 불과 4~5명뿐이다. 나머지 남녀노소는 불에 타 죽거나 총에 맞았다. 닭과 개도 남아나지 않았고, 시체가 겹겹이 쌓여 땅에 가득 찼다. 피가 흘러 강을 이루었고, 보는 자는 눈물을 흘리지 않을 수 없다." 캐나다 선교사들도 당시 정황에 대한 비슷한 목격담을 선교 본부에 보고서로 제출했습니다.

당시 간도에서 조선 민중이 입은 피해에 대해 중국 정부는 일본 정부에 대해 손해 배상을 요구했습니다. 중국에서 일어난 사건이기 때문에 당연히 중국 정부가 국제 문제로서 요구한 것이지요. 이에 따르면 살해된 자 3,103명, 붙잡힌 자 238명, 강간 76명, 불탄 호수 2,507호, 불탄 학교 31교, 불탄 교회 7동이었습니다. 일본군은 독립군과 일반 시민을 구별하지 않았다는 것이 작전의 특징입니다. 즉, 조선 그 자체가 불령한 적이었습니다. 일본의 질서에 따르지 않는 이단은 즉시 처형된 것입니다.

학살 체제의 인맥

계엄 사령부가 설치되고 경비부가 생겼어요. 사령부에서 여러 정책을 내놓습니다. 여기에 관여한 군인과 관료의 경력은 다음과 같습니다.

미즈노 렌타로 水野錬太郎	: 내무대신. 3·1운동 당시 정무총감, 최고 지휘관
아카이케 아쓰시 赤池濃	: 도쿄 경시총감. 3·1운동 당시 경무총감, 경찰 책임자
우사미 가쓰오 宇佐美勝夫	: 도쿄부 지사. 조선총독부 내무장관
오바 지로 大庭二郎	: 관동대지진 당시 군사 참의관. 간도 작전의 조선 주둔군 사령관
이시미쓰 미오미 石光真臣	: 제1사단 사단장. 3·1운동 당시 헌병사령관
아베 노부유키 阿部信行	: 계엄 사령부 참모장. 시베리아 출병군 참모장
다케다 가쿠죠 武田額三	: 야중포野重砲 제7연대장. 고등지구 조선인 학살 연대. 시베리아 출병군 고급 참모
아마카스 마사히코 甘粕正彦	: 고지마치麴町 헌병대장 특고 과장 겸임. 3·1운동 당시 조선헌병대 경기도 양평 헌병파출소

이 인물들의 경력을 살펴보면 관동대지진 당시의 학살은 우연히 일어난 조선 민족의 비극이 아닙니다. 조선 민족 해방 투쟁의 국제화를 배경으로 하는 침략과 저항이 만들어낸 민족 대결입니다. 이것이 '위법'적인 계엄령 발포의 진상입니다. 계엄령은 조선인에 대한

몰살 선언과도 같습니다.

관동대지진 조선인 학살 문제는 1923년에 일어난 사건으로만 한정하면 안 됩니다. 그 이전부터 조선을 지배하기 위해 벌인 일본의 선전 포고 없는 한일 간의 전쟁입니다. 갑오농민전쟁과 의병 전쟁의 연속 과정에서 이루어진 학살이었습니다.

『TRICK 트릭 '조선인 학살'을 없던 일로 만들고 싶은 사람들』에 대해서

가토 나오키加藤直樹는 관동대지진 조선인 학살을 부정하려는 세력을 비판하고 있습니다. 조선인 학살은 실제로 존재했다는 것을 다시 증명했지요. 가토는 이 책을 통해 구도 미요코工藤美代子 부부의 주장(『関東大震災「朝鮮人虐殺」の真実』, 産經新聞出版, 2009)을 비판한 것이지요. 구도의 책은 엉터리이고, 사료 인용에서 속임수를 사용하고 있다는 것을 밝혔지요. 그 점에서 이 책은 성공적입니다.

구도의 책이 어떻게 된 것인지 약간 설명하겠습니다. 구도가 사용한 사료는 제가 편찬한 현대사 자료집 『관동대지진』입니다. 그중에 신문 자료이지요. 당시 언론은 9월 1일 이후의 유언비어를 그대로 보도합니다. 저는 자료집을 편찬하면서 그런 무제한적 보도가 이루어졌다는 것을 자료로 제시했지요. 그것이 역사적 사실이라고 말하는 것은 당연히 아니었지요. 자료로서 제시한 것뿐입니다. 그런데 구도는 그것이 사실이라고 인정합니다.

그리고 10월 들어 사태가 일단락되었을 때, 정부는 "저것은 전부 유언비어이지 사실이 아니다", "조선인의 범죄는 없었다"라고 발표합니다. 언론도 이를 반영하여 수정 문장과 함께 "조선인이 희생되었다"라고 보도하지요. 그런데 구도는 이에 대해 일절 언급하지 않습니다. 수정 보도 기사를 인용하지 않습니다. 유언비어로 선전한 것을 그대로 사실로서 사용할 뿐입니다. 사료 비판이 전혀 이루어지지 않고 있는 셈이죠. 그런 의미에서 완전히 유언비어를 믿고 사실인 것처럼 말하는 오류를 범하고 말았습니다.

가토는 구도의 이런 문제를 철저하게 비판하고 있습니다. 구도의 책이 트릭이라는 것을 밝힌 것이지요. 구도의 책은 믿을 수 없는 엉터리이다. 학자도 아니고 연구자도 그 무엇도 아닌 그저 정치적인 목적만을 추구한 책이라는 점에서 가토의 주장은 정확합니다. 그럼에도 불구하고 가토의 책을 접하고 약간 감상을 말하지 않을 수 없습니다. 물론 이 책은 구도의 책이 엉터리라는 사실을 철저하게 비판하고 있습니다. 그렇다면 사실은 무엇일까요? 가토가 이에 대해서는 언급하지 않습니다. 문제는 유언비어의 사실 여부에 국한되어 있다는 점이지요. 유언비어는 믿을 수 없다는 것을 전제로 한 논의입니다만, 그것에만 한정된 분석입니다.

유언비어란 누군가 한 말이지요? 그것을 믿고 각지로 퍼져 나갑니다. 하지만 누가 유언비어를 발설했는지에 대해서는 전혀 언급하지 않습니다. 이 문제와 관련하여 유언비어를 민중이 발설했는가 아니면 관헌이 발설했는가라는 논의가 있습니다. 저와 마쓰오 다카요시松尾尊兊와의 기본적인 대립이었지요. 이른바 '민중설'과 '관헌설'입니다. 이 책에서는 일부러 피했을지 모르겠지만, 이런 논쟁이 드러나지 않습니다. 유언비어의 근원을 밝히는 작업은 매우 중요합니다.

또 하나의 문제는 희생자 6천 명이라는 숫자가 '많다'며 '수천 명'으로 기술한 점입니다. '수천 명'이라고 하는 말은 2천 명일 수도 있고 9천 명일 수도 있겠지요. 이것은 잘못 받아들이면 "6천 명은 말이 안 된다. 따라서 부정한다!"는 논리로 비약될 수도 있습니다. '수천 명'이라는 숫자는 애매합니다. 6천 명이 적다고 주장하는 사람들도 있기 때문입니다. 가지무라 히데키는 생전에 가나가와현神奈川県에서의 희생자를 대략 3천 명으로 추산했습니다. 가나가와는 희생자가 많은 지역으로 알려져 있지요. 특히 가나가와는 그 무렵, 개발 붐이 일어 조선인 노동자들이 많았습니다.

제가 가토의 책을 읽고 느낀 문제는 이렇게 두 가지입니다. 이 책은 구도의 주장에 대한 반론에는 성공했습니다. 하지만 일본의 헤이트 스피치에서 보이는 것처럼, 조선인 학살은 '없었다!'는 것에 대한 언급이 부족합니다. 앞으로 이 문제에 대한 해답을 제시하는 것이 과제일 것입니다.

여운형 연구의 계기

1960년대 말엽, 미국인 역사 연구자를 만난 적이 있습니다. 프랭크 볼드윈(Frank Baldwin), 조지 매카시(George McCarthy) 그리고 또 한 명 있었는데 이름은 기억나지 않네요. 일본사 연구자였습니다. 매카시는 조선의 의병 투쟁 연구자였습니다. 비슷한 연구를 하고 있어서 만나게 된 거죠. 우리는 『청일전쟁과 조선日清戦争と朝鮮』을 쓴 박종근朴宗根과 김교현金教鉉 등과 자주 만났지요. 같이 밥도 먹고 요릿집에서 송년회도 하고 집에도 자주 놀러왔습니다. 그 후 매카시는 교통사고로 사망하고 말았어요. 안타까운 일이었습니다.

볼드윈은 한국전쟁 때 참전했다가 이후 컬럼비아 대학교에서 연구를 시작했습니다. 그래서 연구를 위해서 한국에 자료를 수집하러 왔습니다. 그가 수집한 자료 중에서 3·1운동 관련 재판 자료를 제게 주었습니다. 저는 그 자료를 가지고 연구를 진행하여 1969년에 「3·1운동에서의 '민족 대표'와 조선 인민」이라는 논문을 잡지 『사상』에 게재했습니다.

볼드윈으로부터 자료를 하나 더 받았어요. 그건 여운형이 도쿄에 왔을 때의 기록이에요. 일찍이 김달수金達寿 선생이 그의 갑작스런 죽음에 대해 『민주 조선』에 "혁명 도상에 있는 우리 조선에 이보다 더한 손실이 있을까?"라고 쓴 것을 보고 관심은 가졌지만, 연구 대상으로는 생각하지 않았습니다. 그런데 볼드윈이 준 자료를 읽어 보니 흥미가 생겨났습니다. 저의 여운형 연구는 여기가 출발점이었습니다. 이후 관련 자료를 모아 평생의 연구 주제가 되었습니다.

일본의 패전을 내다보며

여운형은 일본에 협력하는 것처럼 보이면서 일본의 패전을 예상하고 건국 준비를 해야겠다고 결심했습니다. 그는 상하이에서 붙잡혀 조선으로 송환되어 형무소에 수감되었습니다. 출소 이후 조선중앙일보 사장이 되어 신문을 발행합니다. 신문의 방침 중 하나는 아동 노동 문제였습니다. 저임금으로 18시간이나 일하는 노동 현장을 취재해 기사를 작성합니다. 그리고 왜 그런 상태가 일어나는지의 배경을 면밀히 추적하면서 총독부를 비판하는 기사를 게재합니다. 사장이라는 권위를 활용하여 어린 소녀의 노동 현장을 파헤치는 기사를 썼던 겁니다. 그 무렵 여운형은 조선 총독이었던 우가키 가즈시게宇垣一成와 이런 문제에 대해 이야기를 나눕니다. 허용되는 범위에서 탄압을 피하면서 사회 문제를 기사화한 것이지요. 여운형의 노력 덕분에 조선중앙일보는 굴지의 신문으로 성장하지요.

또 여운형은 사장으로 재직하던 3년간 300쌍의 주례를 섭니다. 결혼식장에서 "부부는 사이좋게 지내야 한다!"고 말하면서 민족과 독립을 연상시키는 주례사를 은근히 덧붙였습니다. 참석자들은 조선 독립을 상상하며 감동의 박수를 보냈습니다. 입회 경관은 직접 법률에 걸리는 말이 아니라고 판단해서 여운형을 체포하지는 않았습니다. 베를린 올림픽 일장기 문제*로 여운형은 신문을 폐간하고

* 일장기 문제. 1936년 베를린 올림픽 마라톤 경기에서 일본 대표로 손기정孫基禎이 우승, 남승룡南昇竜이 3위 입상했다. 『조선중앙일보』(8월 13일), 『동아일보』(8월 25일)는 가슴의 '일장기'를 검게 칠한 표창식 사진을 게재했

신문사를 폐쇄합니다.

이후 여운형은 오카와 슈메이大川周明와 친밀한 관계를 만들어 갑니다. 오카와 슈메이는 미국과의 전쟁을 반대하고, 장제스와의 전쟁을 중지해야 한다고 생각했습니다. 당시 오카와 슈메이는 일본 우익의 거두였지요. 그에 대해서는 군부도 정부도 한 수 위로 보고 있었습니다. 그런 가운데 여운형은 신뢰 관계를 유지합니다. 일본에 와서 도움을 주는 형태로 오카와 슈메이와의 관계를 유지하면서 행동의 자유를 확보한 것입니다. 그 자유 속에서 동지들을 모아 건국동맹을 조직하자는 생각으로 행동한 것입니다.

여운형이 잊혀진 까닭

『여운형 평전 1』을 출간했을 때, 저는 왜 여운형 연구인가에 대해 썼습니다. 당시 제가 말하고 싶었던 것은 민족 독립운동사에 대한 개인적인 관심은 물론이거니와 여러 상념이었습니다. 왜 일본은 그렇게도 독립운동을 탄압하고 규제하면서 여운형의 동향 하나하나에 강한 관심을 보였을까? 왜 여운형처럼 해방 세력에 커다란 영향을 준 인물에 대한 연구가 없었을까? 그리고 왜 그에 대한 역사적 평가가 제대로 이루어지지 않았을까?

다. 이로써 동아일보는 무기 정간 처분을 받았다. 조선중앙일보는 사장 여운형이 퇴진하고 자진 해산(1937년 11월 5일)의 길을 택했다.

몽양 여운형 기념관 입구와 관내의 여운형 동상
(2019년 2월 28일, 야마모토 스미코山本すみ子 **촬영)**

여운형 연구를 진행하면서 그의 고향 생가와 무덤을 방문했습니다. 그 풍경은 너무나도 황폐하다고밖에 말할 수 없었습니다. 왜 여운형은 1947년 7월 흉탄에 쓰러진 뒤 그렇게 잊혀진 인물이 되고 말았을까요?

저는 지금까지 알려지지 않았던 세계사 속에서 독립운동사에 초점을 맞춰 잊혀진 사실을 기록하고자 노력했습니다. 그런데 왜 여운형은 숨겨지고 그에 대해 제대로 말해지지 못했을까요? 그것은 해방 후 조선이 남북으로 분단되고 한국은 친미파로 돌아서면서, 과거에 친일파였고, 자국민이 걸어온 역사와 정반대의 길을 걸어나간 정치 지배자 이승만, 그리고 그를 이은 박정희의 군사 정권이 분단국가 한국의 지배자로 군림했기 때문입니다.

여운형에 대한 평가는 한국 정치 상황과 연관되어 의도적으로 왜곡 축소되었습니다. 이는 한국만이 아니라, 북한에서도 마찬가지입니다. 조선 북반부는 구소련 독재 국가가 되었고, 민족 해방 운동은 김일성 개인으로 일원화되면서 그 다양성이 소멸되었습니다. 이렇듯 남북한 역사에서 여운형은 사라지고 말았습니다.

그런 의미에서 저는 여운형이라는 인물이 과거의 인물이 아니라, '지금'이라는 시대와 깊숙이 결부된 인물이라는 점을 강조하고 싶습니다. 남북한의 조선인, 한국인이 여운형의 투쟁의 역사를 공유해야 민족의식의 심리적 통일이 가능하지 않겠습니까? 우리 민족은 통일 없이 살아나갈 수 없습니다. 여운형은 세계를 무대로 '조선의 독립에 인생을 건 운동가'였습니다. 이번 독립기념관의 학술상 수상이 향후 한국 내 여운형의 평가에 변화를 가져올 것을 기대합니다.

재일사학에 대하여

패전 이후 일본에서는 오랫동안 식민지 시대를 거의 연구하지 않았습니다. 한국에서도 해방 이후 장기간에 걸쳐 식민지 연구가 어려운 시절이 있었습니다. 분단국가라는 틀 속에서 특히 이승만, 박정희와 같은 독재정권하에서 자유로운 역사 연구는 많은 제약이 따랐습니다. 물론 사료 열람의 문제도 작용했겠지요. 그런데 문제는 여기에 그치지 않는다고 생각합니다. 한국의 극우들에게는 식민지 지배의 실상을 밝히고 일본의 반성을 촉구하는 일이 국가의 손해라고 받아들여졌습니다. 일본과 친하게 지내고 싶거나 일본의 보호를 받고 싶은지 모르겠지만, 일본에 대한 공격을 애써 피하려는 분위기였습니다. 지금도 일각에서 그런 주장을 펼치는 인사들도 존재하는 것으로 압니다. 그들은 친일파입니다.

이처럼 한국에서는 여러 사정으로 오랜 기간 식민지 시대 연구를 제대로 할 수 없었습니다. 그 시절 근대사 연구를 본격적으로 시작한 것은 재일조선인입니다. 제가 여기서 강조하고 싶은 것은 한국의 근현대사, 특히 식민지 지배에 대한 역사 연구는 일본에 있던 자이니치 역사학자가 시작했다는 것입니다.

예컨대 박경식 선생의 강제 연행 연구는 당시 한국의 학자는 그 누구도 언급하지 않았습니다. 박경식 선생 혼자 뛰어다녔습니다. 그는 그것을 '시무時務의 역사'라고 말했습니다. 시대의 임무! 역사가에게는 그것이 필요하다고 제게도 강조하셨습니다.

아직 그 무렵에는 산증인이 많았습니다. 그는 민족학교에서 수업도 하고 연구도 해야 한다며 강제 연행의 산증인을 찾아 일본 전국을 돌아다녔습니다. 그는 원고를 쓸 때는 언제나 신주쿠의 작은 찻집을 찾았습니다. 그런 가운데서 강제 연행이라는 것이 하나의 학술 용어로 정착되었지요. 그의 연구 결과로 강제 연행의 실태가 밝혀진 셈입니다. 그가 수집한 방대한 자료도 이를 잘 말해줍니다.

강제 연행뿐 아니라 고대사 관계로 말하면 고고학의 입장에서 '광개토대왕비'를 연구한 이진희 선생도 있습니다. 그는 기존의 신라, 고구려, 백제, 임나의 역사는 거짓임을 고고학적으로 입증했습니다. 그의 연구는 일본 고대사에 적지 않은 충격을 주었습니다. 결과적으로 광개토대왕의 비문은 그의 해석과는 달리 다른 해석으로 정리되는 것 같습니다만, '임나일본부'와 '신라, 백제는 일본의 속국이었다'는 주장은 학계에서 사라졌습니다. 이진희 선생의 연구가 일본 역사학계에 많은 영향을 준 것이지요.

강재언 선생은 조선의 근대에 주목했습니다. 조선 근대와 사상사 관련 저서도 여러 권 간행했지요. 그때까지 일본에서는 식민지 시대의 역사관을 이어받아 조선에는 근대가 없는 헤이안平安 시대라고 인식하는 사람들도 많았습니다. 강재언 선생은 그런 잘못된 역사 인식을 비판하면서 조선 근대사의 초석을 마련했습니다.

당시 청일전쟁은 일본이 청나라와 싸워 국위를 넓힌 전쟁이라는 것이 일반적인 역사 인식이었습니다. 그런데 청일전쟁은 한국 침략 전쟁이라고 말한 사람이 바로 갑오농민전쟁과 청일전쟁을 연구한 박종근입니다. 『청일전쟁과 조선』은 대단한 명저입니다. 그는 일생 동안 한 권의 저서만 간행했지만, 명성황후 시해 사건을 어떻게 받아들일 것인가의 문제를 예리하게 분석했습니다.

그 말단에 제가 있었던 셈입니다. 제가 처음으로 시도한 것은 일본인이 손을 대지 않은 관동대지진이었지요. 이렇듯 일본인이 귀를 막고 눈을 감은 역사! 가만히 두고 언급하지 않으려 한 숨겨진 역사! 그런 사실을 드러내며 일본에 이런 일이 있었다고 제기한 것은 재일조선인 연구자들입니다.

한국에서는 그럴 상황이 아니었지요. 한국에서 그런 연구를 하면 아마도 '빨갱이' 소리를 들었을 겁니다. 그런 시대였기 때문에 전후 조선사를 일본과의 관계 속에서 구축한 것은 재일조선인입니다. 이것을 저는 '재일사학'이라고 부릅니다. 예를 들면 명성황후 시해 사건은 상상할 수 없는 대단한 사건입니다. 궁성에 쳐들어가 일국의 황후를 시해한 사건입니다. 당시 일본에서는 이 사건을 모두 덮어버렸습니다. 이에 대해 언급한 연구자는 아무도 없었습니다. 박종근 선생이 이 문제를 최초로 제기한 것이지요. 그것이 '재일사학'입니다.

'재일문학'이라는 호칭도 있습니다. '재일문학'은 일본인으로는 쓸 수 없는 것을 일본어로 쓰는 것이겠지요. 그런데 저는 개인적으로 '재일문학'보다 '재일사학'이 일본인의 허점을 찌르고 있다고 생각합니다. 그것이 '재일사학'의 특징이겠지요.

제가 살아온 시대의 특징이 있습니다. 예를 들어 관동대지진과 관련해 몇 마디 덧붙이겠습니다. 전후 일본에서는 드디어 관동대지진 연구를 자유롭게 할 수 있게 되었습니다. 그런데 일본인 연구자의 대다수는 무정부주의자 오스기 사카에大杉榮나 몇몇 사회주의자의 살해 사건에 주목했습니다. 조선인 학살에 대해서는 한참 동안 손을 대려고 하지 않았지요. 조선인 학살에 대해서는 눈을 감은 것입니다.

이후 저의 자료집과 연구가 간행되어 사회적 파장을 일으키자 이른바 '3대 학살 사건'으로 병렬해서 조선인 학살 문제를 언급하기도 했습니다. 지금도 그렇게 인식하는 연구자도 있습니다. 이건 어처구니없는 소리입니다. 이런 문제를 쟁점화한 것이 재일조선인이었습니다. 우리의 시대에는 일본인이 다루지 않은 영역, 일본인이 피하고 싶은 영역을 일본 역사학계에 문제 제기했습니다. 그것이 '재일사학'의 특징 중의 하나이겠지요.

해방을 맞이하자, 아버지는 저에게 "너는 좋은 시대에 태어났다"고 말씀하셨습니다. 저는 미야타 세츠코, 가지무라 히데키 등 평생의 동료와 '재일사학'을 떠안은 많은 선배들을 만나고 이 분들과 같은 시대를 살았습니다. 재일조선인 역사 연구자로서 그들과 함께 살아온 것이야말로 저에게는 커다란 행운이었다고 생각합니다.

후기

이 책이 만들어진 원점은 강덕상 선생님이 주최한 '근현대 한일 공부 모임'(속칭 강세미나, 2011~16)입니다.

이 모임은 10년 전에 일어난 동일본 대지진 날에 결성되었습니다. 지진이 수습되었을 무렵, 문화센터 아리랑에서 봉사활동을 하던 멤버들에게 강덕상 선생님은 "공부 모임을 만들어보는 것은 어떻겠습니까?"라고 제안했습니다. 일본의 식민지 지배에 대한 자세한 이야기뿐만 아니라, 영상을 활용하여 저희들에게 재미있고 알기 쉽게 역사 이야기를 풀어주셨습니다. 관동대지진 당시의 조선인 학살의 현장을 돌아보며 현지 학습의 기회도 가질 수 있었습니다. 어떤 때는 일본 속의 조선 문화가 화제가 되어 시가현의 호수 비와호琵琶湖를 일주하는 답사에 나서기도 했습니다. 물론 선생님이 계셨던 시가현립 대학의 '박경식 문고' 견학도 계획에 포함되었습니다.

그 무렵 선생님은 왼손이 붓고 아프다며 찜질팩을 계속 붙이고 계셨습니다. 선생님은 답사 때문에 병원 진찰을 계속 미루고 계셨던 겁니다. 답사 후 병원에서 검사를 받은 후, 생각지도 못한 병명을 통보받으셨습니다.

선생님이 치료를 받으시는 사이, 우리는 어떻게든 공부 모임을 계속했습니다. 선생님의 구술사를 들을 계획도 세우고 간행위원회를 조직했습니다. 먼저 시작한 것은 선생님이 집필하신 연구 논문을 비롯해 신문과 잡지 등에 쓰신 글을 수집하고 대표적인 것을 읽기 시작했습니다. 선생님의 말씀을 이해하기 위한 기초 작업이었습니다. 하지만 너무나 많은 논문과 저서, 자료집은 우리의 능력을 뛰어넘는 것이었습니다.

장기간에 걸친 투병이 계속되었지만 조금 회복되었을 무렵부터 선생님의 이야기를 다시 청해 듣기 시작했습니다. 구체적으로 선생님의 병에 대해서도 여쭤봤습니다. 차마 글로 표현하기 힘든 선생님의 장렬한 투병 기록입니다. 여기에 일부 소개하겠습니다.

> 예전에 척주관 협착증과 방광암에 걸렸는데 나았을 때는 병을 고친 줄 알았지요. 재발할 줄 몰랐어요. 그러다가 이번에는 전혀 다른 악성 림프종에 걸렸어요. 병명도 어려운데 '확산성 대세포형 B세포 림프종'이었어요. 치료하려는데 의사 선생님은 혈액만 검사하더군요. 림프종인데 림프는 건드린 적도 없어요. 그리고 항암제 치료가 시작되었습니다. 6회까지는 괜찮았는데 7회, 8회에는 기억 장애와 의식 장애를 일으켜 아무것도

모르게 되었습니다. 정신을 잃고 구급차에 실려 갔습니다. 3일간 날뛰어서 어쩔 수 없이 저를 꽁꽁 묶어 두었다고 합니다. 깨어나 보니 자유롭게 행동할 수 없는 상태였습니다. 가족이 옆에 붙어 있었지요. 그때 여러 가지 꿈을 꾸었습니다.

항암제 치료를 많이 했기 때문에 재발하지 않을 것으로 생각했던 방광암이 다시 재발했습니다. 먼저 자른 다음 방사선 치료를 하고 퇴원했습니다. 그런데 조금 지나자 방사선 치료의 후유증이 나타났습니다. 장과 요도의 벽이 얇아져 출혈이 생겼어요. 금년(2019년)에 다시 상태가 심해져서 재입원했습니다. 진단이 잘못되어 암이 전립선까지 전이되었으니 끊자고 말해서 입원해서 수술을 받았습니다. 약 10일 정도 입원하고 돌아오자 또 다시 출혈이 생겼어요. 그래서 3월 4일부터 24일까지 다시 입원했습니다. 의사 선생님은 암의 전이가 아니라 방사선 치료의 후유증으로 방광 벽이 헐어서 핏덩어리가 요도를 압박해 소변이 나오지 않는 것이라고 설명했어요. 긴급 수술을 하고 나서 3주 동안 관을 달고 살았지요. 그러다가 4월 21일 관을 떼었습니다.

투병 중 깨달은 것은 아직 완성하지 못한 일이 많다는 것이었습니다. 그리고 질병이라는 것은 인간에게 수명이 있음을 예고하는 것임을 깨달았습니다. 그러니 이대로 죽을 수 없다, 회복되면 하지 못한 일을 해야지 생각하다가 또 한편으로는 이대로 죽는 것은 아닐까 하는 생각도 들었어요. 여러 생각이 뒤섞이면서 매우 내성적으로 변했습니다. 하지만 하다 남은 걸 하면 된다는 결심도 생겼습니다.

선생님은 병환 중에도 틈틈이 『여운형 평전』 3권과 4권의 원고를 정리하고 젊은 연구자의 도움을 받아 출판하셨습니다. 그 연구로 한국독립기념관의 학술상을 수상하게 된 것입니다. 이것은 한일 양국 모두에 여운형 연구가 매우 중요하다는 사실을 보여주는 증거일 것입니다.

또 틈틈이 선생님의 구술 작업도 진행했습니다. 선생님은 질문에 열성적으로 답해 주셨습니다. "일본의 모퉁이에는 조선이 있다", "관동대지진 때의 조선인 학살은 우연히 일어난 것이 아니다. 일본 국가의 조선 침략 정책의 연쇄 위에서 일어났다"는 것을 새삼 강조하셨습니다. 우리는 선생님으로부터 다시 한번 역사 인식의 중요함을 깨닫게 되었습니다.

간행위원회에서는 먼저 녹음테이프를 문자화하고 강덕상 선생님이 일본에 오셨을 때부터 현재에 이르기까지의 역사를 문장화했습니다. 초고를 선생님께서 가필, 정정하고 당시의 사진과 자료를 제공받아 정리한 것이 이 책입니다.

돌이켜 보면 이 과정은 우리에게 가장 좋은 공부의 시간이었습니다. 마지막으로 간행위원회에 참여한 멤버들의 소감을 한마디씩 남깁니다.

강덕상 선생님의 자이니치로서의 고투의 역사를 배웠습니다.
일본인으로서 진지하게 받아들여 제 자신을 되돌아보겠습니다.

大上美津恵

고향을 향한 깊은 사랑을 느끼게 된 것은 아버지와 함께 할아버지 장례를 위해서 진주로 향하셨을 때의 이야기입니다. 일본과 달리 "산들이 여기저기 홀로 서 있었다"며 꾸밈없이 말씀하셨습니다. 80대 후반인 지금도 생생하게 기억하고 있는 것은 마음에 깊숙이 남아 있기 때문일 것입니다.

片山美乃

녹음테이프를 글자로 옮기는 작업은 매우 큰 배움의 시간이었습니다. 지금까지의 지식이 새로운 모습으로 되살아났습니다. 선생님의 '시무의 역사'로부터 일본 역사를 되묻고 싶습니다.

高塚恵里子

'자이니치' 역사가로부터 직접 라이프 히스토리(생활사)를 들을 기회를 얻었습니다. 일본인인 제 자신의 시점에 담긴 편견을 객관화할 수 있는 감각을 배운 것 같습니다. 그저 감사할 따름입니다.

鳥羽みさを

소년기에 심어진 황국사관으로 변절하고 왜곡된 자신을 어떻게 되찾아 갔는가? 그 인간적인 갈등, 시무의 연구자로서 발신해 온 강덕상 선생님의 말씀이 강렬한 인상으로 남아 있습니다.

中山友子

'재일사학'이라는 지적에 마음이 급해집니다. 녹음테이프를 글자로 옮기는 귀중한 시간을 경험했습니다. 감사합니다.

平野和美

귀국한 동생과 관련해 “국가도 분단되었지만 우리 가족도 분단되었다”고 말씀하신 강덕상 선생님의 말이 가슴에 무겁게 남아 있습니다. 남북이 서로 교류하면서 통일의 날이 빨리 오기를 바랍니다.

平野由貴子

강덕상 선생님의 구술사는 일본 사회를 계속 좀먹는 인종주의, 역사 부정의 공격에 맞서면서 역사의 진상을 밝혀 온 투쟁이었습니다. 이 투쟁은 우리에게 일본 사회의 바람직한 모습을 묻는 것이며, 삶의 방식을 묻는 것이라고 생각합니다. 깊이 받아들입니다.

山本すみ子

본서 간행과 관련해 삼일서방의 고수미高秀美씨에게 많은 도움을 받았습니다. 깊이 감사드립니다.

2021년 3월 1일

강덕상 기록 간행위원회

옮긴이의 말

2021년 6월 12일 아침! 강덕상 선생님 따님으로부터 한 통의 문자를 받았다. 선생님께서 운명하셨다는 연락이었다. 오랜 기간 투병 중이어서 예감은 했지만, 순간 멍해졌다는 것 이외에 달리 표현할 길이 없었다. 선생님의 평소 환하게 웃는 인자한 모습이 새삼 떠올랐다. 이제는 다시 뵐 수 없는 먼 길을 떠나셨다. 삼가 명복을 빈다.

첫 만남은 1984년 9월 무렵이었으니, 선생님과의 인연은 37년이라는 긴 시간에 걸쳐 이루어졌다. 그 긴 시간 동안 선생님으로부터 많은 가르침과 질책을 받았다. 돌이켜 생각하면 정말 큰 은혜를 입은 것이었는데, 여전히 선생님의 깊은 뜻을 온전히 헤아리지 못한 것 같아 송구스러운 마음도 크다. 그런 모든 마음을 담아, 또 선생님께서 자주 말씀하셨던 것을 기억하고, 후학들에게 주신 가르침을 기리기 위해 이 책을 번역하기로 했다.

이 책은 재일사학자 강덕상 선생님의 회고록이다. 일본 사회에서 재일조선인으로서 살아온 '격투'의 역사이기도 하다. 이야기는 식민지 시대 황국 소년으로서 조국의 존재를 망각한 시절로부터 시작된다. 조선인의 마음을 갖고 있지만 일본에 충성을 다해야 한다는 강요된 황국 소년, 강덕상의 모습에서 황민화 정책이라는 것이 인간을 어떻게 만들 수 있는지 잘 보여준다.

청년기에도 재일조선인의 방황과 고뇌는 계속되었다. 조선인이라는 사실을 떳떳하게 밝힐 수 없었던 차별 사회 속에서 일본식 통명을 사용할 수밖에 없었다. 재일조선인에 대한 편견과 차별은 그토록 가혹했다. 이 책에는 기록되어 있지 않지만 선생님은 조선에서 오신 할머니가 역 앞에서 '덕상아!'라고 부르는 것이 창피해서, 아니 조선인이라는 사실이 주변에 드러날까 노심초사하여 멀리 도망가 버렸다는 본인만의 숨기고 싶은 사연도 말씀하셨다.

선생님이 드디어 조선인으로서 모든 사람 앞에 나선 것은 대학생이 되어서였다. 지인들 앞에서 '나는 강덕상이다!' 라고 조선인 선언을 했다고 한다. 이런 상황을 실제로 경험하지 못한 사람은 감히 본명 선언의 의미를 상상할 수 없을 것이다. 엄청난 공포였음에 틀림없었을 조선인 선언을 한 날, 선생님은 많이 우셨다고 한다. 복합적인 감정이 뒤섞여 있는 눈물이었으리라. 어쨌든 선생님의 내면에 자리 잡고 있던 황국 소년의 어두운 그림자가 걷히는 순간이기도 했을 것이다. 그날부터 역사가 강덕상의 본격적인 첫걸음이 시작되었다. '조선사는 일본사의 왜곡을 바로잡는 거울이다'는 말로 축약되는 연구의 시작이었다.

강덕상 선생님은 일본의 조선사 연구, 특히 근대사 연구의 초석을 쌓았다. 우방협회를 토대로 한 '조선근대사료연구회'의 활동을 빼고서는 일본의 조선사 연구의 태동을 말할 수 없다. 선생님의 맹우, 가지무라 히데키梶村秀樹와 미야타 세츠코宮田節子와의 깊은 우정과 조선사 연구를 향한 열정도 함께했다. 이들이 모여 조선사연구회를 출범시키고, 일본 사회에서의 조선사 연구가 갖는 진정한 의미와 방향을 제시했다. '일본의 길모퉁이에는 반드시 조선이 있다'는 문제의식은 선생님의 비판정신과 역사의식을 함축적으로 드러낸다.

이 책은 재일조선인으로서 살아온 인간 강덕상의 솔직한 삶의 고백이기도 하다. 정규 대학과 대학원을 졸업하고, 많은 관련 연구 성과를 학계에 발표했음에도 불구하고 조선인이라는 이유로 대학에 자리를 잡을 수 없었다. 속칭 '보따리장수'로 여러 대학을 전전하며 연구를 이어 나갔다. 일본 사회가 재일조선인 연구자에게 '국적 조항'을 내세워 안정적인 연구 환경을 제공하지 않았기 때문이다.

한 집안의 가장으로서 선생님이 감당해야 할 무게는 무척 컸다. 가장으로서의 책무를 다하지 못한다는 자괴감 때문에 빠칭코라는 생소한 부업을 통해서라도 가정 경제에 보탬이 되려 했지만, 그 '희망'은 물거품이 되어 부채로 돌아왔다. 평생 자료 수집과 연구에만 몰두하던 '순진한' 연구자가 무모한 사업에 도전해야 했을 만큼, 조선인 연구자의 생계유지는 위태로웠다. 일본인 연구자라면 겪지 않았을 우여곡절을 온몸으로 맞닥뜨리지 않으면 안 되었다.

이 책에는 선생님의 진솔한 삶의 흔적이 곳곳에 담겨 있다. 황국소년으로서의 내면세계. 해방 이후 격동기를 거치며 차별받는 경계인으로서의 정체성 인식. 북으로 귀국한 동생에 대한 애절한 마음. 부모님, 특히 어머니에 대한 속죄의 마음과 회한. 집요한 자료 수집과 연구. 조국 분단의 아픔과 분단 극복을 바라는 마음 등, 인간 강덕상의 모습이 여과 없이 표출되어 있다.

2018년 1월이었던 것으로 기억한다. 새해를 맞아 꽤 오랜만에 선생님께 세배를 드리러 갔다. 수년 전부터 몸이 많이 아프셔서 장시간 만나 뵙기가 죄스러울 정도였다. 당시 선생님은 문화센터 아리랑과 재일한인역사자료관 초대 관장으로서 사회 활동에 전념한 시기이기도 했지만, 무거운 병마와 싸우던 시기였다. 입원과 퇴원을 반복하면서 병원으로부터 더 이상의 치료가 불가능하다는 말을 들었다.

그러나 선생님은 병환 중에서도 성실함을 잃지 않으셨다. 생사를 넘나들던 상황이었지만, 선생님은 의사에게 간절히 부탁하셨다고 한다. "앞으로 2~3년의 시간이 필요하다. 여운형 평전을 마무리하지 않고서는 눈을 감을 수 없다. 그때까지만이라도 살 수 있게 해달라"는 강렬한 바람이었다. 『여운형 평전』 3권과 4권의 교정은 병마와의 싸움 속에서 이루어졌다. 선생님이 그토록 존경하던 여운형 '찾아 나서기' 작업은 이렇게 일단락되었다. 『여운형 평전』은 역사학자 강덕상 선생님의 성실한 자세를 보여준 한 편의 대하드라마이기도 하다.

선생님의 모습에서 역사 연구자의 참모습을 새삼 발견할 수 있다. 선생님은 '재일사학'이라는 새로운 영역의 연구를 제시하신다. 선생님은 '일본인이 귀를 막고 눈을 감은 역사! 가만히 두고 언급하지 않으려 한 숨겨진 역사!'의 규명이 '재일사학'의 본령이라고 강조한다. 일본인이 다루지 않은 영역, 일본인이 피하고 싶은 영역을 일본 역사학계에 문제를 제기하는 것이 중요하다는 것이다. 충분히 공감하고 앞으로 체계적으로 정립할 필요가 있다. 이는 최근 일본의 조선 연구의 문제점과 앞으로의 과제 등을 제시한 것이기도 하다. 부조리한 일본 사회에서 몸소 겪어온 세월을 통해 터득한 체험을 우리에게 제시하고 있다.

선생님은 일관되게 민족의 중요성을 강조했다. 그것은 남북 분단의 극복과 통일의 방향성을 전망한 것이기도 하다. 선생님은 "역시 민족을 되찾는다는 것! 이것은 사상이 아닙니다. 남북으로 나누어지게 한 것은 좌와 우입니다. 이것은 사상입니다. 그 뒤편에는 공통의 민족 체험이 있습니다. 이것을 회복한다는 것! 이게 가장 중요합니다!"라고 누누이 강조한다. 선생님은 '시무時務의 연구자'로서 온 생애를 바치셨다.

◆◆◆

이 책은 강덕상 선생님이 주최한 '근현대 한일 공부 모임'(속칭, 강세미나)에 참여한 시민들의 소중한 기록입니다. 선생님께서 병환으로 치료를 받으시는 사이 오랜 준비 끝에 선생님의 구술사를 한 권의 책으로 정리했습니다. 여러분의 수고와 노력에 그저 감사와 경의의 마음을 보내지 않을 수 없습니다. 감사하고 또 감사합니다. 아울러 이 책의 일본어판을 기획하신 삼일서방의 고수미高秀美님과 한국어판 번역을 허락하신 어문학사 윤석전 대표님께도 감사의 마음을 전합니다.

선생님을 보내드리고 나니 허전하고 쓰리고 슬픕니다. 후회도 많습니다. 선생님, 저희들에게 큰 가르침 남겨주셔서 감사드립니다. 다만 멀리서나마 그토록 당신이 바라시던 남북의 화해와 협력! 우리 민족에게 남겨진 과제들, 후학들에게 남겨주신 연구 과제를 현명하게 판단하고 행동할 수 있도록 저희에게 지혜를 주시길 청해 봅니다.

선생님! 평안히 쉬십시오.

2021년 8월 15일

이 규 수

한국독립기념관 학술상(2020년) 수상

독립기념관은 2005년에 한국독립운동사 분야의 뛰어난 저술을 대상으로 독립기념관 학술상을 제정한 이래, 매년 광복절 즈음에 학술상을 시상합니다. 강덕상 선생이 오랜 여운형 연구로 2020년 8월 27일, 한국독립기념관 학술상을 수상하셨습니다.

강덕상 선생이 저술한 『여운형 평전』은 총 4권으로 제1권은 2002년에, 제2권은 2005년에, 제3권이 2018년에, 제4권이 2019년에 발간되었습니다. 평전 완간까지 20년이 걸린 것입니다. 대상 저서는 『여운형 평전』 3권과 4권입니다.

학술상 선정 심사위원회는 한국 근대사 연구자로서 강덕상 선생이 펴낸 『현대사 자료 1~6』(1966~1976)를 읽지 않고는 연구를 할 수 없을 정도이기 때문에, 애당초 학계에 끼친 강덕상 선생의 공적은 비교가 불가능하다고 극찬했습니다. 더욱이 이번 수상작은 단순한 이야기식 인물 평전이 아니라, 여운형을 통해 독립운동의 전체 모습을 드러내고 해방 정국 당시 좌우 합작을 위해 힘쓴 활동상을 밝히기 위해 원전 자료를 풍부히 수록함으로써 여운형에 대한 학술 연구의 집대성으로 평가할 만하다고 밝혔습니다. 또한 남북통일을 지향한 여운형의 삶을 추적하는 과정이 자이니치로서 저자의 평생의 염원을 담아내는 과정이기도 했다는 점이 잘 드러나 읽는 이에게 감동을 주고 있다고 평가했습니다.

수상식은 코로나로 인해 온라인으로 진행되었다.
왼편은 대리 수상자 윤경로 몽양 여운형 기념관 관장, 오른쪽은 이준식 독립기념관장

(사진 제공 : 독립기념관)

상장과 상패

(사진 제공 : 오충공 감독)

(좌)학술상 수상작 『여운형 평전』 (우)수상 소식을 접하고 기뻐하는 모습.
왼쪽은 히토쓰바시 대학 시절의 제자 이규수

(사진 제공 : 오충공 감독)

도쿄 자택에서 수상식을 가족과 함께 바라보며.
오른쪽부터 차녀 미령, 장녀 수령, 강덕상 선생, 부인 문양자 여사

(사진 제공 : 오충공 감독)

연보

연도	연보	사회 상황
1931	8월 5일 경상남도 함양군 수동면 화산리에서 장남으로 출생(호적상 생년월일은 1932. 2. 15.)	9월 18일 '15년 전쟁' 시작
1932		3월 1일 '만주국' 건국 선언 5월 15일 '5·15 사건'
1934	12월 30일 모친(방귀달)과 함께 도일, 부친(강영원)과 미나토구港区 후루카와초古川町에 거주	
1935	시부야구渋谷区 도요와케초豊分町 29번지로 이사, 부친이 고물상 시작함	
1936		2월 26일 '2·26 사건'
1937	시부야구 쇼운지祥雲寺 유치원 입원	7월 7일 중일 전쟁 시작 12월 13일 '난징대학살·대강간'
1938	4월 시부야구립 린센臨川 심상고등소학교 입학	
1939		국민징용령 공포 조선인 노동자의 모집 개시(1942년 이후, 관알선 개시) 창씨개명령 공포(1940년 실시)
1941		12월 8일 태평양전쟁 발발
1942	12월 30일 조부 장례를 위해 부친과 일시 귀국	
1943	부친은 고물상업, 메이지 운송점을 개업	

1944	**3월** 시부야 구립 린센 심상고등소학교 졸업 **4월** 도쿄 도립 다마 多摩 중학교 입학	조선인에 대해 징병제를 실시 조선에서 여자정신근로령 공포
1945	**2월** 강제 소개로 시부야구 온덴穩田으로 이사 **5월** 공습으로 가재 소실, 미야기현宮城県 사누마佐沼로 소개 **5월** 미야기 현립 사누마 중학교로 전학 일본 패전, 조선 해방	**3월 10일** 도쿄대공습 **8월 15일** 일본 패전 조선 식민지 해방 **10월** 재일본조선인연맹(조련) 결성 **11월** 조선건국촉진청년동맹(건청) 결성 **12월** 중의원 의원 선거법 개정 재일조선인·대만인의 선거권 정지
1946	**8월 15일** 부친, 해방 1주년 축하로 마신 메틸알콜로 실명 **9월** 모친과 도쿄로 돌아옴 **9월** 도쿄 도립 아오야마青山 중학교 전학(전후 다마多摩 중학교와 15중학교가 합병하여 아오야마 중학교가 됨)	신조선건국동맹(건동) 결성 건청, 건동이 합류하여 재일본조선거류민단(민단) 결성(→이후 '재일본대한민국 민단'으로 개칭) 조선 성명 복구령
1947	연말 경 모친 요요기代々木역 앞에 음식점 개업	**5월 2일** 외국인 등록령 시행 칙령에 의해 재일조선인은 '외국인'으로 간주되고, 국적란에는 '조선'으로 기재됨 **5월 3일** 일본국 헌법 시행
1948	**3월** 아오야마 중학교 4년 수료 **4월** 도쿄 도립 아오야마 고등학교 2학년에 편입학(학제 개혁 적용)	**4월 24일** '한신 교육 투쟁' 법률 제126호 제정 대한민국 건국 조선민주주의인민공화국 건국

1949		**4월** 조선인 학교 폐쇄 명령 조련에 '단체 규제령'을 적용하여 강제 해산(→1951년, '민전'으로)
1950	**3월** 도쿄 도립 아오야마 고등학교 졸업 **4월** 와세다 대학 제1문학부 사학과 입학 **10월** 와세대 대학 학생 운동(레드파지 반대 투쟁)으로 퇴학 처분	공직 선거법 **6월 25일** 한국전쟁 발발(→1953년, '휴전 협정 체결)
1951	**4월** 학교 측으로부터 퇴학 처분 취소 와세다 대학 제1문학부 사학과 재입학	재일본조선통일민주전선(민전) 결성
1952		샌프란시스코 강화 조약 조선인, 대만인이 일본 국적을 이탈, 외국인으로 취급 받음
1955	**3월** 와세다 대학 제1문학부 사학과 졸업 **4월** 와세다 대학 대학원 상학연구과 경제사 전수 석사과정 입학 월간 잡지 『구라이시 중국어倉石中国語』 편집부 입사	재일본조선인총연합회(조총련) 결성
1957	**3월** 월간 잡지 『구라이시 중국어』 퇴사	
1958	역사학연구회 회원	조선민주주의인민공화국으로의 귀국 운동 개시(1959년, 북일 사이에 귀환협정, 같은 해부터 니가타新潟로부터 제1선 출항) 고마쓰가와小松川 사건

1960	3월 와세다 대학 대학원 상학연구과 석사과정 수료 4월 메이지 대학 대학원 문학연구과 사학 전공 동양사 전수 박사과정 입학 7월 11일 문양자文良子와 결혼 7월 13일 동생(강덕훈) 일가, 조선민주주의인민공화국으로 귀국	
1961	1월 27일 부친(강영원)사거, 향년 48세	
1963	3월 메이지 대학 대학원 문학연구과 사학 전공 동양사 박사과정 단위 취득 만기 퇴학 조선사연구회 간사(1966년까지) *『現代史資料6 関東大震災と朝鮮人』	
1965	『現代史資料』로 제13회 기쿠치 간菊池寛상 공동 수상	한국과 일본 사이의 기본 계약에 관한 조약(한일조약) 체결
1966	*『現代史資料25 朝鮮1 3·1運動1』(みすず書房)	일본에 거주하는 대한민국 국민의 법적 지위와 대우에 관한 일본과 대한민국 간의 협정(한일 법적 지위 협정) 발효
1967	*『現代史資料26 朝鮮2 3·1運動2』(みすず書房)	
1968	4월 도쿄 대학 동양문화연구소 연구위탁	2월 2일 김희로金嬉老 사건 4월 17일 도쿄도지사, 조선 대학교를 각종 학교로 인가
1969		송두회宋斗会, 일본 국적 확인 소송 제소(→1980년, 패소 결정)

1970	*『現代史資料27 朝鮮3 独立運動1』(みすず書房)	12월 8일 박종석朴鐘碩, 히타치日立 취직 차별 소송(→1974년, 승소 판결)
1971	4월 와코和光 대학 일반교육 강사(1993년 3월까지)	
1972	*『現代史資料28 朝鮮4 独立運動2』(みすず書房) *『現代史資料29 朝鮮5 共産主義運動1』(みすず書房) *『朝鮮独立運動の血史1』(翻訳, 平凡社東洋文庫) *『朝鮮独立運動の血史2』(翻訳, 平凡社東洋文庫)	
1973	4월 메이지 대학 문학부 겸임강사(2002년 3월까지)	김대중이 한국중앙정보부(KCIA)에 의해 도쿄의 호텔, 그랜드팰리스에서 납치 당함
1975	구니타치시国立市 시민 연속 역사 강좌 강사 *『関東大震災』(中央公論社) 12월 『関東大震災』(駿台) 사학회 선장選奨 수상	사할린 잔류자 귀환 청구 재판 제소(→1989년, 취소로 종료) 10월 3일 최창화崔昌華 목사, 한국성을 일본어로 읽는 것은 인권 침해라며 NHK를 제소(1엔 재판)
1976	*『現代史資料30 朝鮮6 共産主義運動2』(みすず書房)	김경득金敬得, 사법 시험에 합격하지만 사법연수소에 입소 불가능(→1977년, 최고재판소 결정에 의해 최초의 사법수습생이 됨)

1977	**4월** 신슈信州 대학 인문학부 외국인 강사(1987년 3월까지) **10월** 도쿄 대학 동양문화연구소 강사(1978년 3월까지) **11월** 『現代史資料』로 마이니치毎日 출판문화상 특별상 수상	국제 인권 규약에 일본이 가입→주택·금융 공고公庫·공영 주택·공단 주택 등에 국적 조항 철폐
1978	시부야구 구민 연속 역사 강좌 강사	
1979	**4월** 가큐슈인学習院 대학 동양문화연구소 객원연구원(1993년 3월까지)	김현균金鉉鈞, 국민연금 지불 요구를 제소(→1983년, 도쿄 고등재판소 판결, 사회보험청에 국민연금 지불을 명령)
1980		**9월 10일** 한종석韓宗碩, 외국인 등록 갱신 시에 지문 날인을 거부(東京都新宿区役所)
1981	다치카와시立川市 시민 연속 역사 강좌 강사 **4월** 호세이法政 대학 대학원 사회학과연구과 겸임강사(1983년 3월까지) **12월 2일** 모친(방귀달) 사거, 향년 70세	
1982	**2월** 구니타치시 시민연속 역사 강좌 강사 다나시田無市 시민 연속 역사 강좌 강사 **4월** 호세이 대학 경제학부 겸임강사(1984년 3월까지) *『方貴達オモニの思い出』(私家版)	**1월 1일** 일본 정부 비준(1976년 6월 21일)의 난민조약 발효, 특례 영주 제도 실시, 국민연금의 국적 조항 철폐(단, 35세 이상은 미적용) **9월 1일** 국공립 대학 외국인 교원 임용법 시행(단, 임기제)
1983	*『独立運動の群像』(青木書店)	

1984	조선민족운동사 연구회 회원 **4월** 쓰다주쿠津田塾 대학 강사(1984년 9월까지) 히토쓰바시一橋 대학 사회학부 강사(1985년 3월까지)	부계 혈통주의로부터 부모 양계 혈통주의로 국적법 개정 제1회 원코리아 페스티벌 개최
1985	다나시 시민 연속 역사 강좌 강사 와세다 대학 재일한국·조선인 동창회 회장(1987년까지) **4월** 호세이 대학 제2교양학부 겸임강사(1989년 3월까지) 요코하마横浜 국립대학 경제학부 강사(1986년 3월까지) 오차노미즈お茶の水 여자대학 교육학부 강사(1986년 3월까지) 지바千葉 대학 문학부 강사(1987년 3월까지) 릿쿄立教 대학 일반교육부 강사(1986년 3월까지)	**1월 1일** 일본 개정 국적법 시행
1986	아다치구足立区 구민 연속 역사 강좌 강사 한국독립기념관 부속연구소 연구원 **3월** 청구 문화상 수상 **4월** 시코쿠四国 학원대학 문학부 강사(1989년 3월까지) **4월** 히토쓰바시 대학 대학원 사회학연구과 강사(1988년 3월까지)	**4월 1일** 국민 건강 보험법의 국적 조항 철폐

1987	**4월** 히토쓰바시 대학 경제학부 강사(1988년 3월까지) **4월** 호세이 대학 경제학부 겸임강사(1989년 3월까지) **8월** 한국독립기념관 기념 대통령패 수상 *『ソウル城下に漢江は流れる』(共訳, 平凡社)	
1988	**4월** 와세다 대학 사회과학연구과 특별연구원(1993년 3월까지) **4월** 히토쓰바시 대학 사회학부 강사(1989년 3월까지) **4월** 신슈 대학 인문학부 외국인 강사(1989년 3월까지)	**9월 17일** 서울 올림픽 개최, 159개국 8,456명의 선수가 참가 사할린 잔류 한국인의 한국 영주귀국 개시
1989	**4월** 히토쓰바시 대학 사회학부 교수 **4월** 오사카大阪 외국어 대학 강사(1996년 3월까지)	배건일裵健一 입거 차별 재판 제소(→1993년, 승소 판결) 서일본흥산西日本興産, 우토로 지구 주민에 대해 토지 명도 청구 제소(→2000년, 최고재판소에서 주민 패소 확정)
1990		김정규金正圭 등의 참정권 소송 제소(→1995년, 최고재판소 판결로 패소되었지만 외국인 참정권은 입법으로 가능하게 됨)

1991	와세다 대학 재일한국·조선인 동창회 회장(1993년까지)	한일 법적 지위 협정에 기초한 협의 결과에 관한 각서 이학래李鶴来 등 BC급 전범 소송 제소(→1999년, 최고재판소에서 패소 확정) **9월 18일** 대한민국과 조선민주주의인민공화국, UN 동시 가맹 **11월 1일** 협정 영주와 특례 영주를 하나로 만든 특별 영주 제도 개시
1992	**11월** 문화센터 아리랑 관장(2017년 5월까지)	영주자와 특별 영주자에 대한 지문 날인 제도 폐지(→1999년, 지문 날인 제도 전면 폐지)
1993	*『戦後補償問題資料集 第8集』(戦後補償問題研究会)	**1월 8일** 개정 외국인 등록법 시행 **4월 5일** 송신도宋神道, 종군 '위안부 도쿄 지방재판소에 제소(→2003년 3월, 최고재판소에서 패소 확정)
1994	**4월** 게이센恵泉 여학원대학 강사(1998년 3월까지) 민단 민족대학 강사로 전국 주요 도시의 시민 강좌에서 한일관계사 강의 담당(1999년까지)	정향균鄭香均, 동경도 관리직 재판 제소(→1997년 도쿄 고등재판소 승소, 2005년 최고재판소 패소) **4월 20일** 민단이 재일본 대한민국 민단으로 개칭
1995	**3월** 히토쓰바시 대학 정년퇴직 **4월** 시가현립滋賀県立 대학 인간문화학부 교수	**1월 17일** 한신阪神·히메지淡路 대지진으로 131명의 동포가 희생 **2월 28일** 최고재판소 '영주자 등의 지방 참정권 부여는 헌법상 금지되지 않는다'는 판단을 제시
1996		**5월 13일** 가와사키시川崎市가 도도부현都道府県과 정령政令 지정 도시에서 처음으로 직원 채용시험의 국적 조항 철폐

1997	*『朝鮮人学徒出陣-もうひとつのわだつみのこえ』(岩波書店)	
1998	**4월** 오사카大阪 대학 강사(1999년 3월까지)	
2000		공명당과 자민당 양당, '지방 참정권 법안'을 국회에 제출 **6월 15일** 남북 공동 선언 발표
2001	**4월** 신슈 대학 강사(2002년 3월까지)	정부 여당, '국적 제출 법안(가칭)'을 국회에 제출 이시하라 신타로石原慎太郎 도쿄 도지사, '3국인' 발언
2002	**3월** 시가현립 대학 정년퇴직 **4월** 시가현립 대학 명예교수 한국 성균관대학교 동아시아학술원 강사 *『呂運亨評伝1 朝鮮3·1独立運動』(新幹社)	재일 코리언 변호사 협회 설립 **5월 31일** 2002년 FIFA 월드컵(한일 공동 개최) **9월 17일** 고이즈미小泉 수상 방북, 조일 평양 선언 채택, 일본인 납치를 인정
2003	*『関東大震災·虐殺の記憶』(青丘文化社)	
2005	**11월 24일** 재일한인역사자료관 관장 (2017년 11월까지) *『呂運亨評伝2 上海臨時政府』(新幹社)	**1월 26일** 정향균, 도쿄도 외국적 직원의 관리직 승임 시험 거부 소송에, 최고재판소에서 패소 **11월 24일** 재일한인역사자료관 개설

2006		**5월 17일** 한국 민단과 조총련이 화해를 향한 6항목 합의, 공동 성명 발표 **7월 6일** 한국 민단, 북한의 미사일 발사(7.5)를 이유로 조총련과의 화해를 향한 공동 성명의 백지 철회를 발표
2007	*『錦絵の中の朝鮮と中国』(岩波書店)	
2010		**5월 10일** 한일 지식인 214명 서울과 도쿄에서 '한국병합' 100년 한일 지식인 공동 성명을 발표
2011		**3월 11일** 동일본대진재
2012		**4월 11일** 한국 공직 선거법 개정(2009년 2월)에 따라 제19대 국회의원 선거에 재일한국인을 포함한 한국의 해외 영주자가 처음으로 참가 **7월 9일** 외국인 등록법 폐지 주민 기본 대장 제도(주민표) 적용 **12월 19일** 한국의 제18대 대통령 선거에 재일한국인을 포함한 한국의 해외 영주자가 처음으로 참가
2013		**10월 7일** 교토京都 지방재판소, 민족학교에 대한 헤이트 스피치를 인권 침해에 해당한다며 재특회在特会에 배상금(1226만 엔)과 학교로부터 반경 200m 이내에서의 가두 활동 금지를 명령

2014		**8월 29일** UN 인종 차별 철폐 위원회, 인종 차별 철폐 조약과 헤이트 스피치, 헤이트 크라임에 대해 일본 정부에 권고
2015		**12월 28일** 한일 외상, 위안부 문제 한일 합의 발표(2016년 '화해 치유 재단' 설치, 2019년 해산)
2016	투병 생활	**1월 15일** 오사카大阪 시의회, 전국 처음으로 '헤이트 스피치의 대처에 관한 조례' 제정 **5월 16일** 고마군高麗郡 건군 1300주년(월일은 음력) **6월 3일** 헤이트 스피치 대책법(본방 외 출신자에 대한 부당한 차별적 언동의 해소를 향한 대처의 추진에 관한 법률) 시행(5월 24일 성립)
2017	투병 생활 재일한인역사자료관 관장 교대 문화센터 아리랑 관장 교대	**9월 1일** 고이케小池 도쿄 도지사, 관동대진재 조선인 희생자 추도식에 추도문 송부를 중지 **9월 20일** 천황과 황후가 처음으로 고마신사(高麗神社, 埼玉県日高市)에 참배 **10월 31일** 한일이 공동으로 신청한 '조선통신사에 관한 기록: 17세기~19세기 한일 간 평화구축과 문화교류의 역사'가 유네스코 세계기록 유산으로 선정

2018	투병 생활 *『呂運亨評伝3 中国国民革命の友として』(新幹社)	**2월 9일** 평창 동계 올림픽 개막, 아이스하키 여자 남북 공동팀 '코리아' 결성 **4월 27일** 남북 수뇌 회담(문재인 대통령과 김정은 국무위원회 위원장), '판문점 선언'(종전 비핵화를 추구함) **6월 12일** 북미 수뇌 회담(김정은 국무위원회 위원장과 트럼프 미대통령, 싱가포르) **10월 30일** 일제 강제 동원 피해자의 일본 기업에 대한 손해 배상 청구 사건, 한국 대법원 판결로 원고(강제 징용 피해자 측)가 승소
2019	*『呂運亨評伝4 日帝末期暗黒時代の灯として』(新幹社)	**2월 8일** 2·8독립선언 100주년 **2월 27일~28일** 북미 수뇌 회담(김정은 국무위원회 위원장과 트럼프 미대통령, 베트남) **3월 1일** 3·1독립운동100주년 **6월 30일** 북미 수뇌 회담(김정은 국무위원회 위원장과 트럼프 미대통령, 판문점), 현직 미국 대통령 처음으로 북한 입경 **12월 16일** 가와사키시 차별이 없는 인권 존중의 마을 만들기 조례 공포
2020	한국독립기념관 제16회 학술상 수상 *『関東大震災』(新幹社)	
2021	**6월 12일** 서거	

색인

ㄱ

ㄴ

ㄷ

ㄹ

ㅁ

ㅂ

ㅅ

ㅇ

ㅈ

ㅊ

ㅌ

ㅍ

ㅎ

기타

시무의 역사학자 강덕상

초판 1쇄 발행일 2021년 10월 31일

엮은이 강덕상 기록 간행위원회
옮긴이 이규수
펴낸이 박영희
편집 박은지
디자인 최소영
마케팅 김유미
인쇄·제본 AP프린팅
펴낸곳 도서출판 어문학사
서울특별시 도봉구 해등로 357 나너울카운티 1층
대표전화: 02-998-0094/편집부1: 02-998-2267, 편집부2: 02-998-2269
홈페이지: www.amhbook.com
트위터: @with_amhbook
페이스북: www.facebook.com/amhbook
블로그: 네이버 http://blog.naver.com/amhbook
다음 http://blog.daum.net/amhbook
e-mail: am@amhbook.com
등록: 2004년 7월 26일 제2009-2호

ISBN 978-89-6184-981-4 (93910)
정가 18,000원